mt 100
Writing and Crafting Papers

mt 100枚 レターブック
2

はじめに

本書は、mt マスキングテープの柄（パターン）をもとにした
レターブック『mt 100 枚レターブック』の第 2 弾になります。
新たに制作してきた柄の中から再び本書用にセレクトして
アレンジを施しました。
見慣れていた柄も、テープ幅から 1 枚の紙に広げてみると
新鮮に生まれ変わります。
第 1 弾同様、お手紙用として、また DIY やラッピングペーパーなど
アイデア次第でさまざまな用途にご活用いただけます。
もちろん眺めて楽しんでいただいても結構です。

iyamadesign　居山浩二

mt とは？

カラフルな色・柄の魅力と

手でちぎったり、はがせたりが簡単という使いやすさから

人気を集めている mt マスキングテープ。

もともとは建築現場などの養生用として使われていました。

今ではラッピングやコラージュ、デコレーションといった

雑貨や文具としての用途だけでなく、

インテリアや空間演出の素材としても活用されています。

また、さまざまな企業とのコラボレーションを行うなど、

その世界観はますます広がりを見せています。

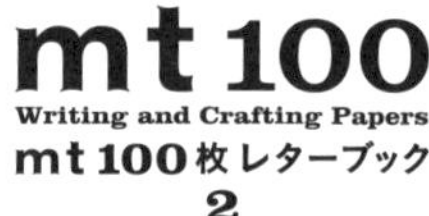

mt 100
Writing and Crafting Papers
mt 100枚 レターブック
2

2018年6月9日	初版第1刷発行
2024年2月9日	第2刷発行

著者　　　　　　　　　iyamadesign
アートディレクション　居山浩二 (iyamadesign)
デザイン　　　　　　　手嶋 卓 (iyamadesign)
編集　　　　　　　　　荒川佳織

発行人　　　　　　　　三芳寛要
発行元　　　　　　　　株式会社 パイ インターナショナル

〒170-0005　東京都豊島区南大塚 2-32-4

TEL 03-3944-3981　FAX 03-5395-4830　sales@pie.co.jp

印刷・製本　　　　　　図書印刷株式会社

〔使用上の注意〕
・ページをしっかり開き、紙をゆっくり引っ張るとよりきれいに剥がれます。
・製本には十分配慮しておりますが、紙を剥がしやすくする仕様上、繰り返し開閉することで、本体から紙が剥がれる場合がございます。
・ご使用の筆記用具によっては、インクがにじんだり、乾きにくい場合がございます。

iyamadesign (イヤマデザイン)

マスキングテープ「mt」の商品、広告、イベントの企画、空間の
アートディレクション・デザインを手がけるデザイン事務所。
様々な企業のブランディングを中心に、広告、装丁、CI/VIなど
幅広いジャンルで活躍中。
British D&AD、カンヌ国際広告祭、ニューヨークADCなど
国内外の数々の賞を受賞。著書に『女性をひきつける配色
パターン』(グラフィック社)などがある。

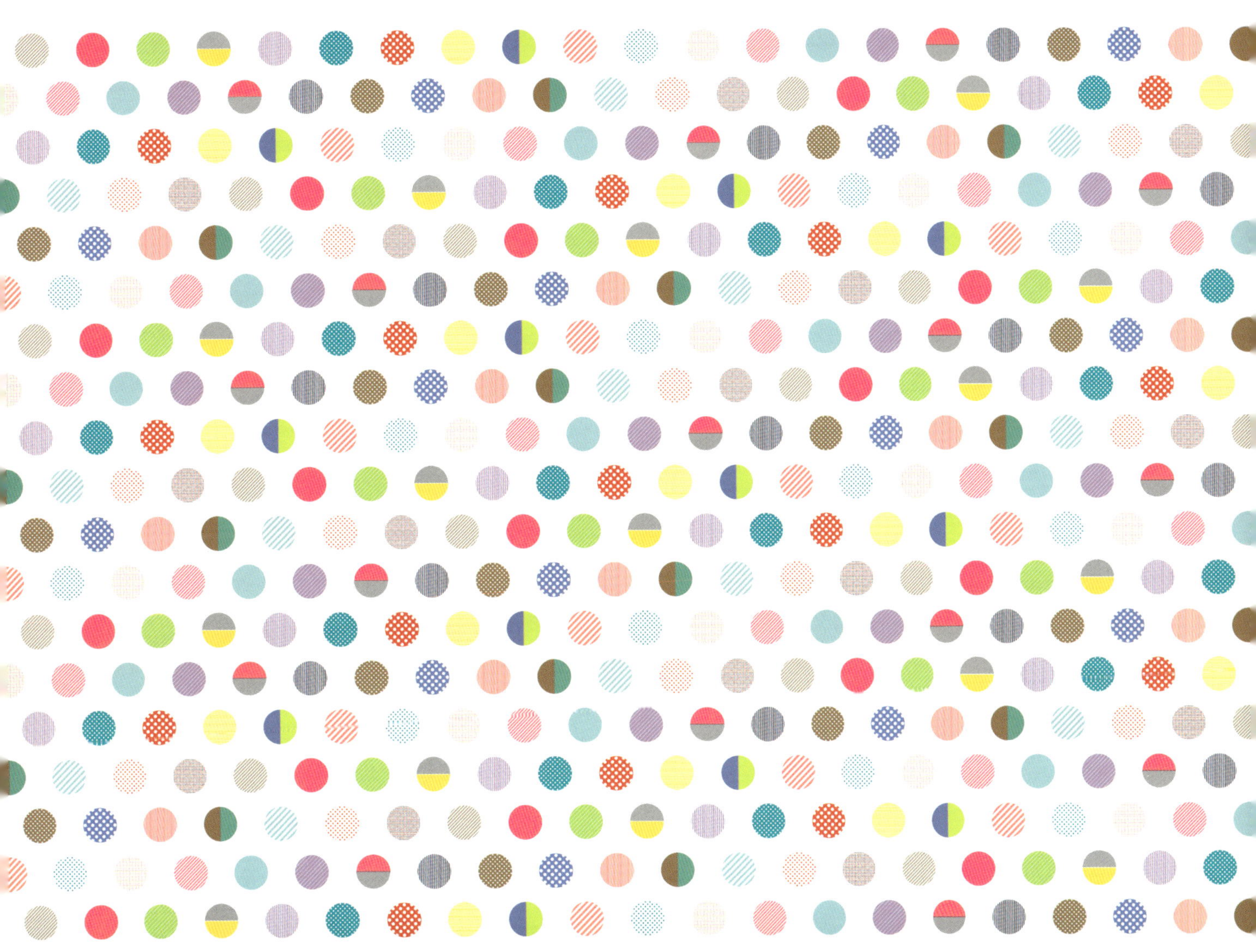

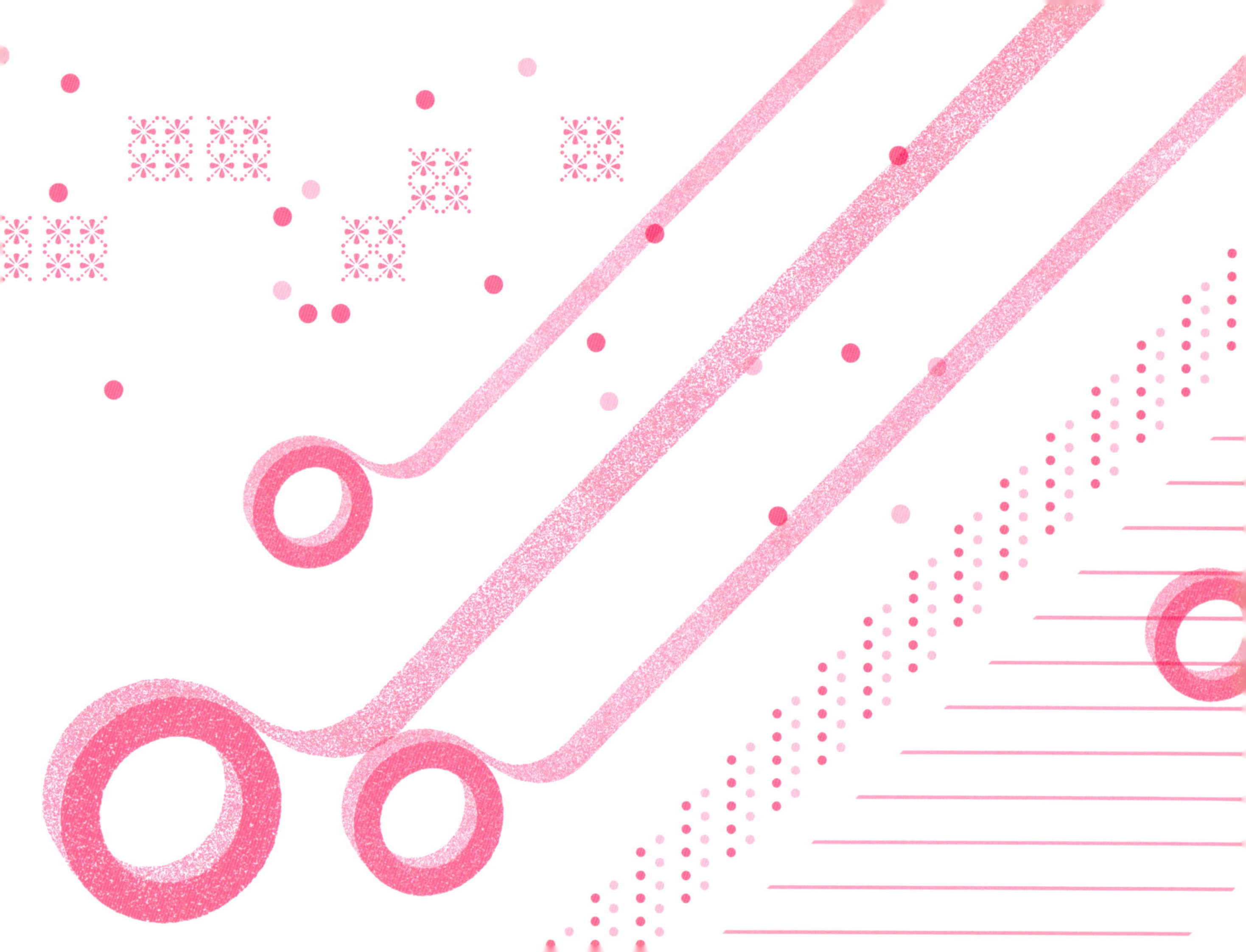

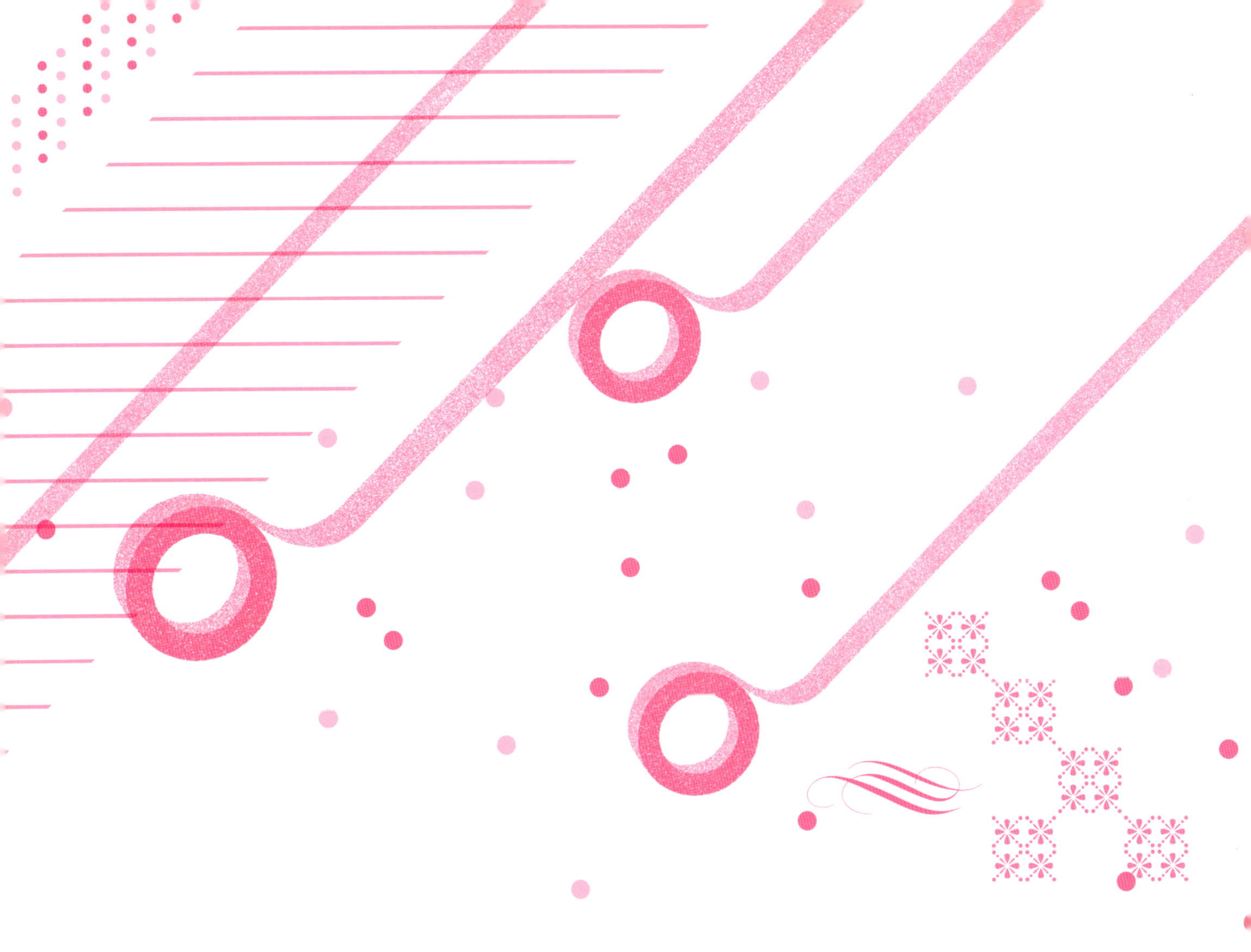

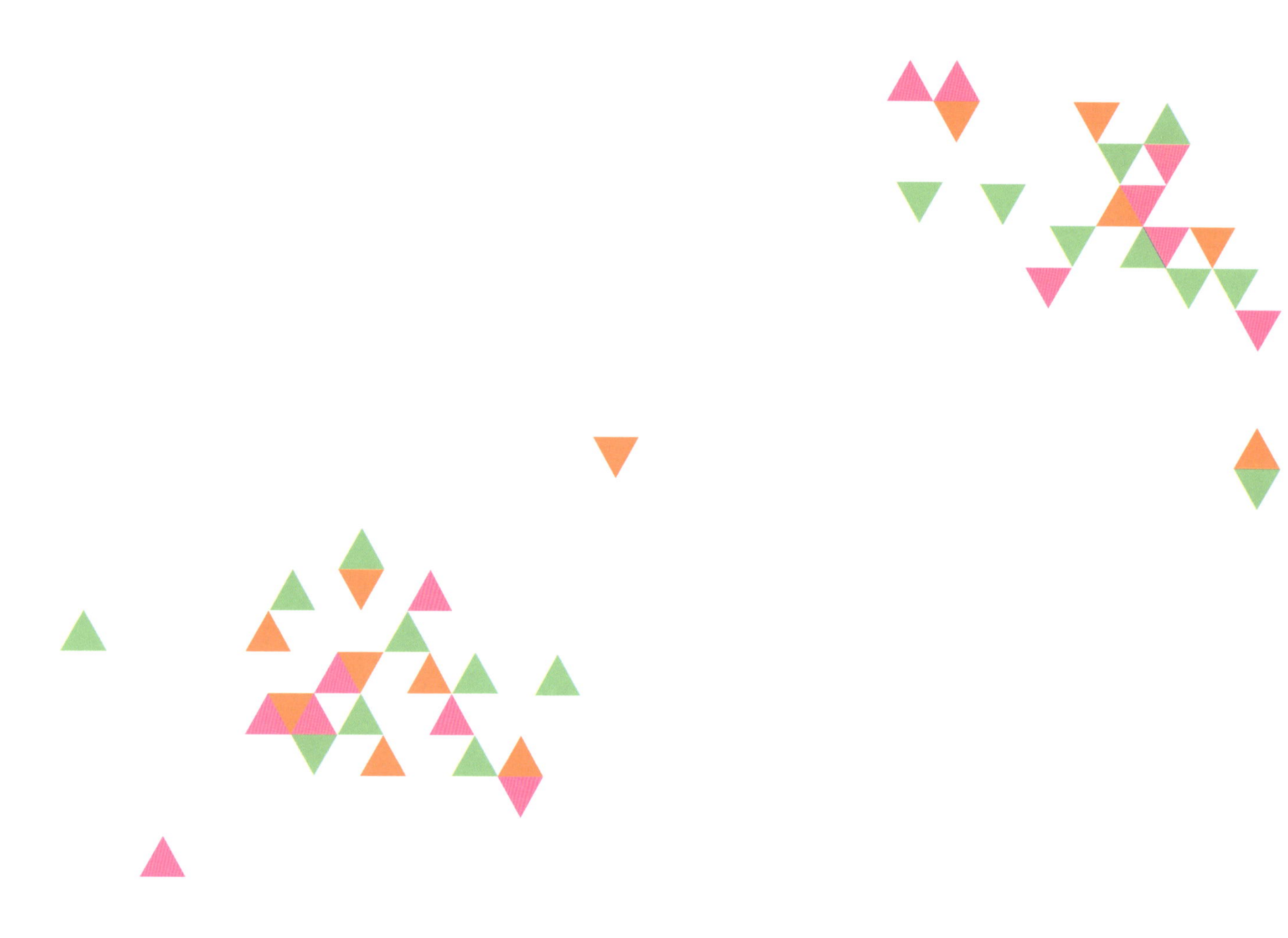

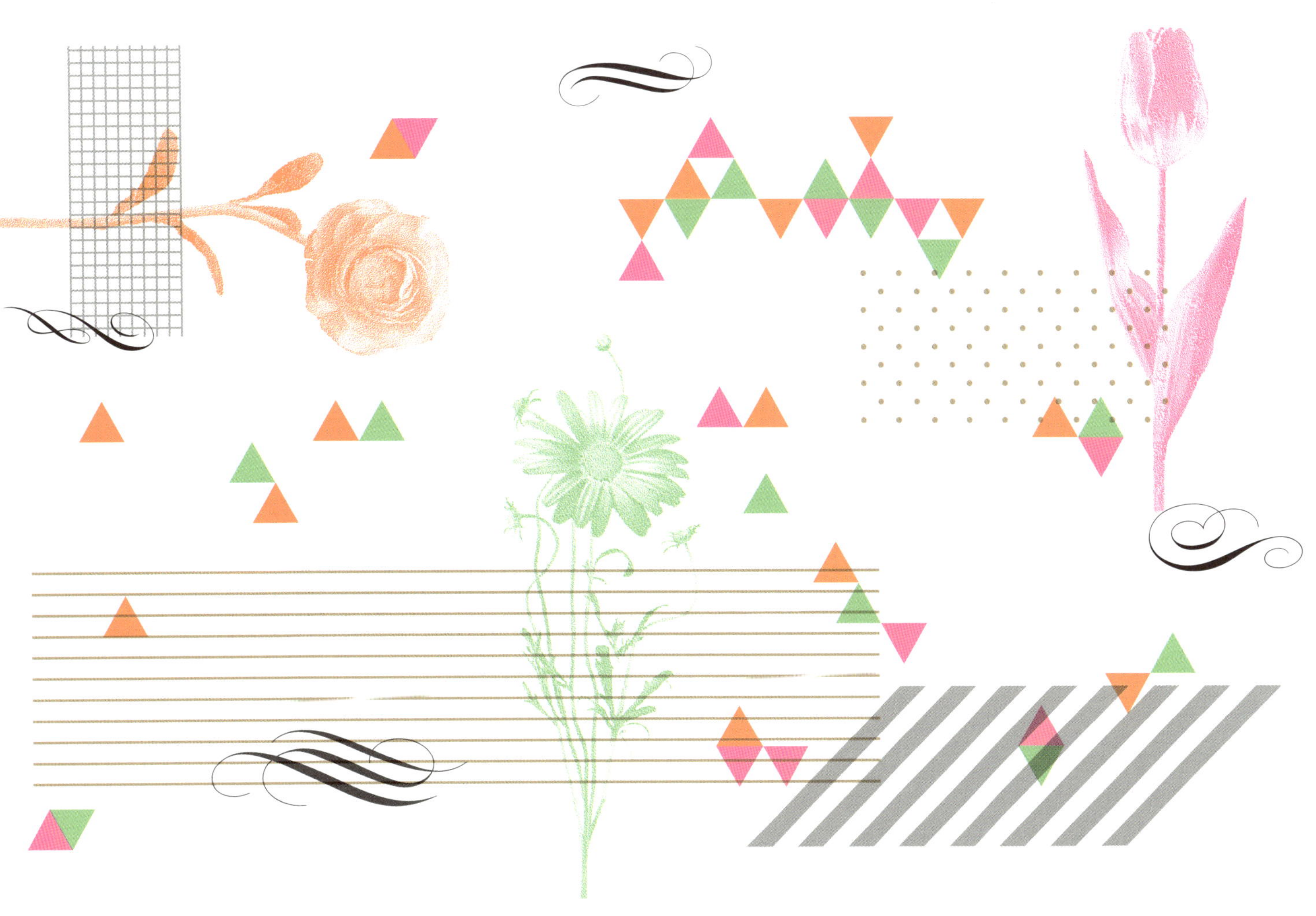

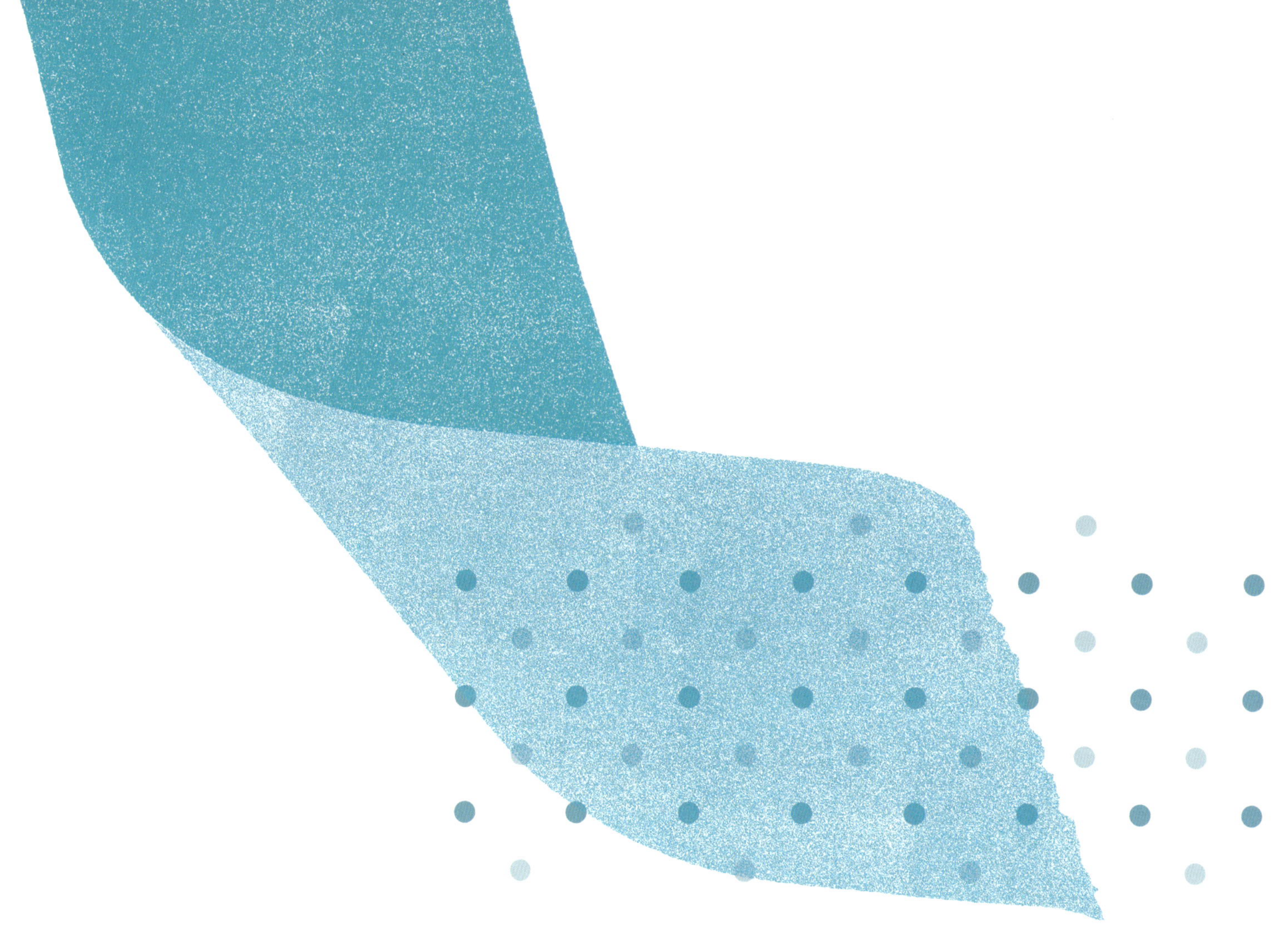

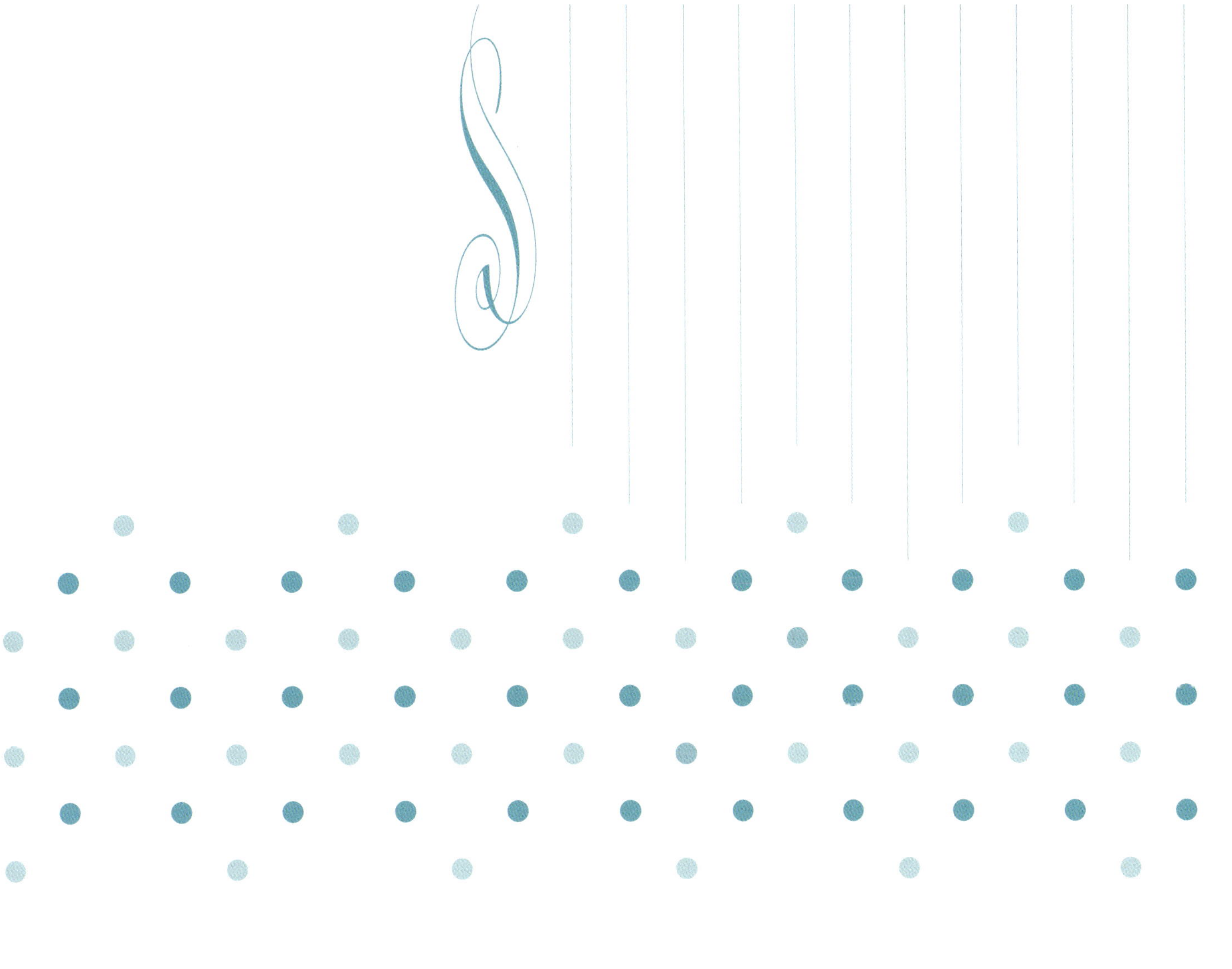

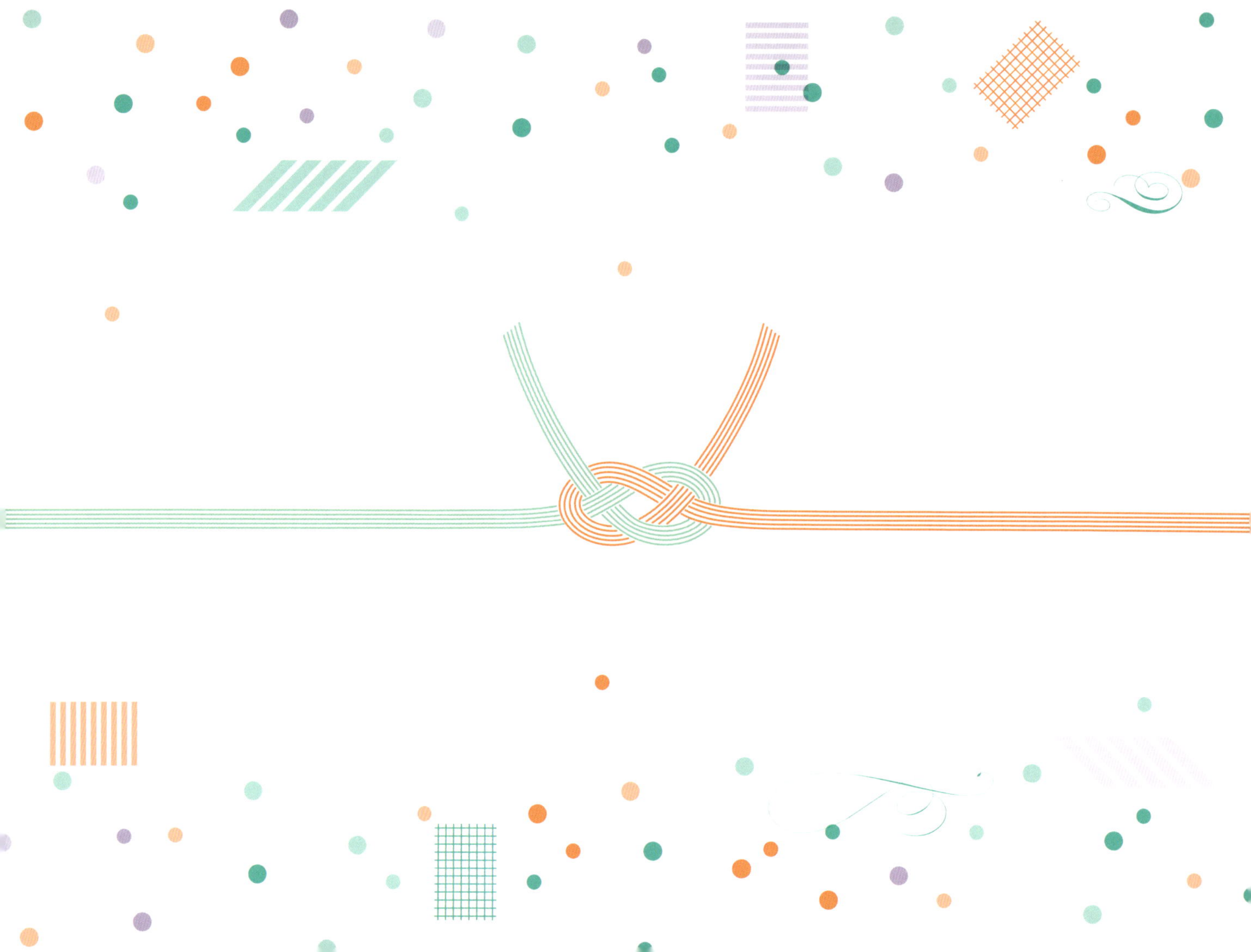

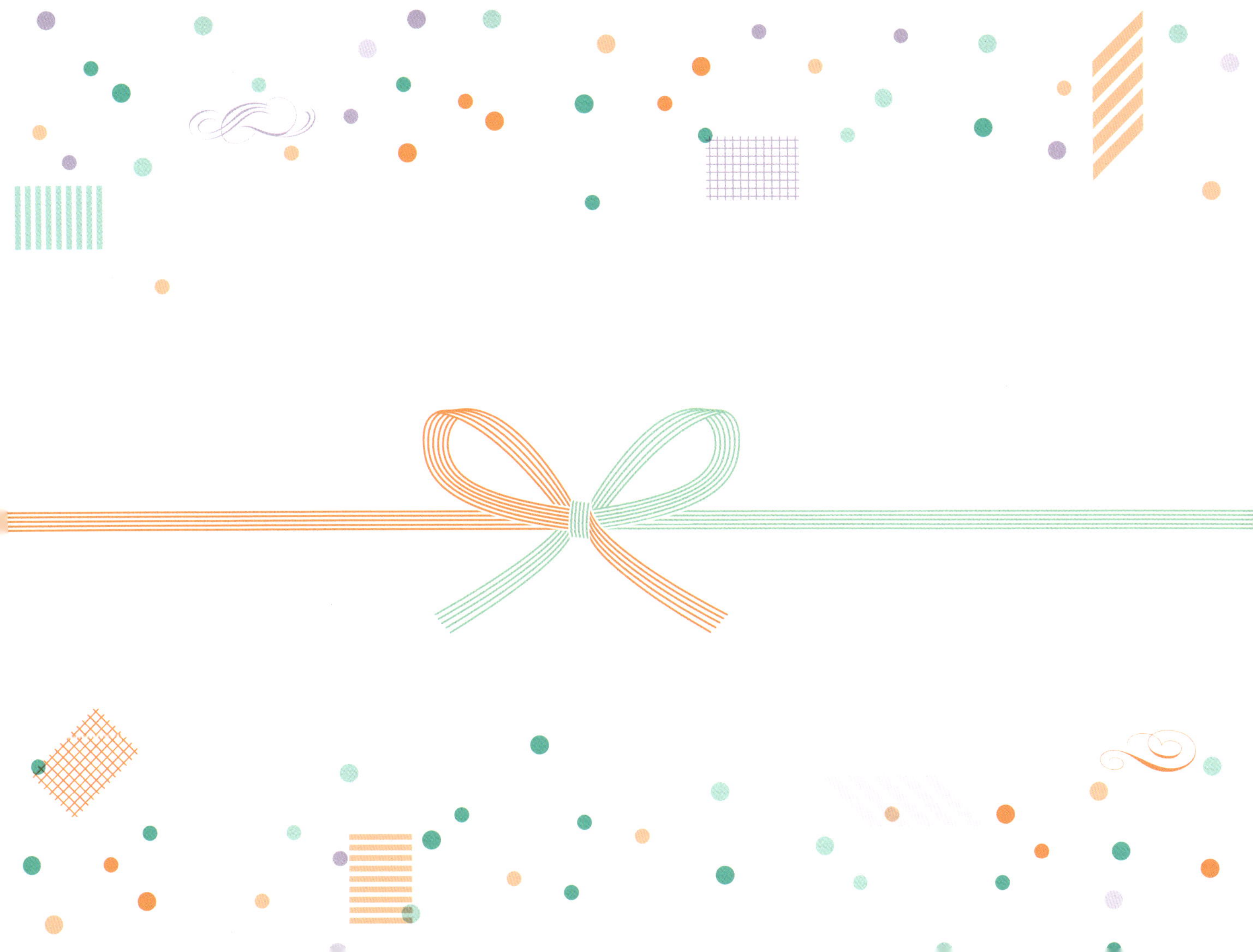

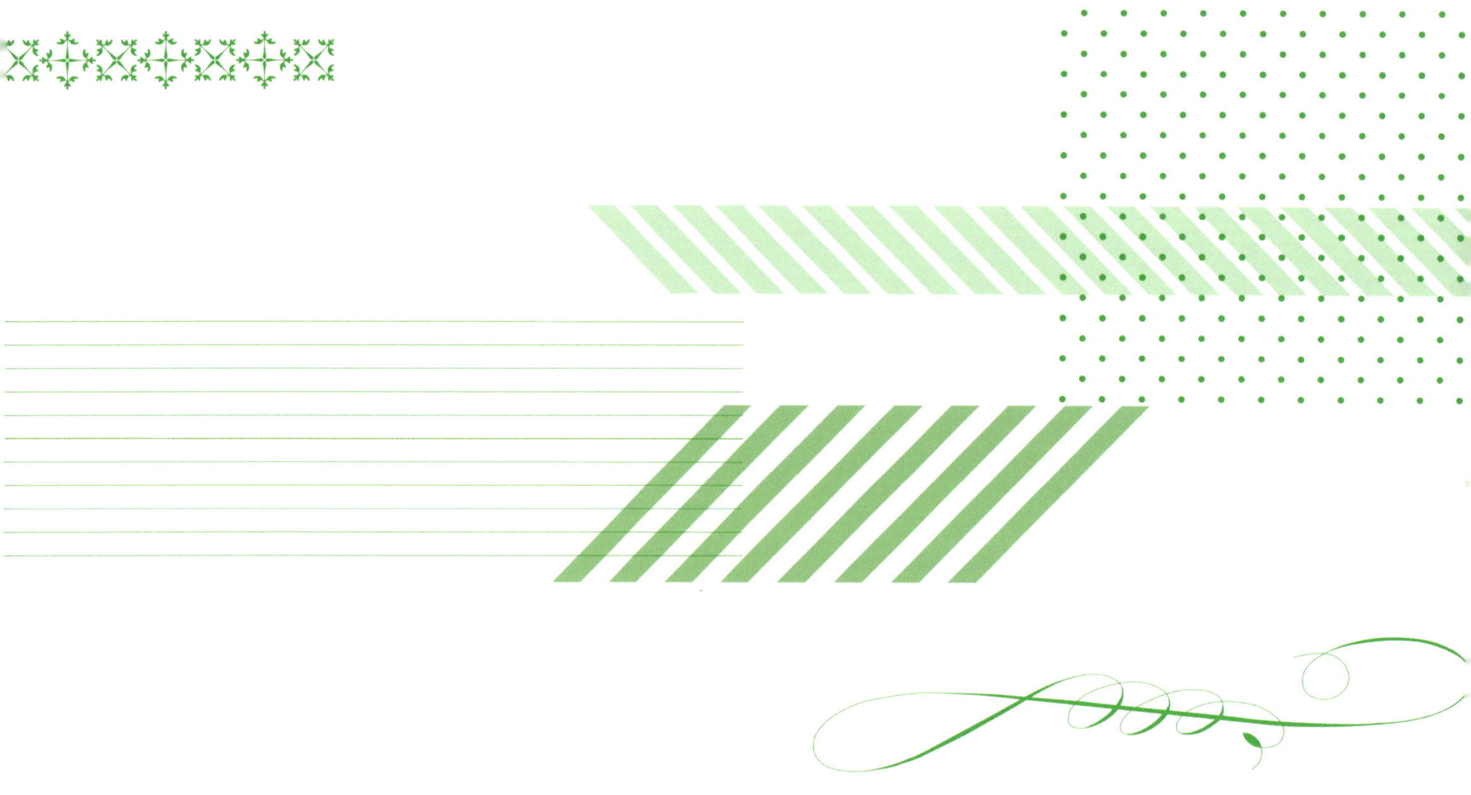

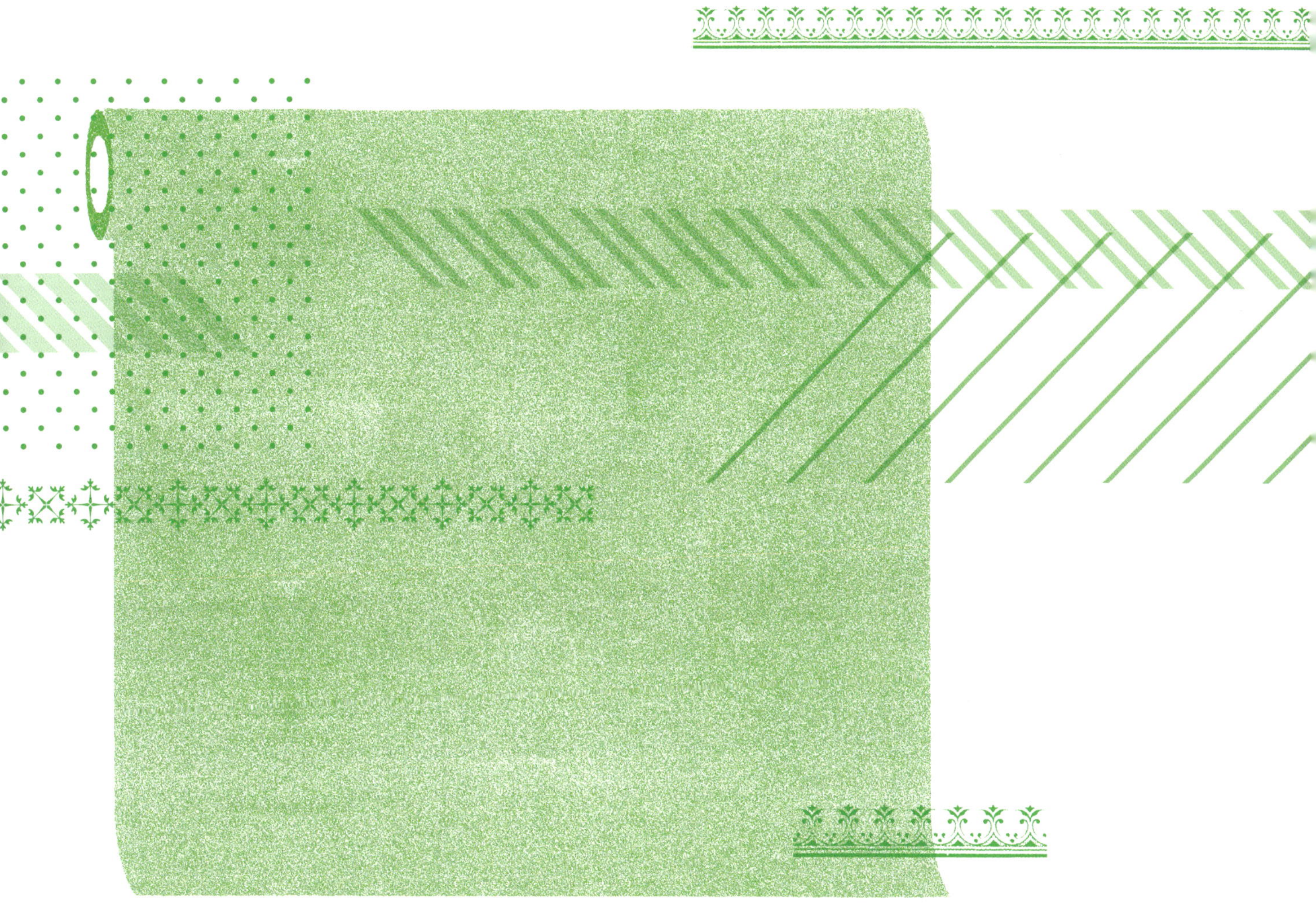

_MTex --------//

HIJ --------------------/ *******
16 JUL 2011 -- 24 JUL 2011------//**

PRODUCED BY KAMOI KAKOSHI CO., LTD
MADE IN JAPAN----

80219791

MT MASKING TAPE //****
----- //HIJ LINE UP

PLANT _30mm	*420
SOLAR SYSTEM _30mm	*420
RECEIPT _50mm	*682
SWITCH _40mm	*577
CLIPS _40mm	*577
GRADATION _15mm	*210
STAMP _35mm	*472
TRAIN SPECIAL VERSION _35mm	*472
CMYK _20mm	*315
ENVELOPE EYELET _30mm	*420
UNIT _50mm	*682

//// INC. VAT ** --------------
------------------------------//**
TOTAL   *5,247
THANK YOU!!

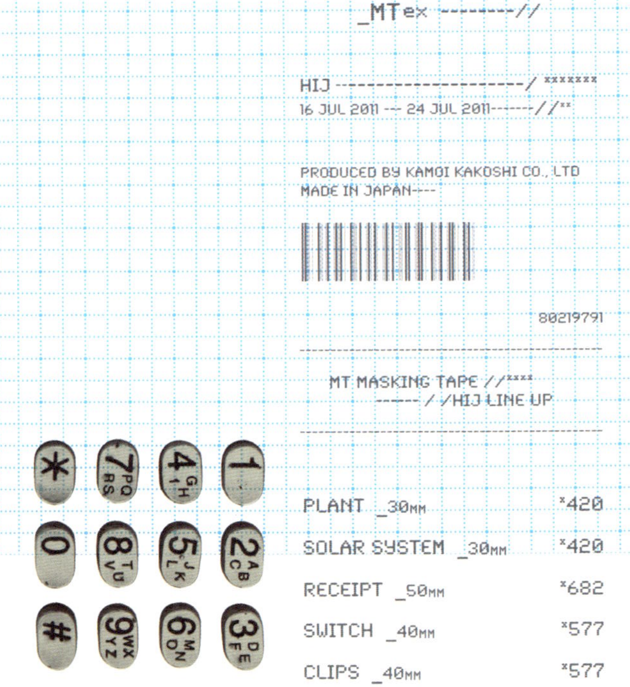
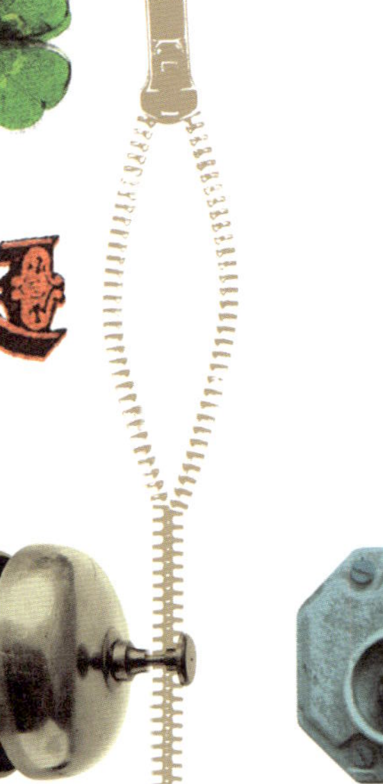
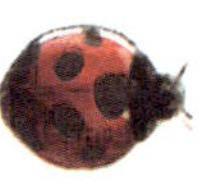
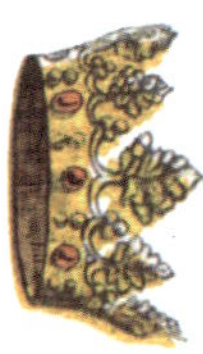
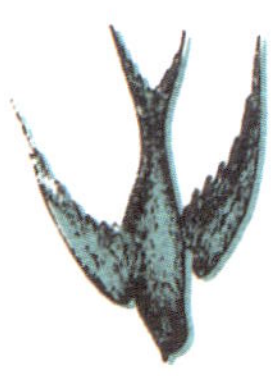
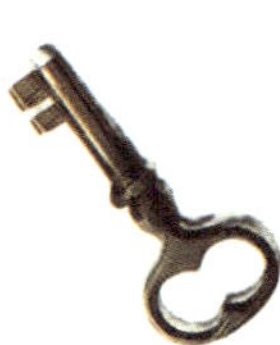
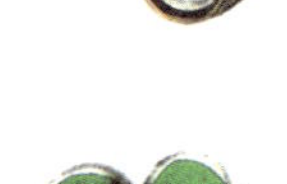
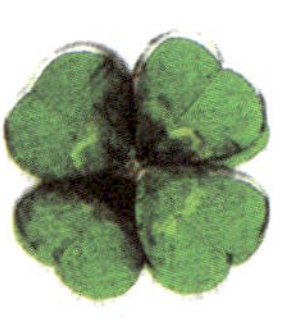
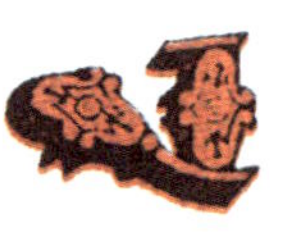
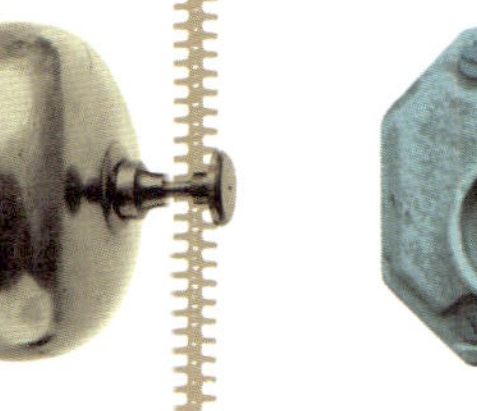

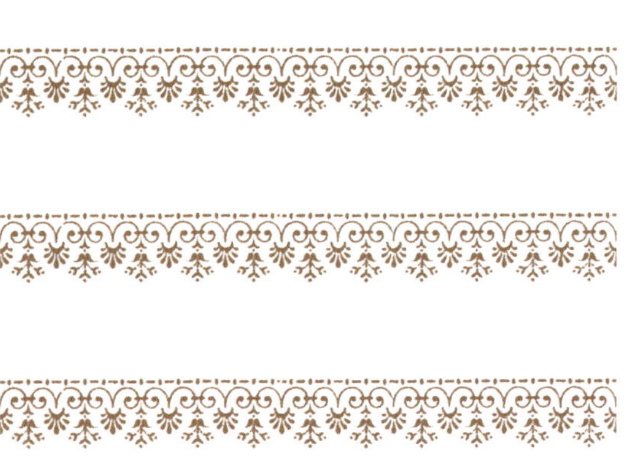

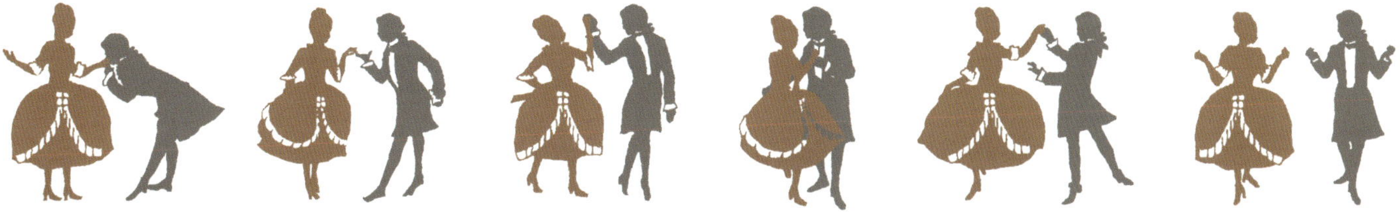

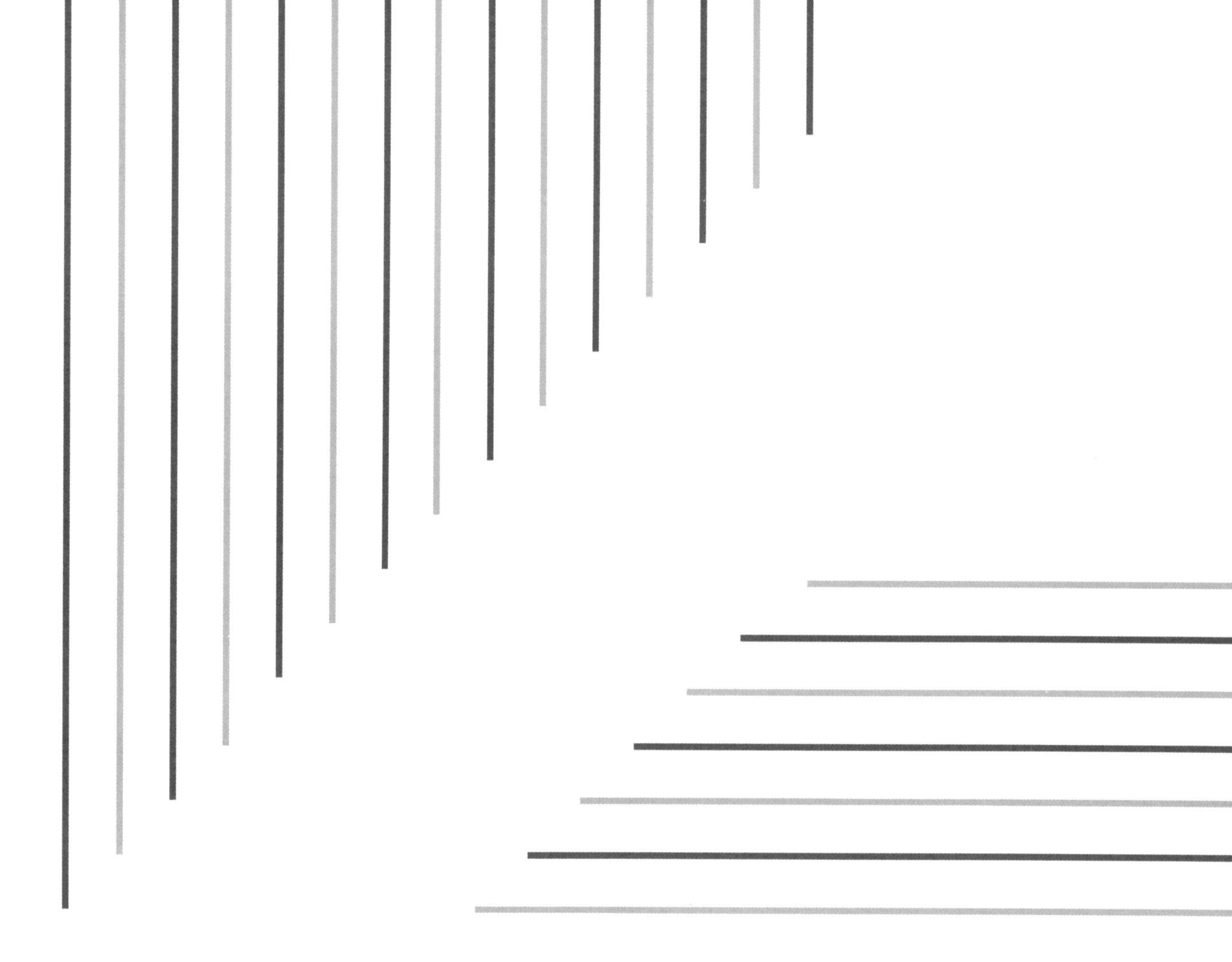

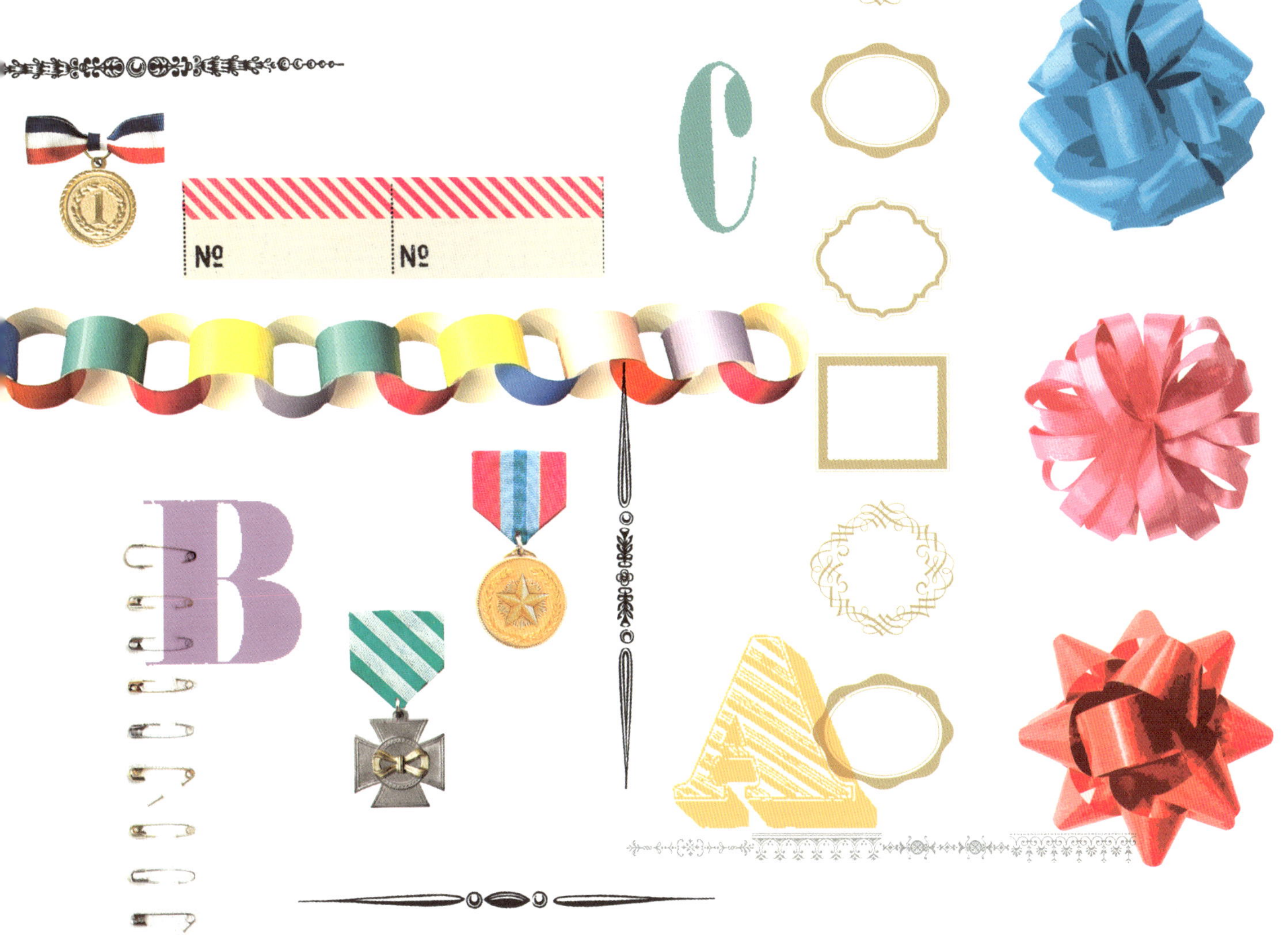

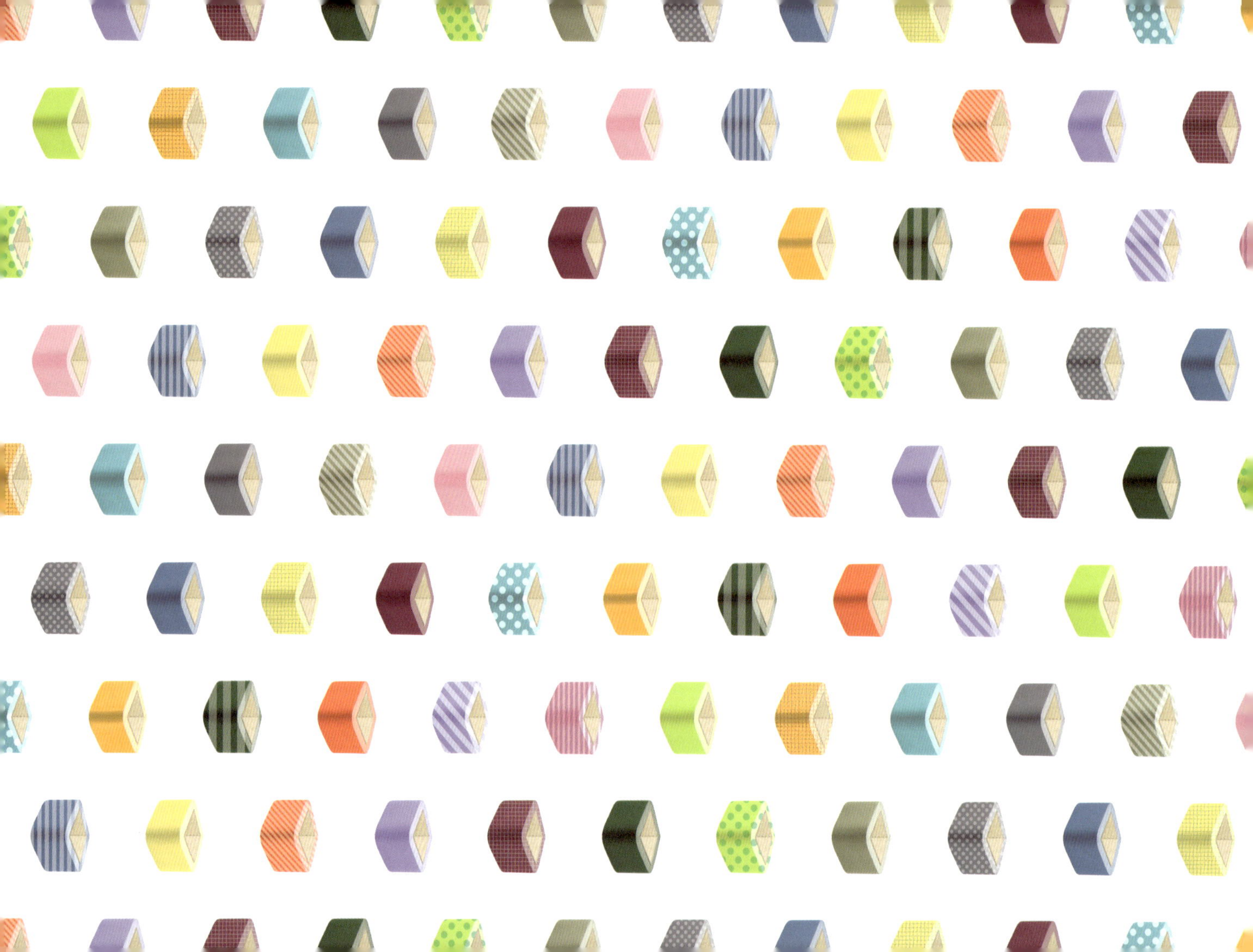

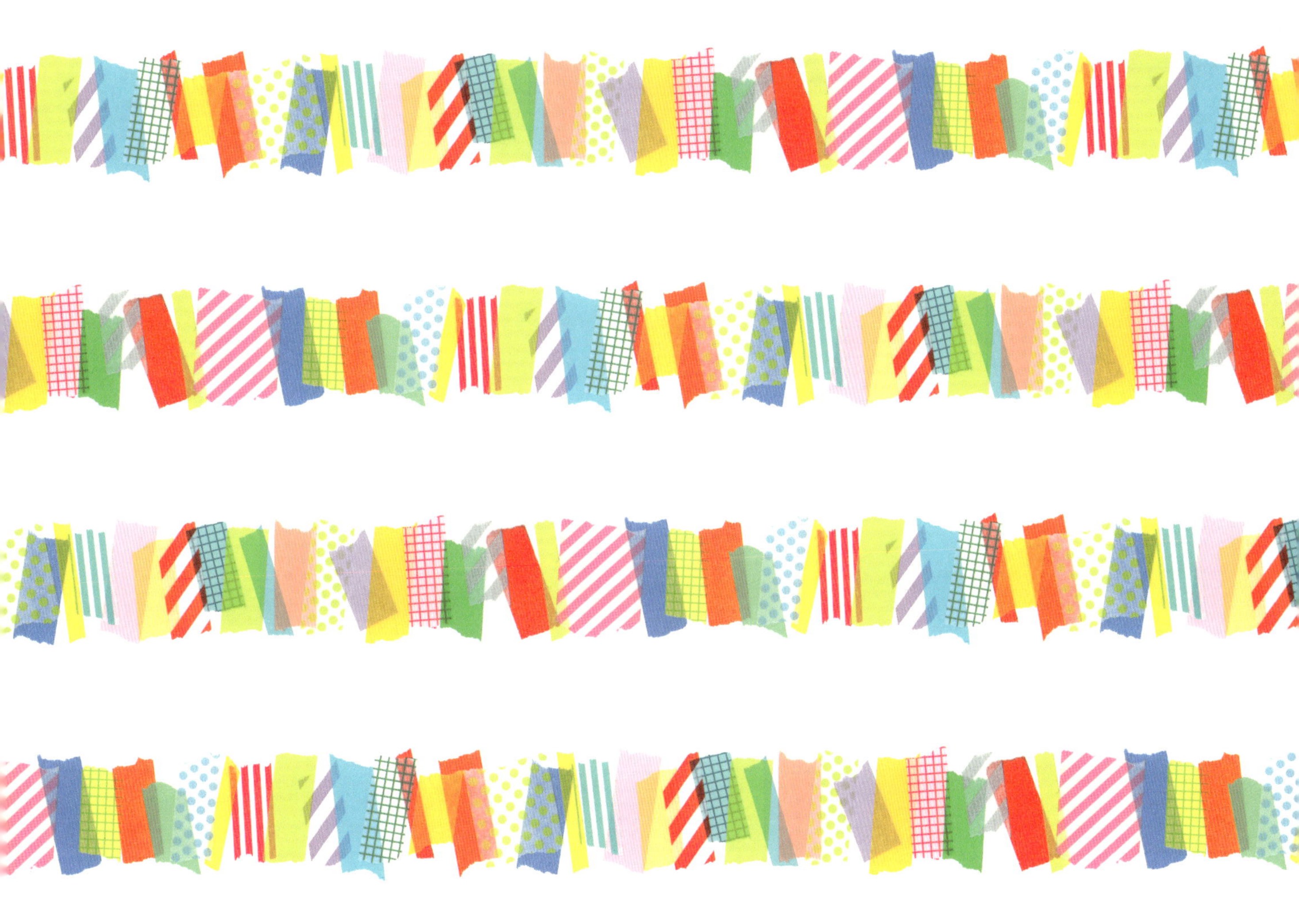

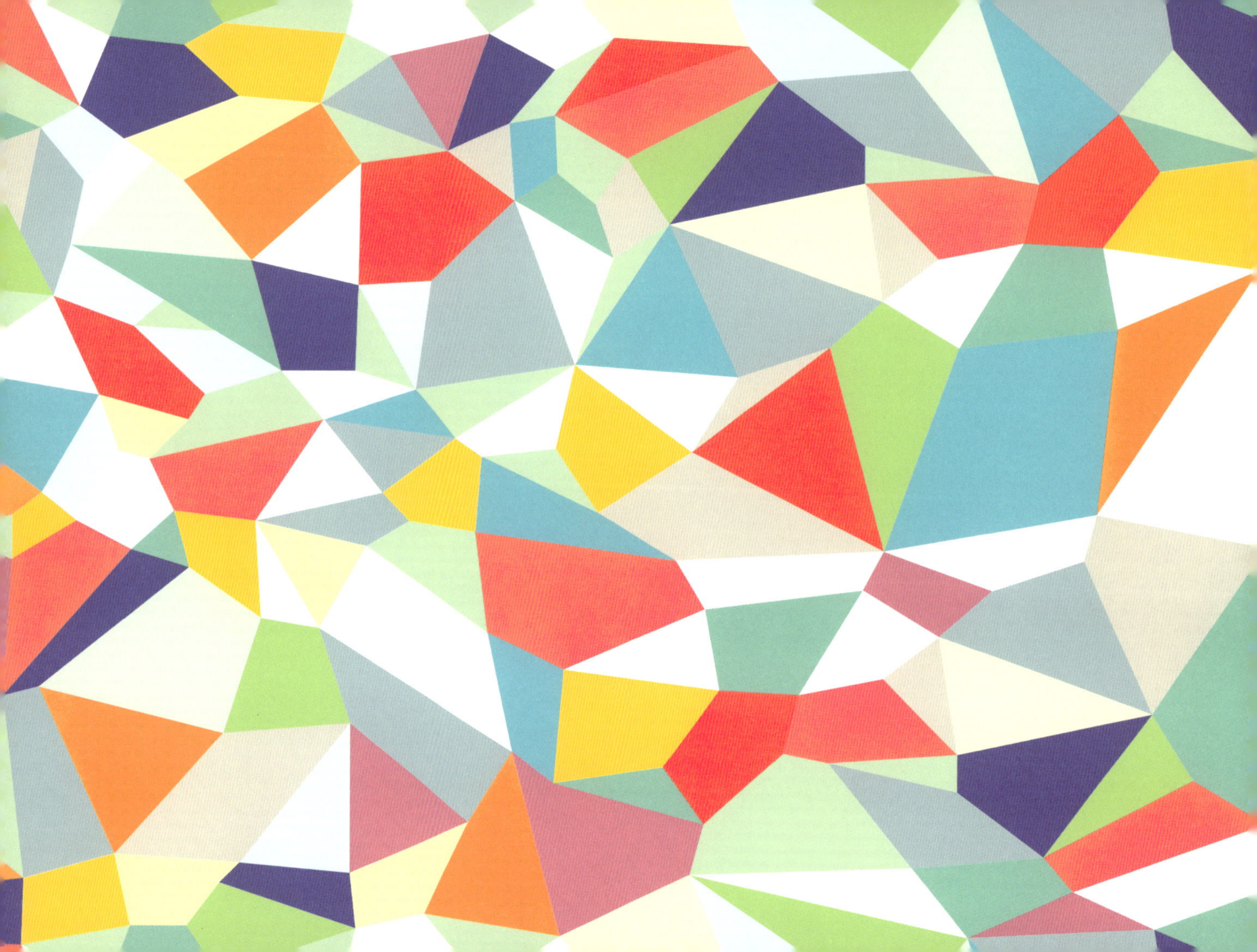

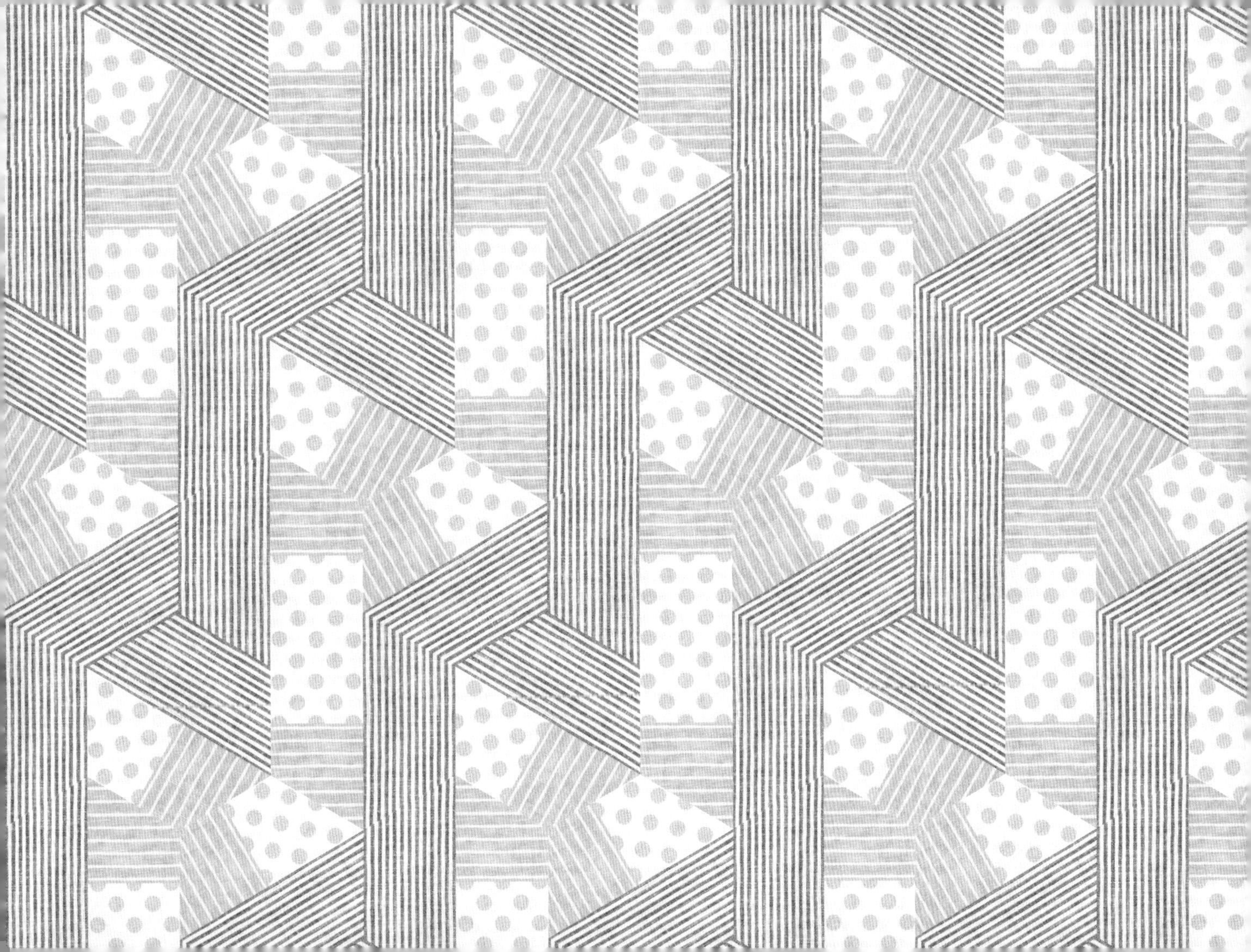

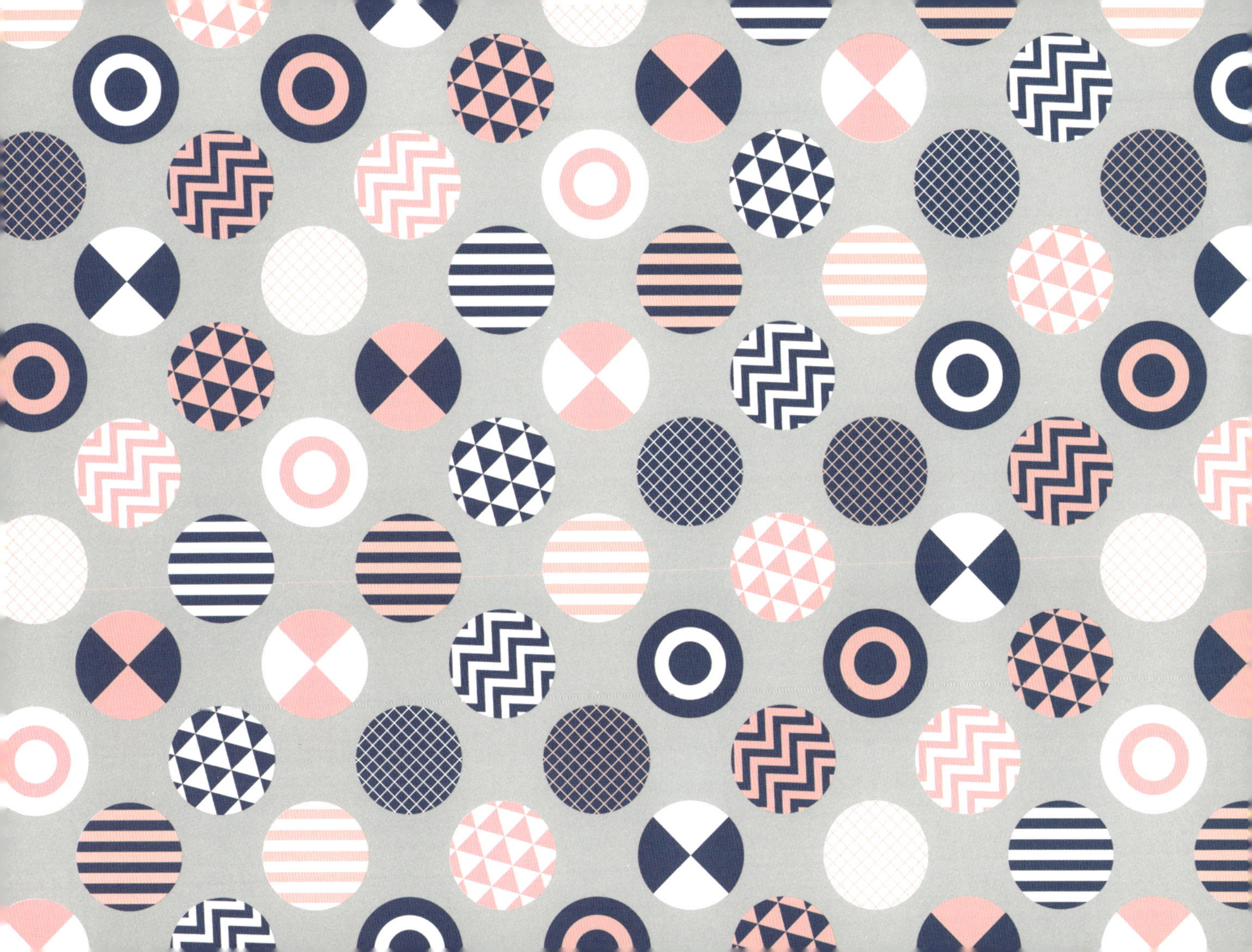

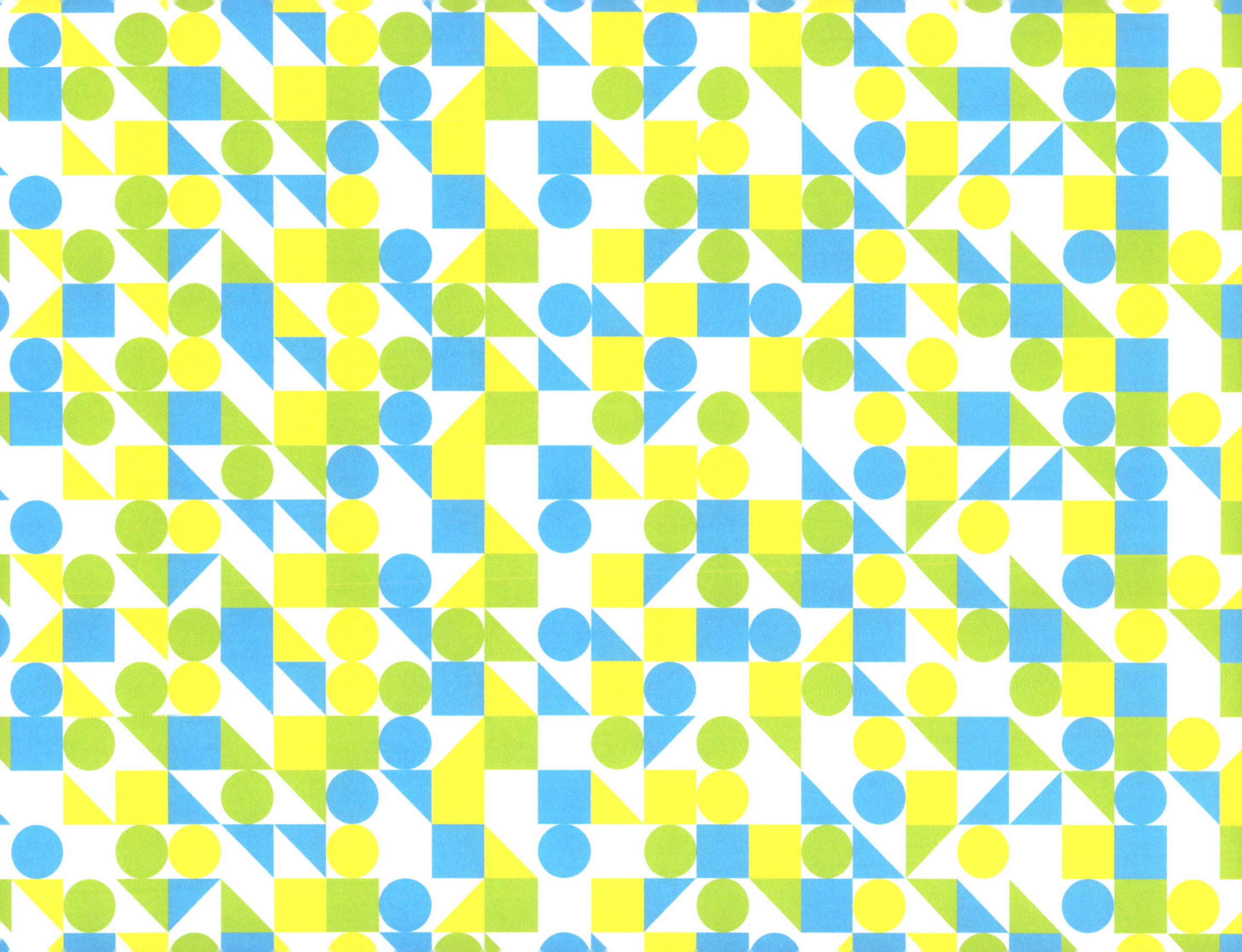

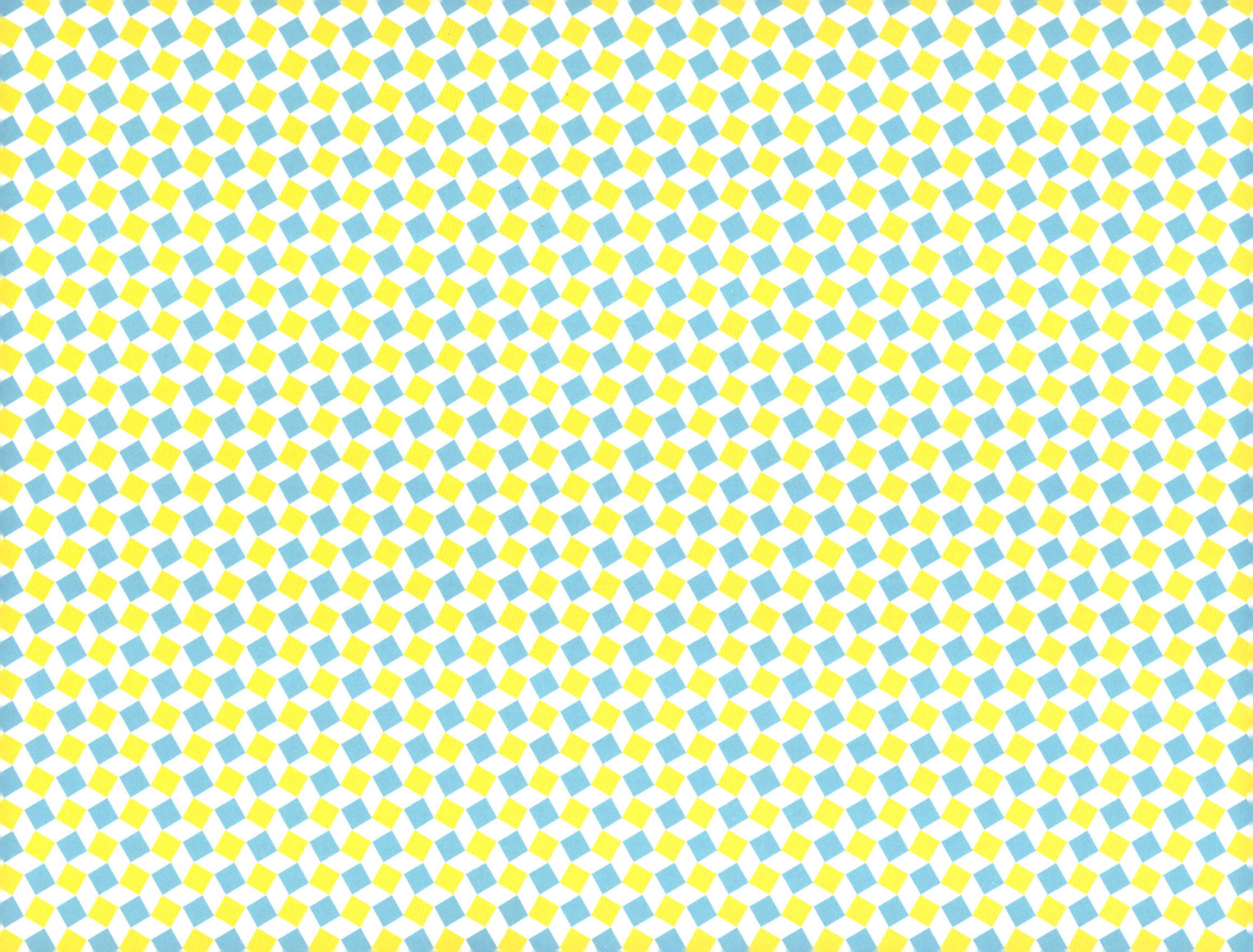

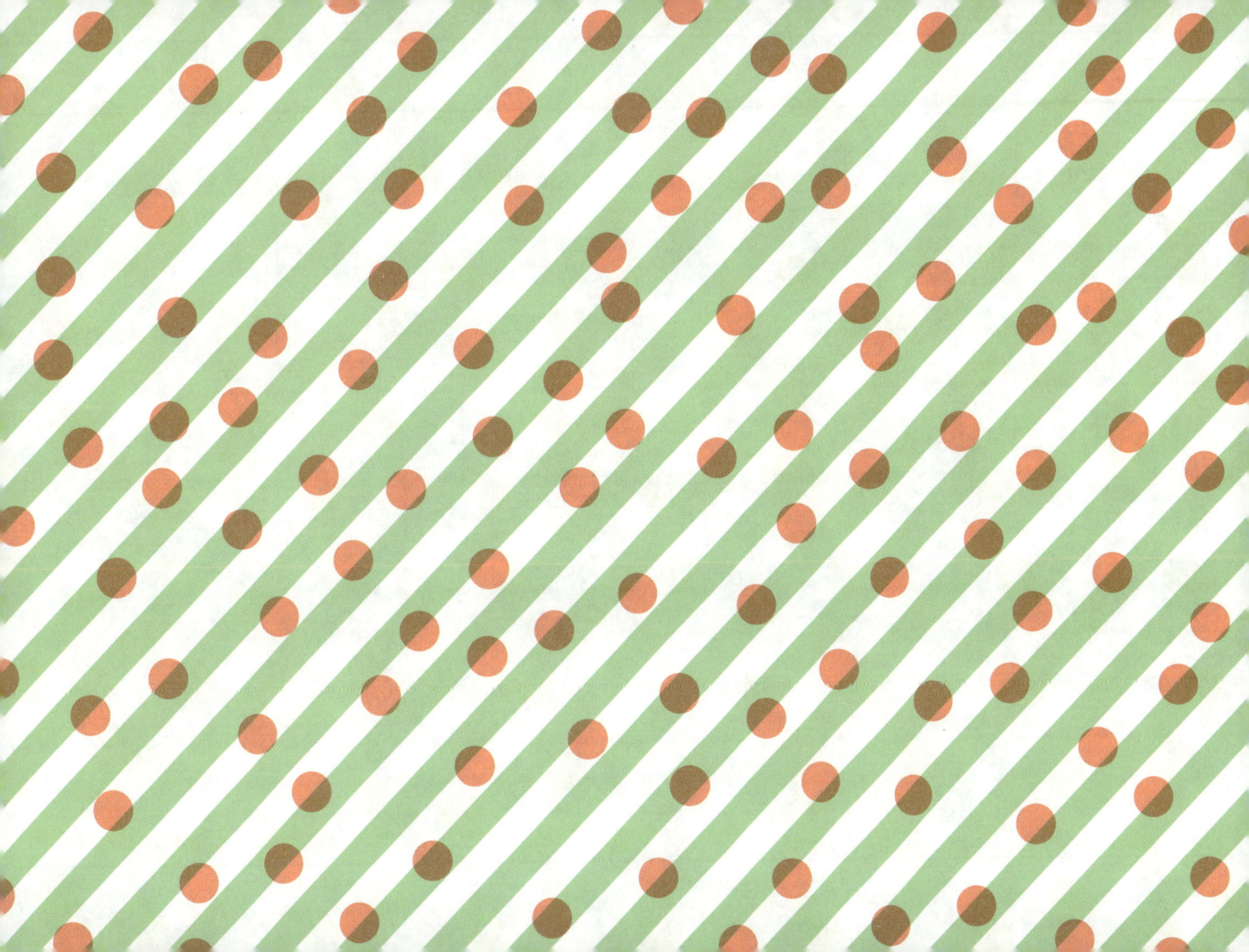

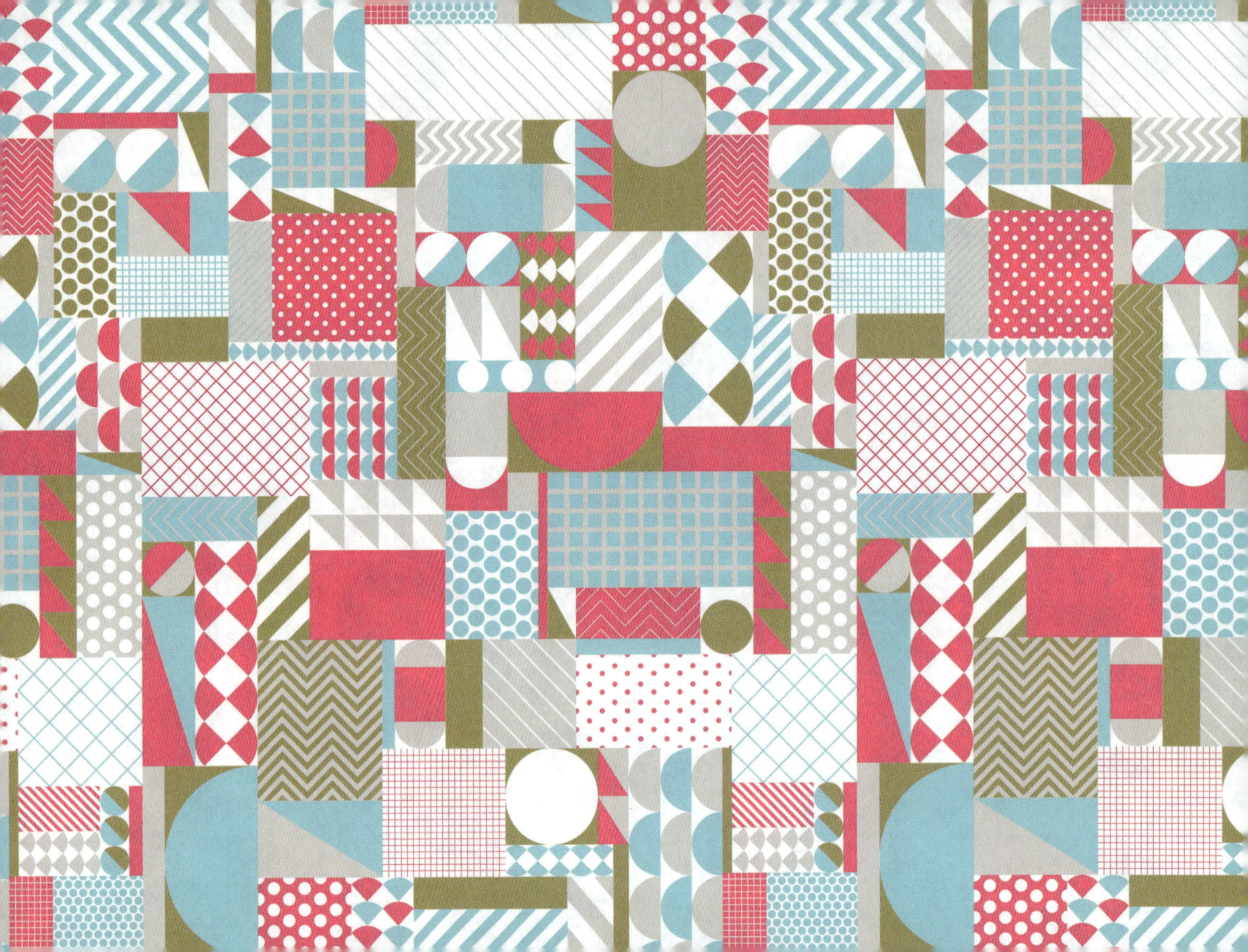

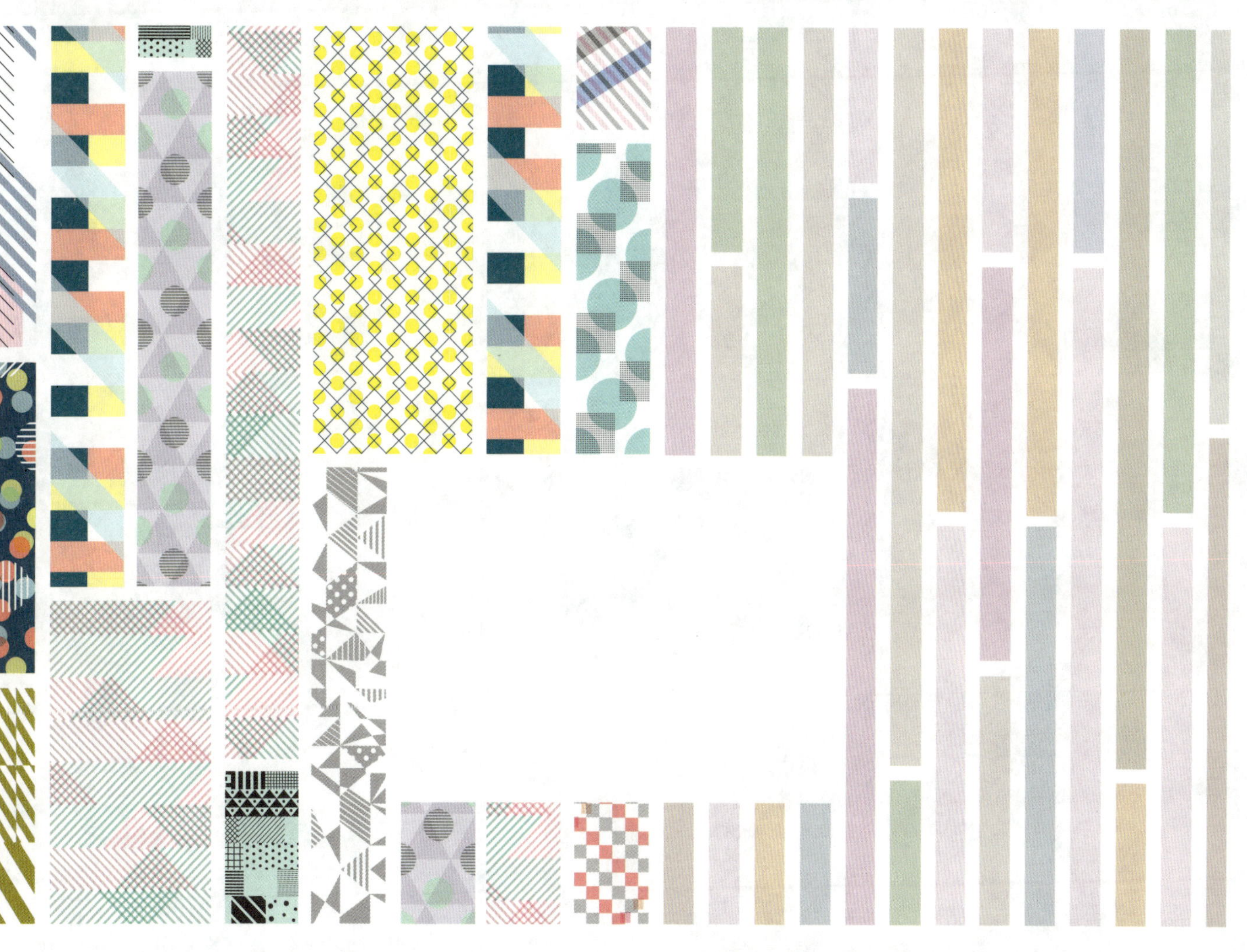

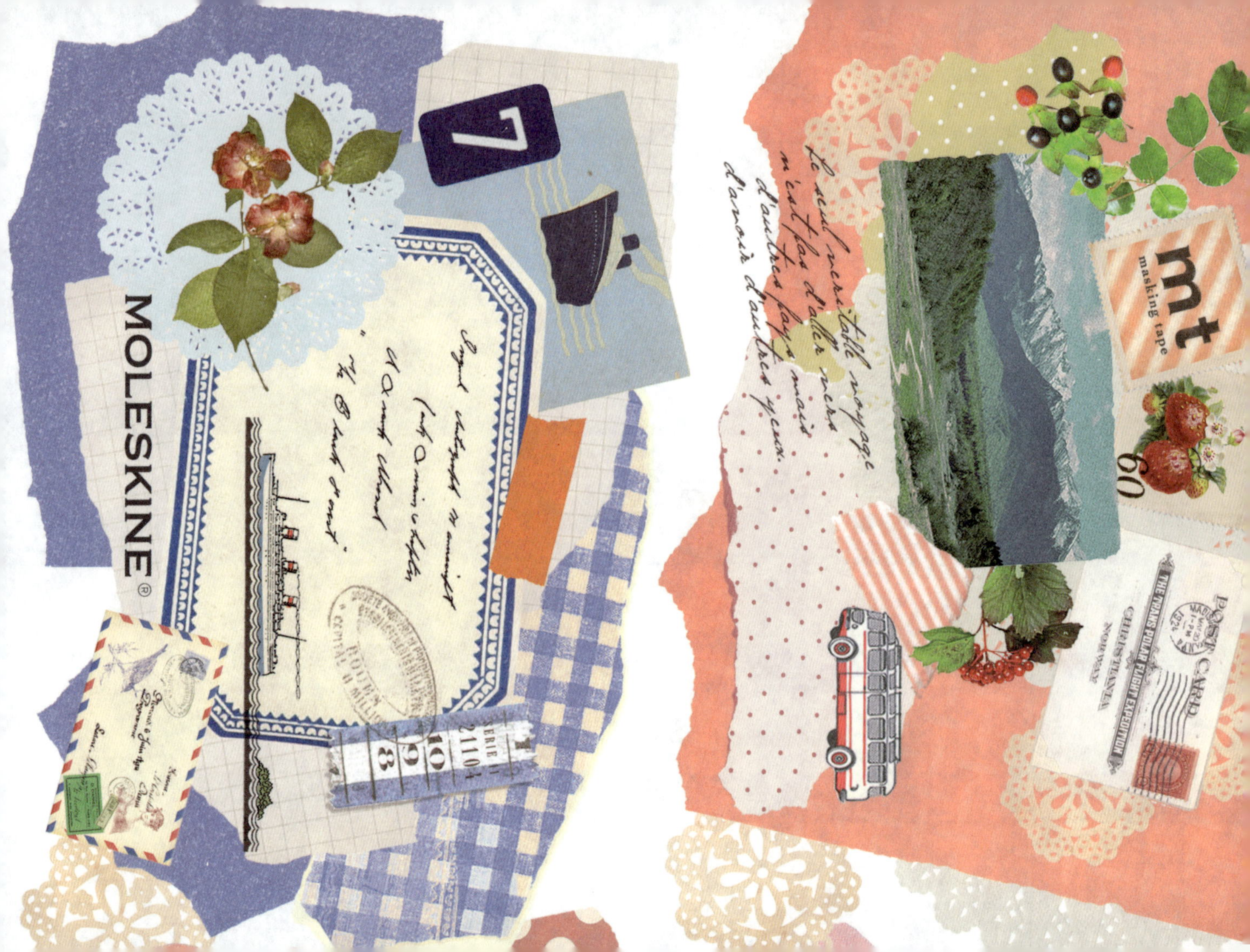

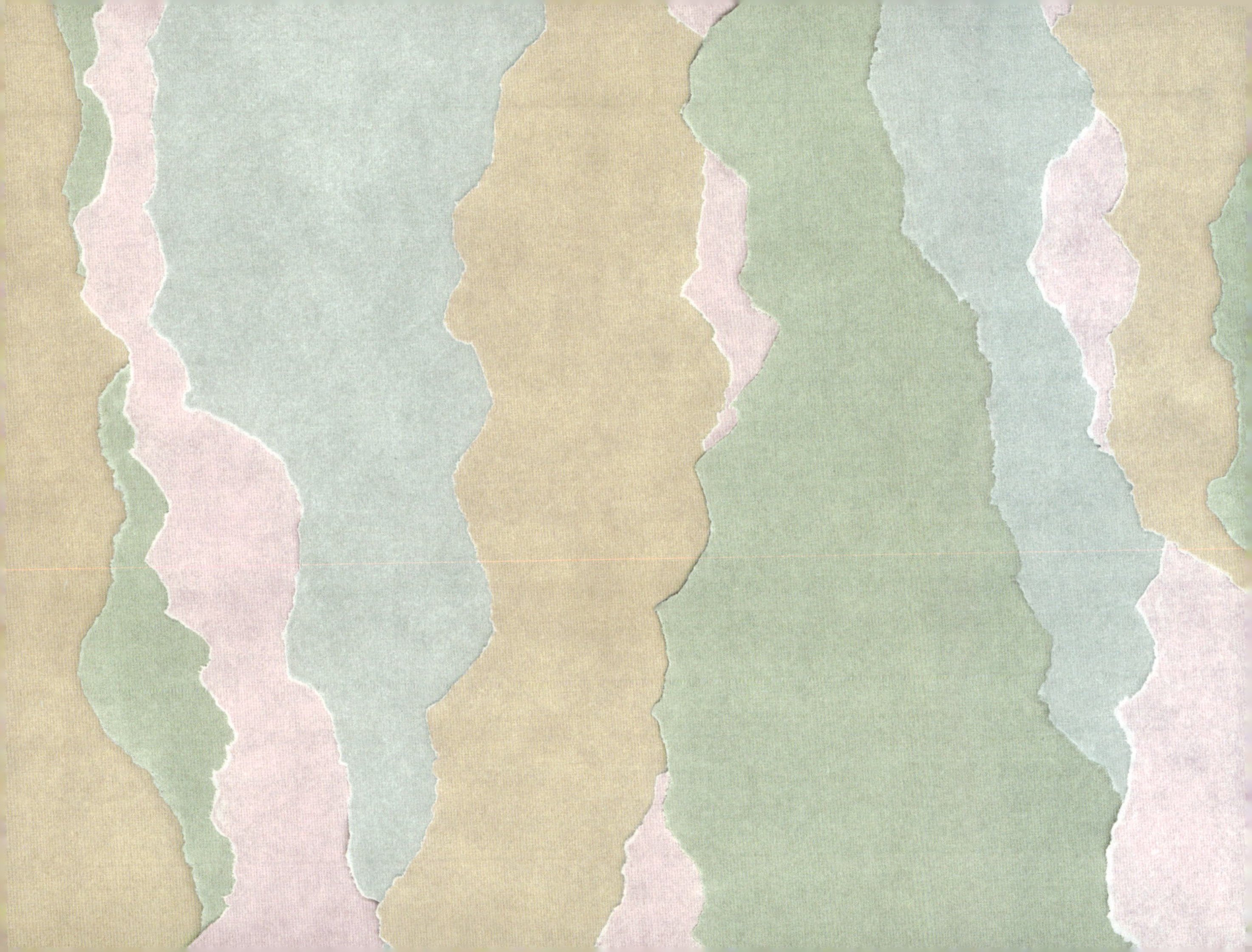

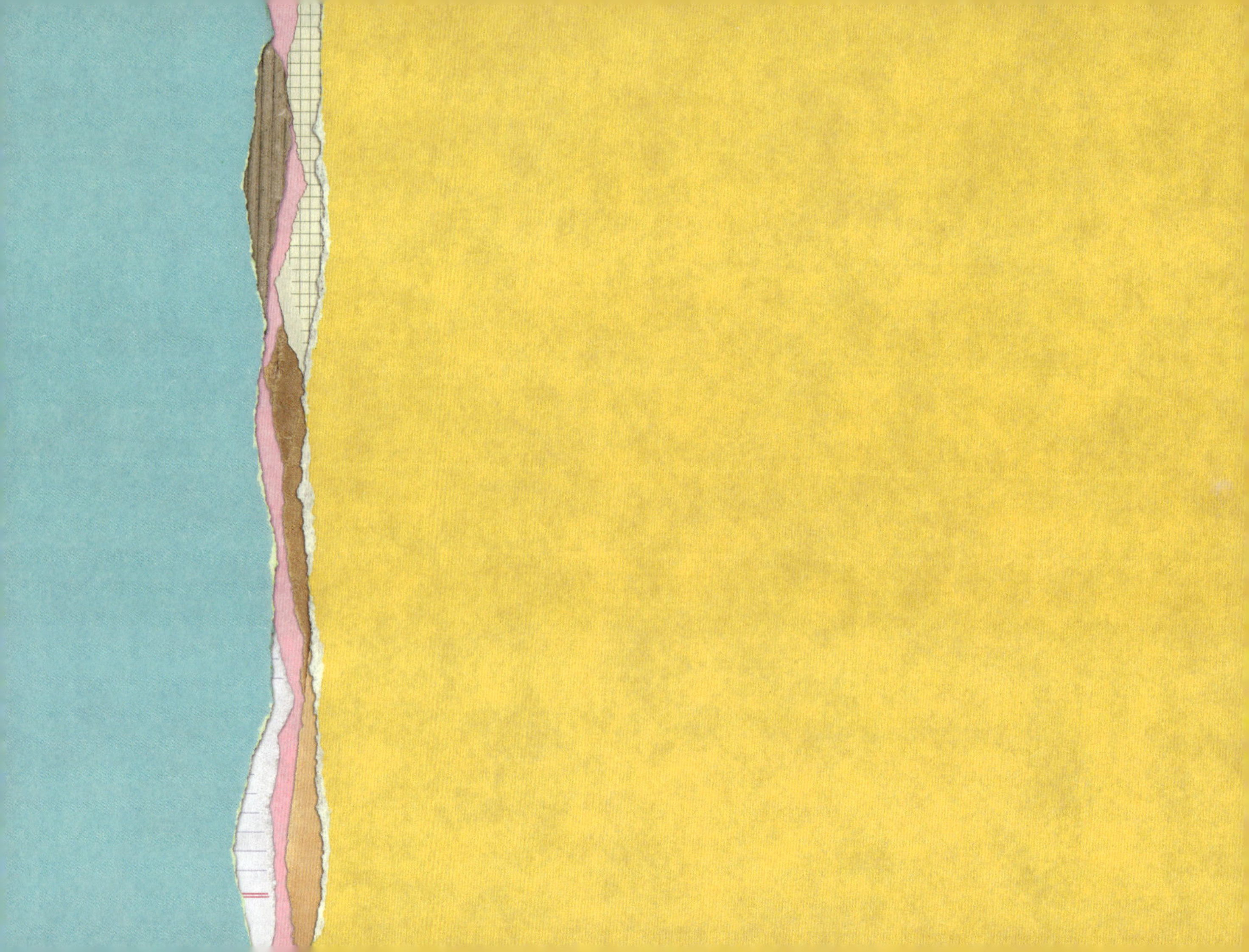

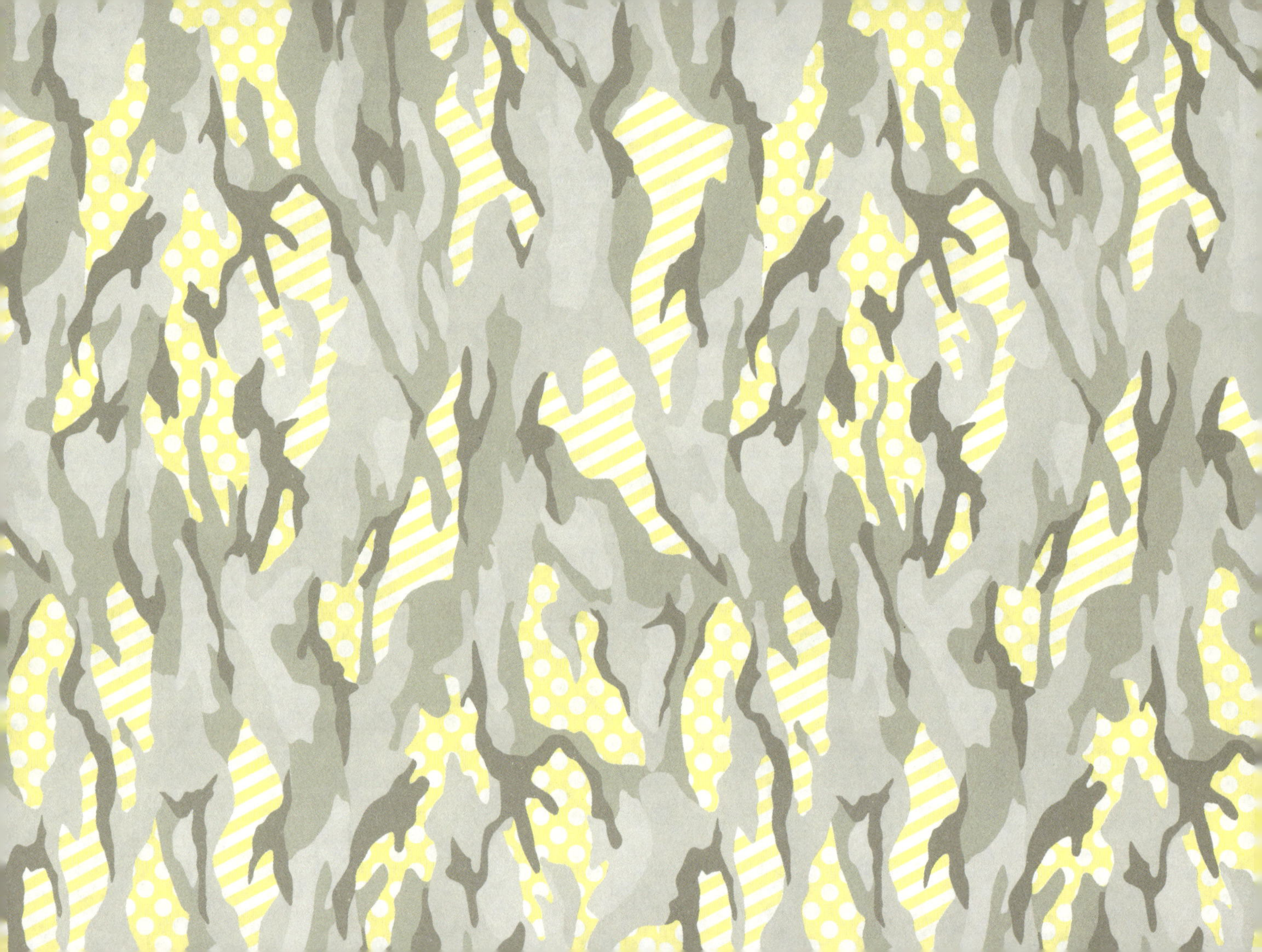

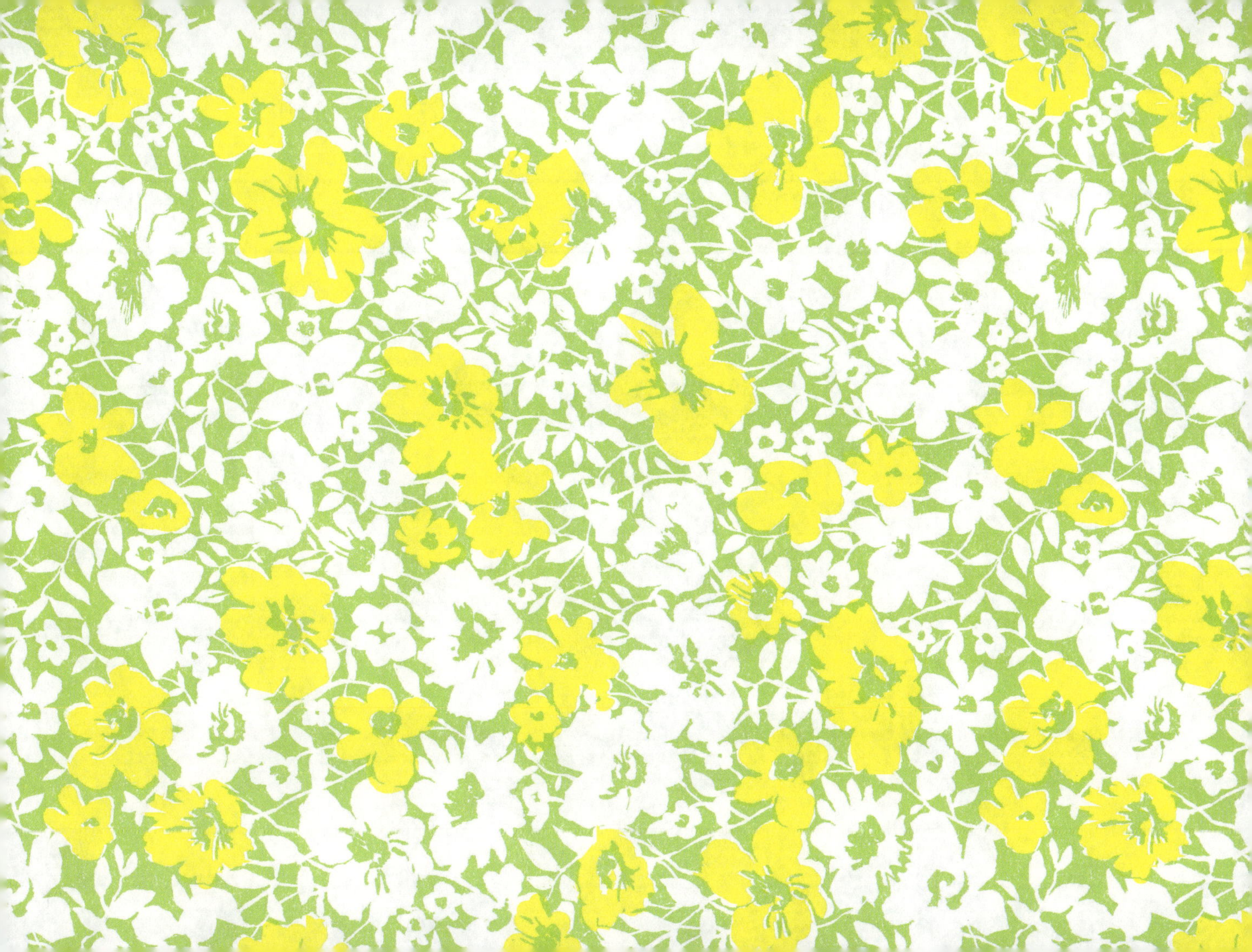

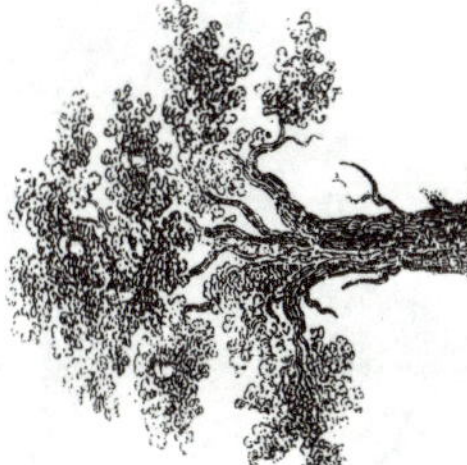

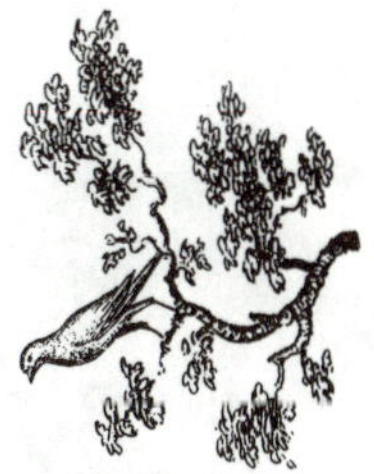

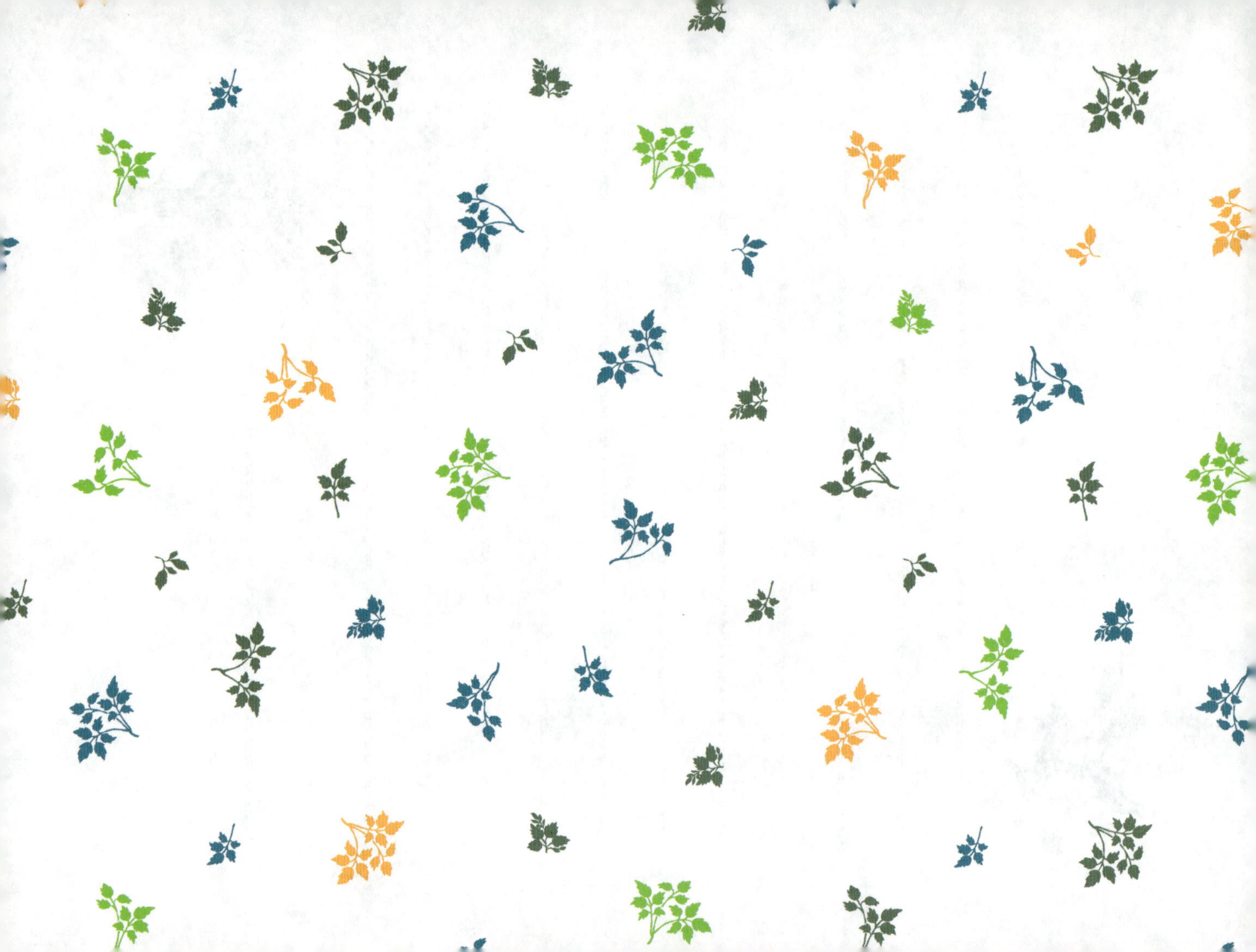

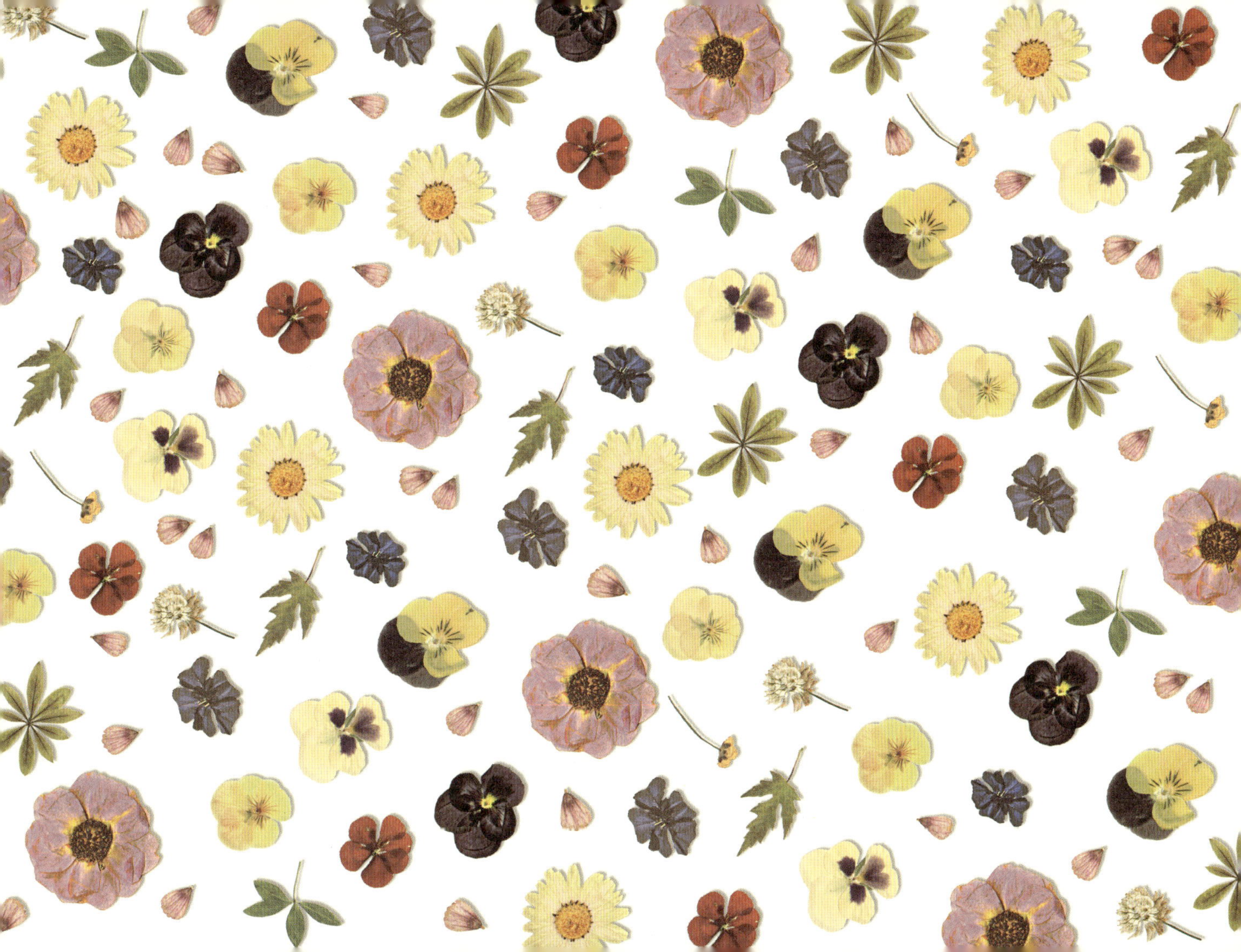

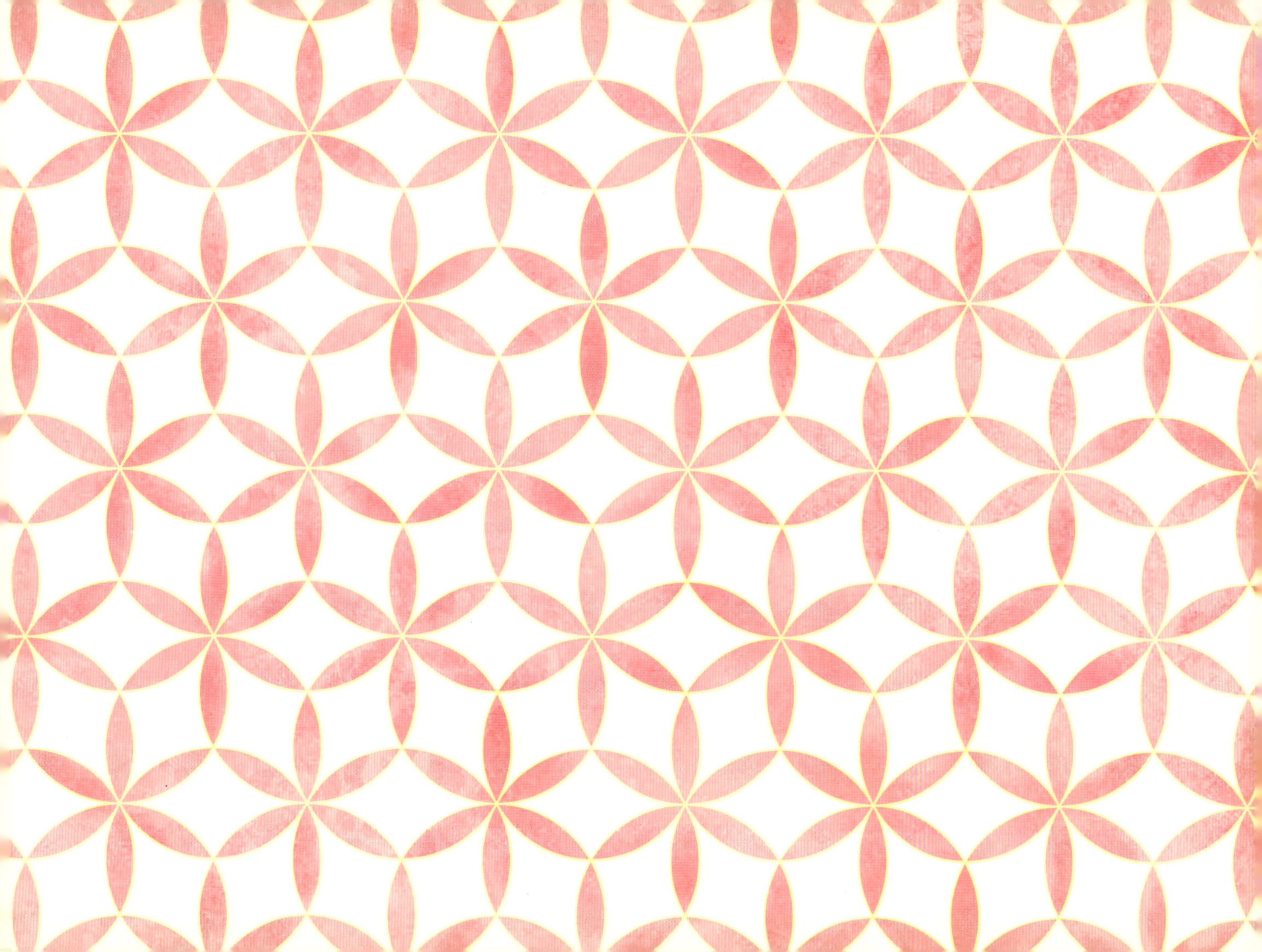

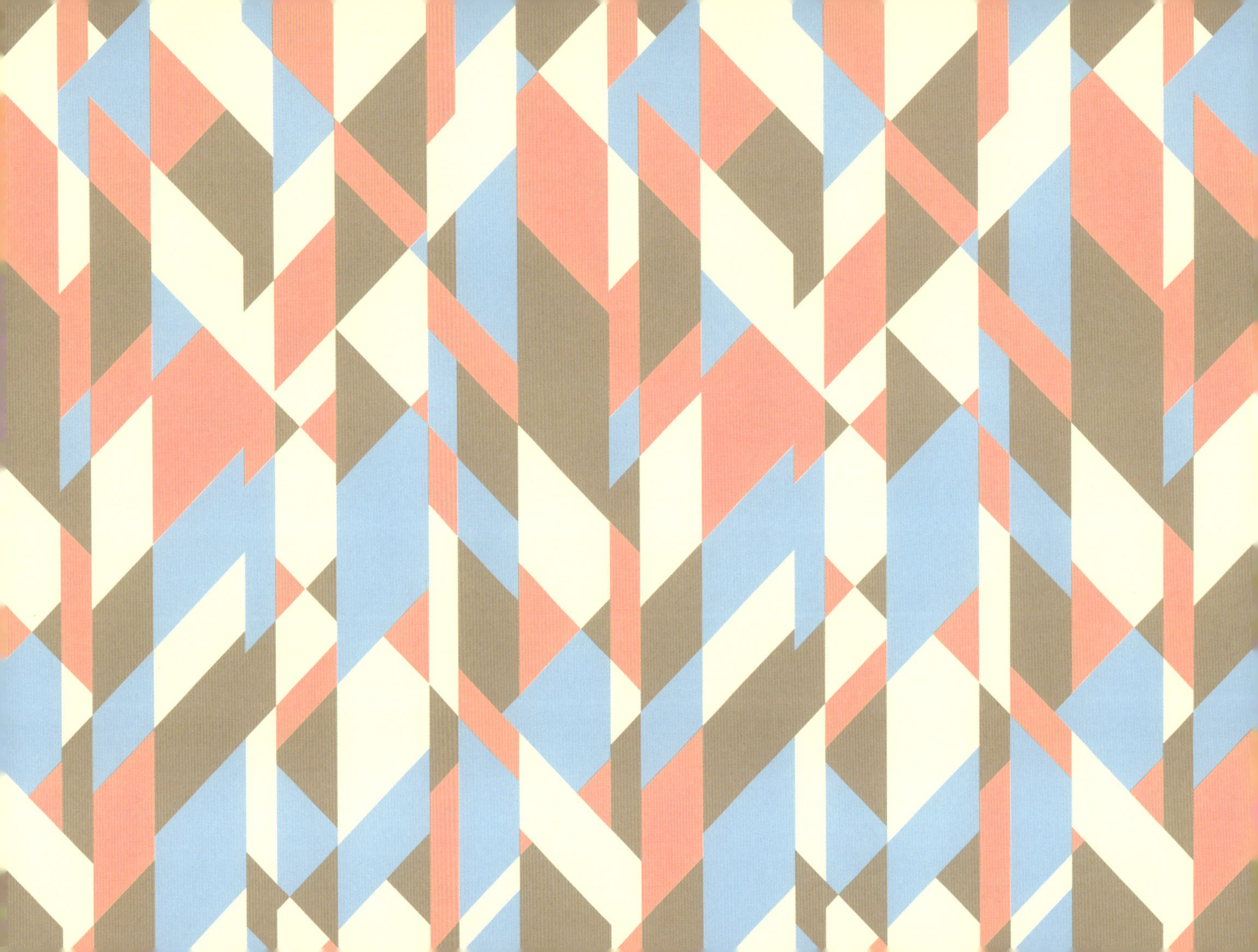

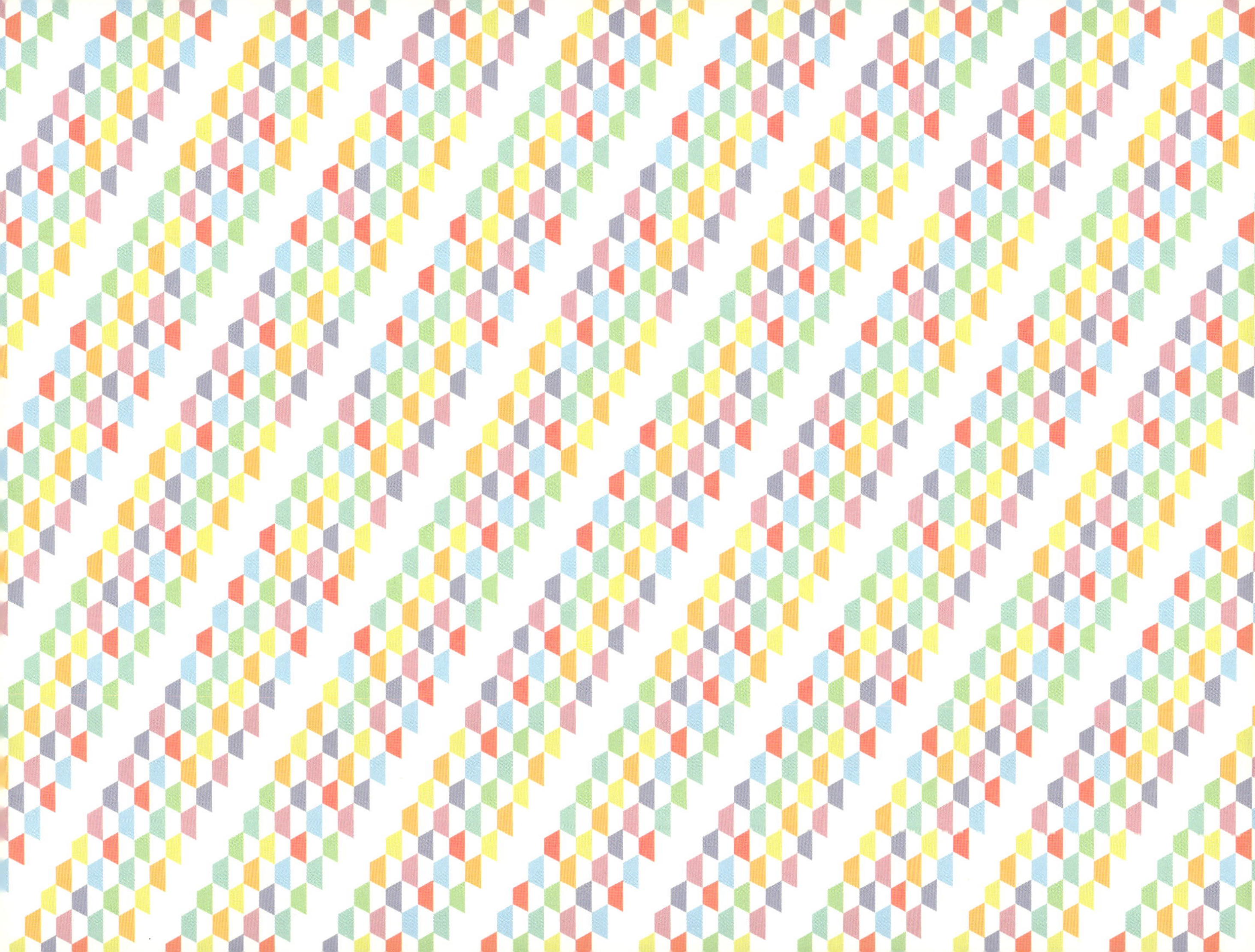

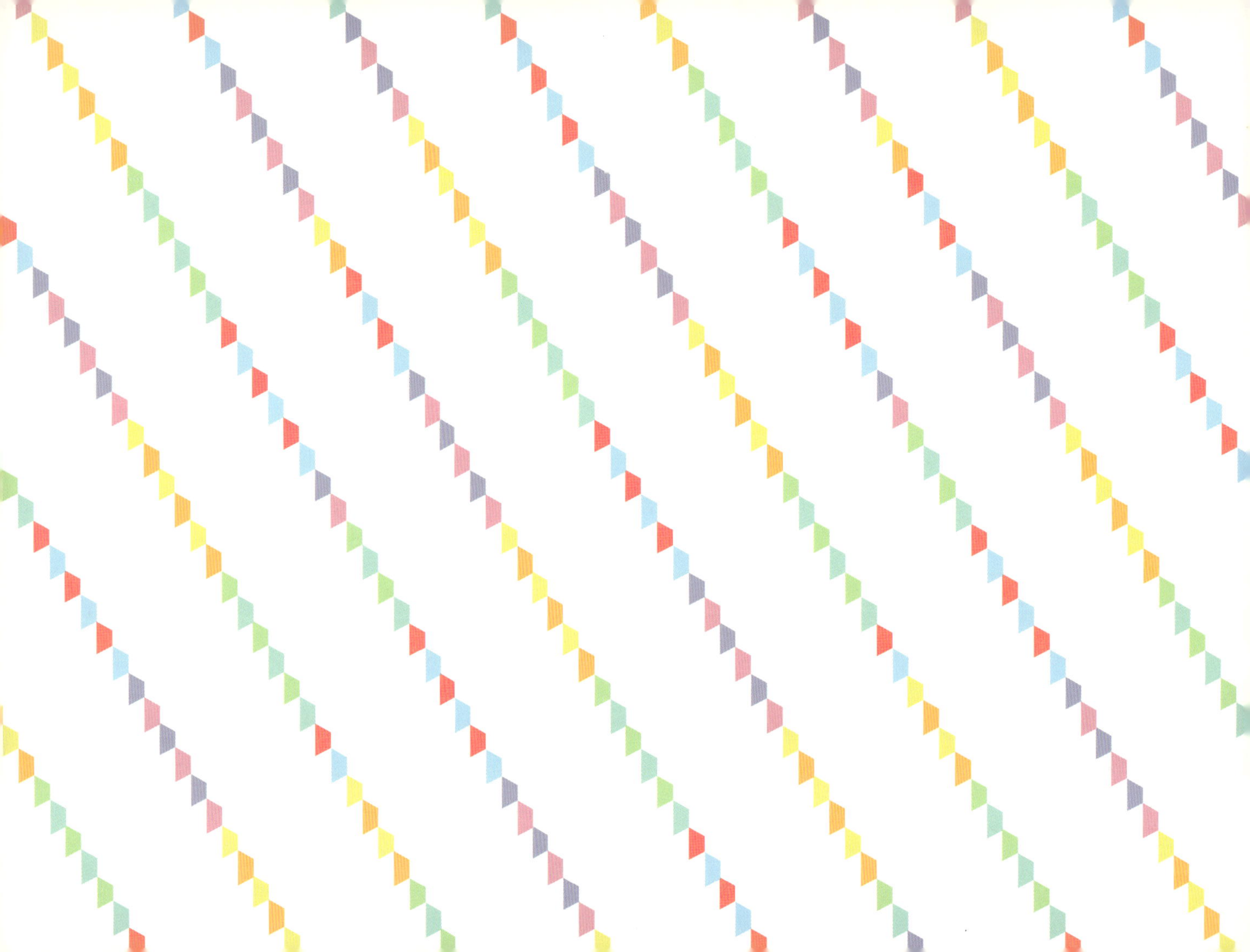

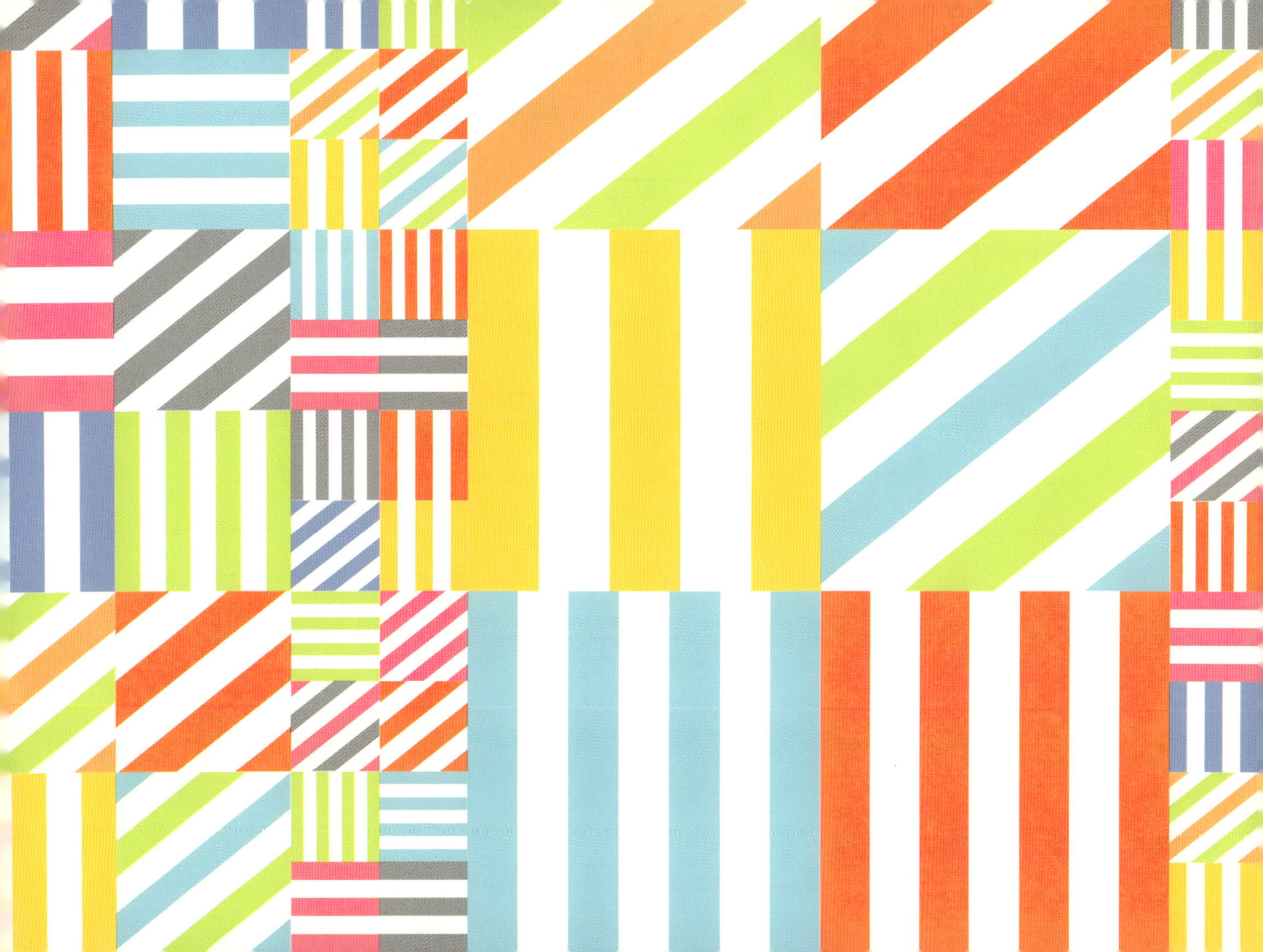

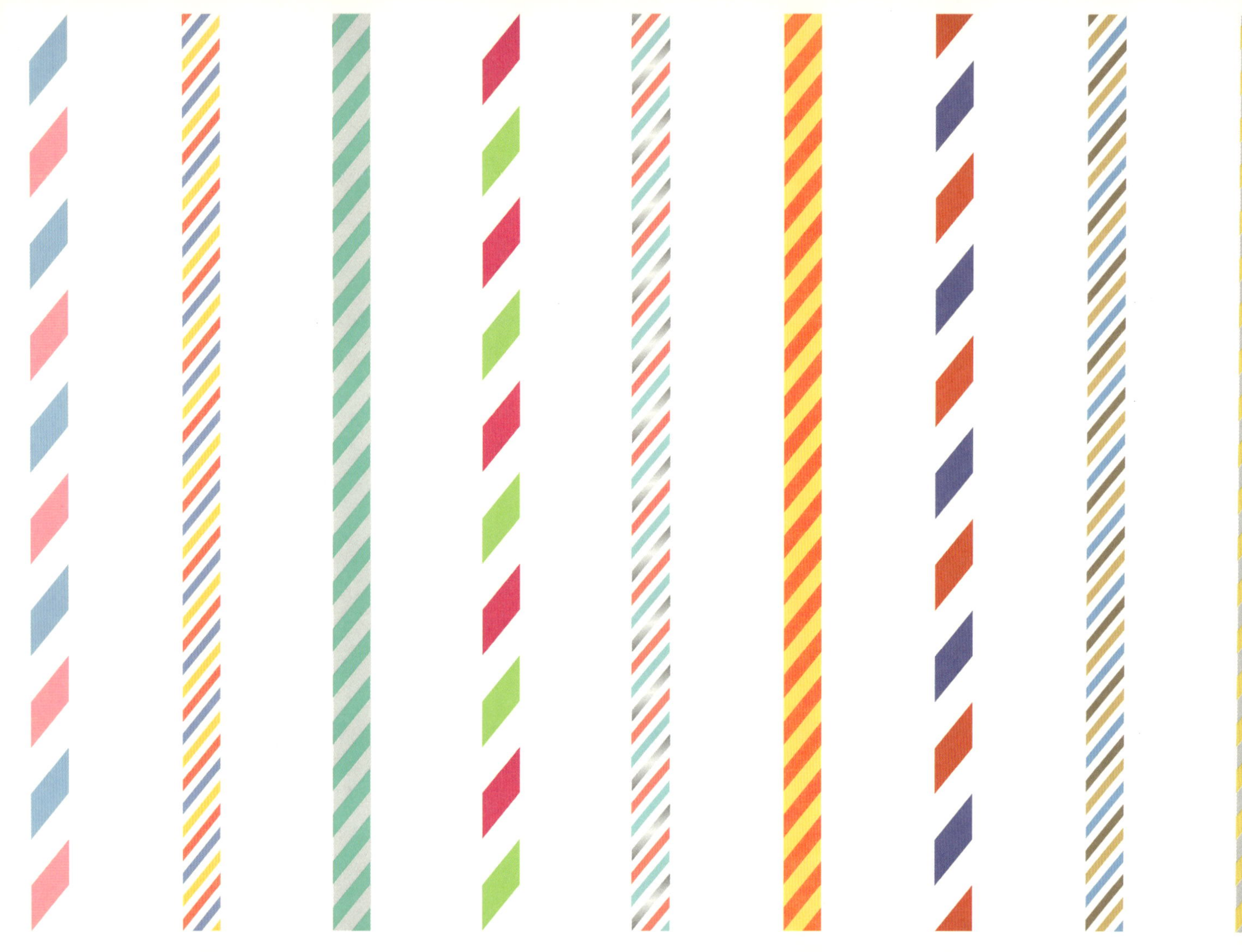

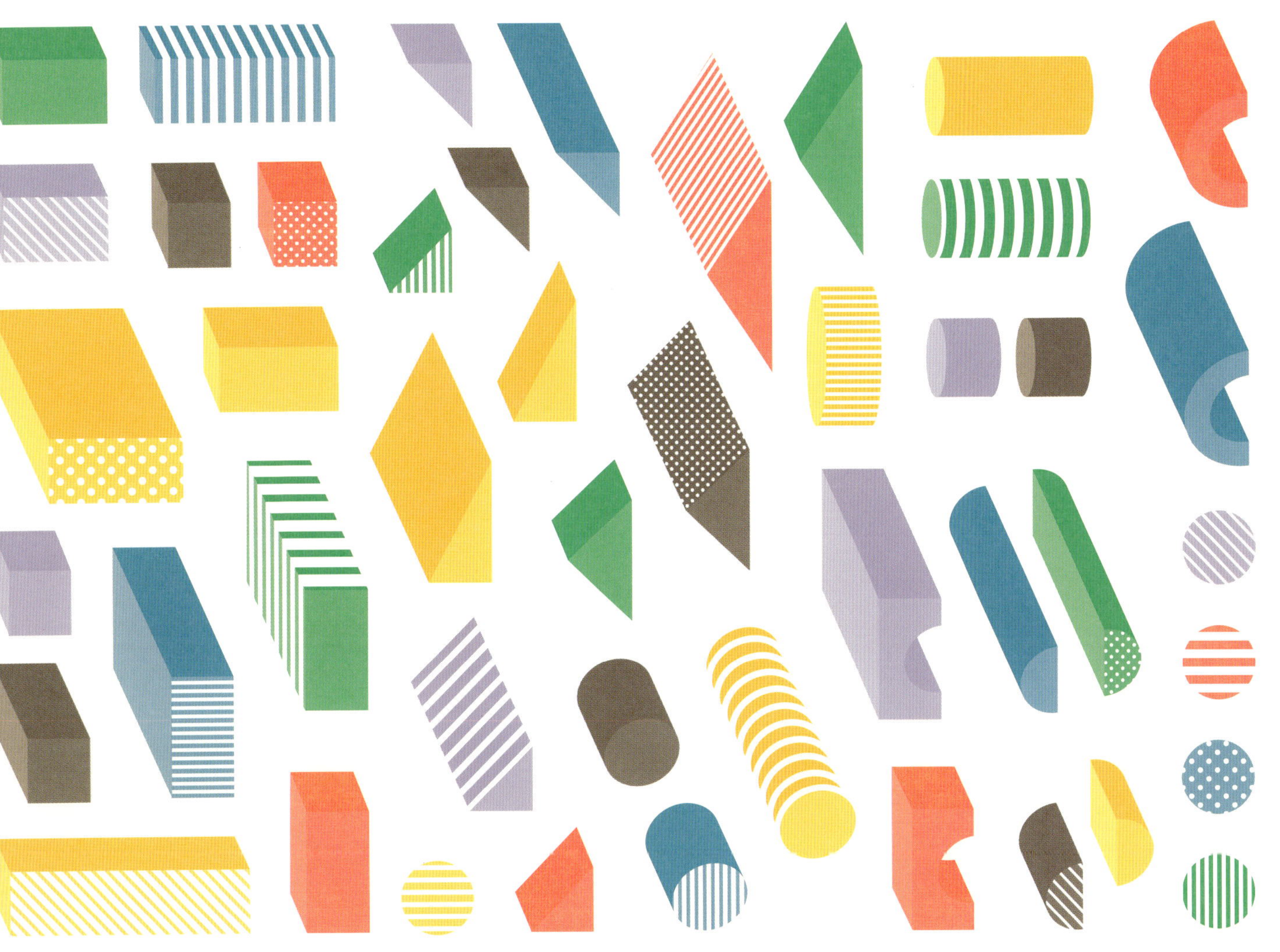

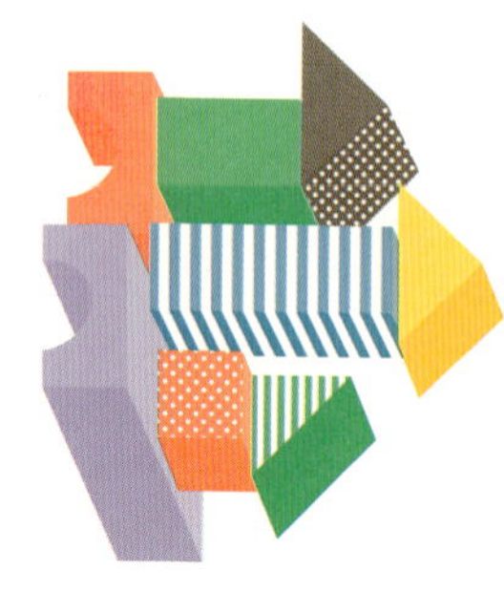
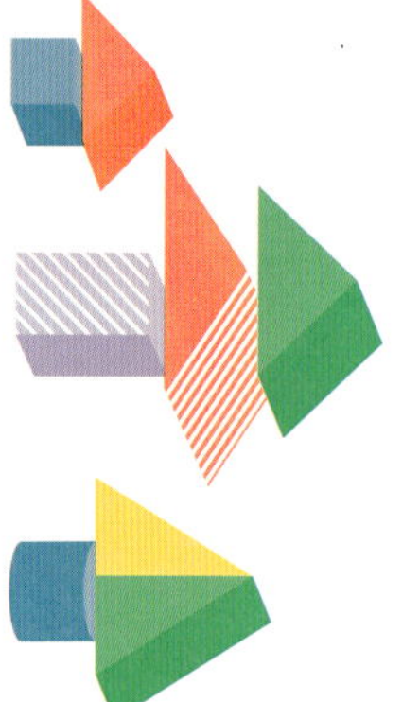

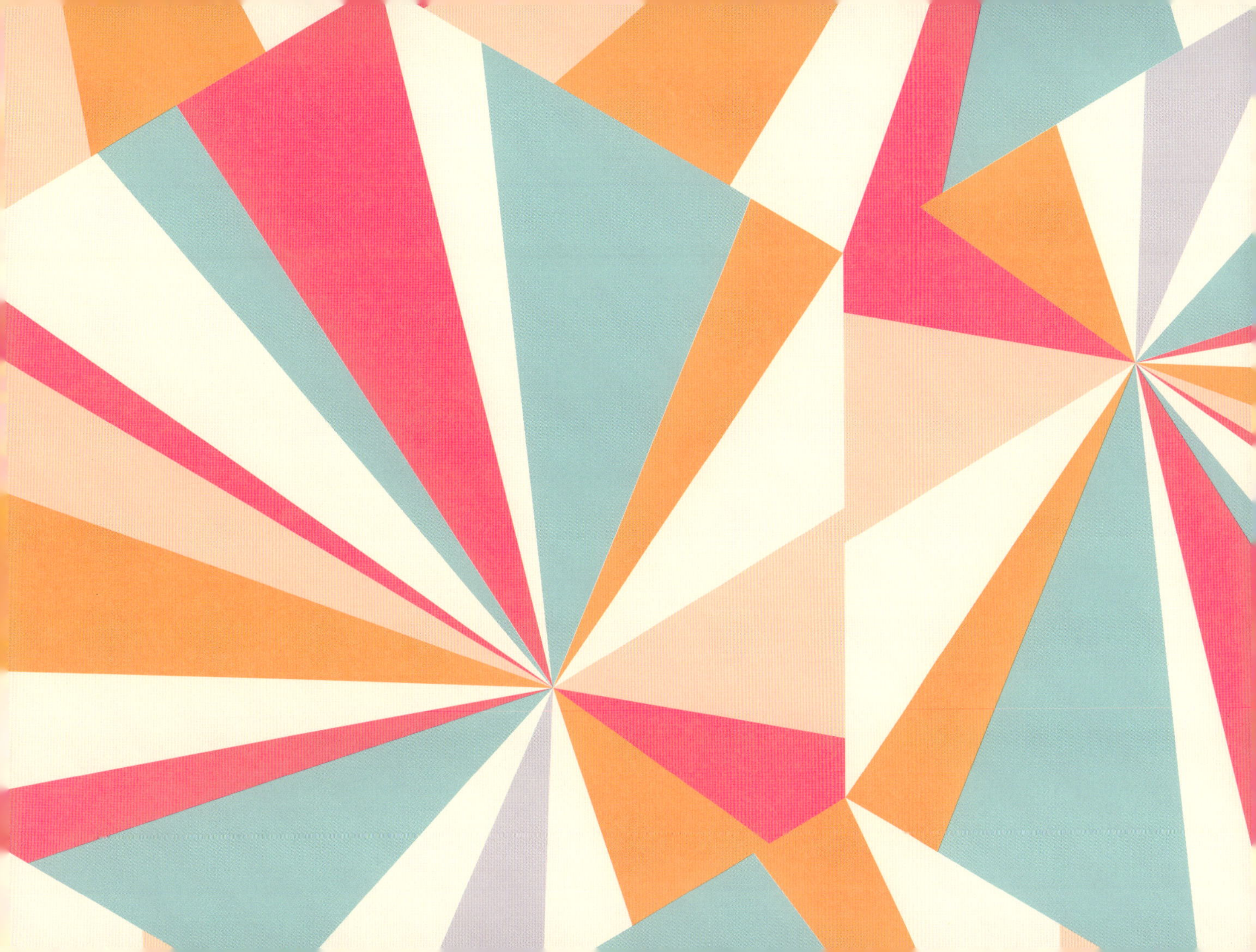

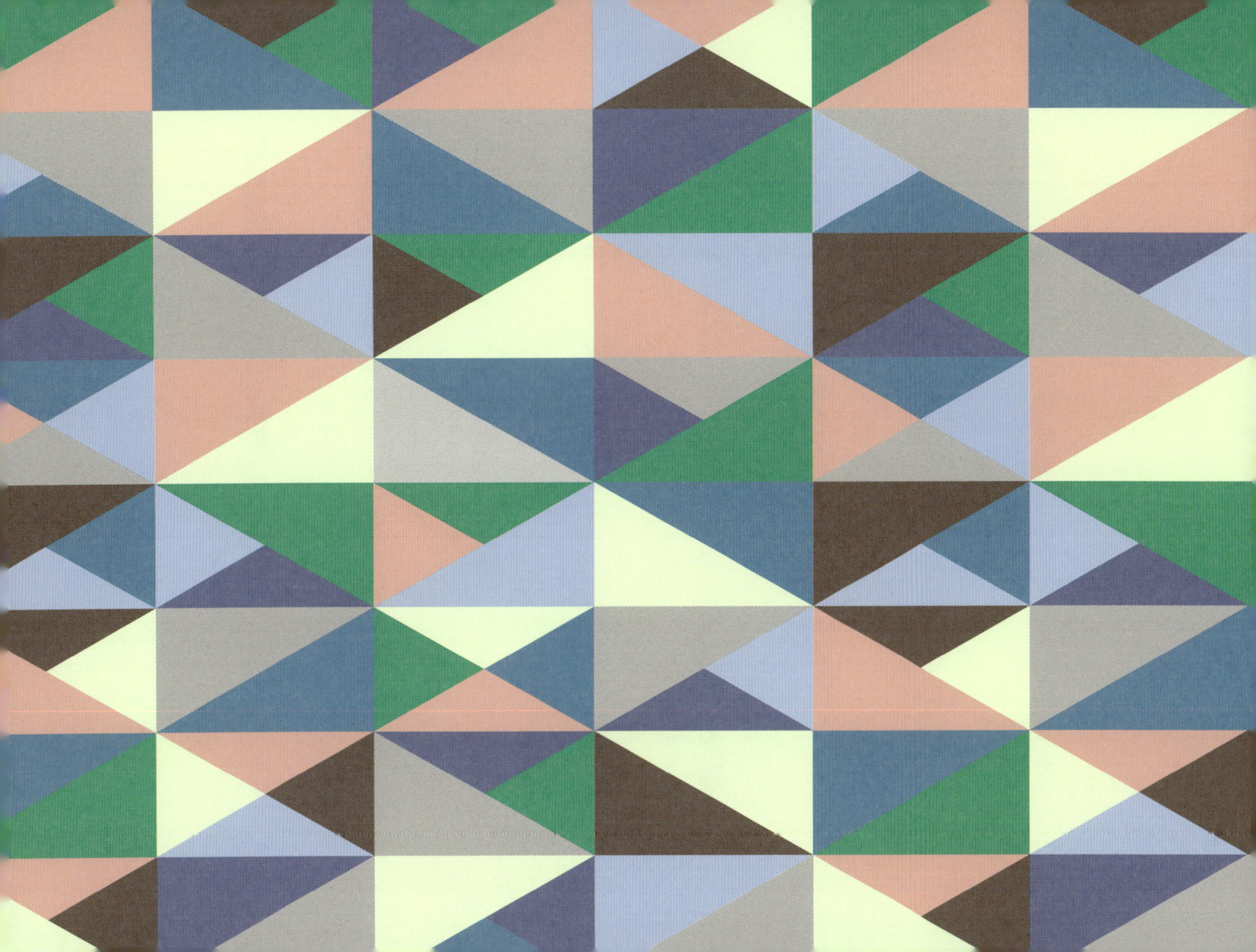

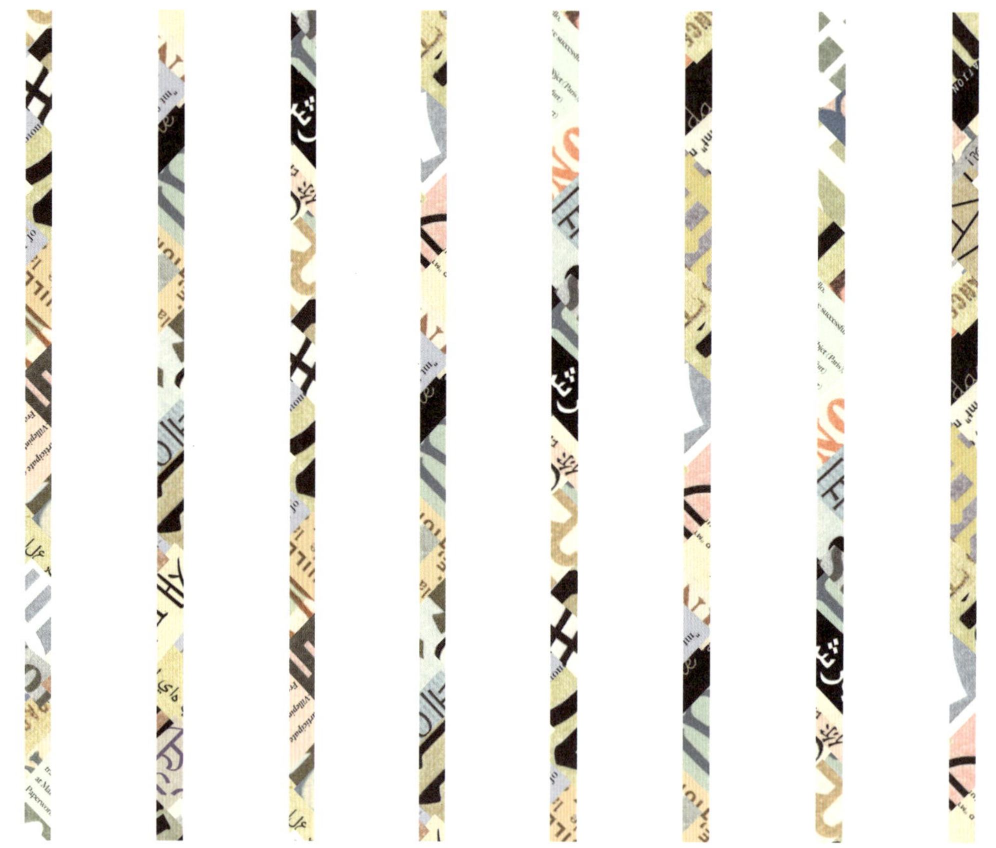

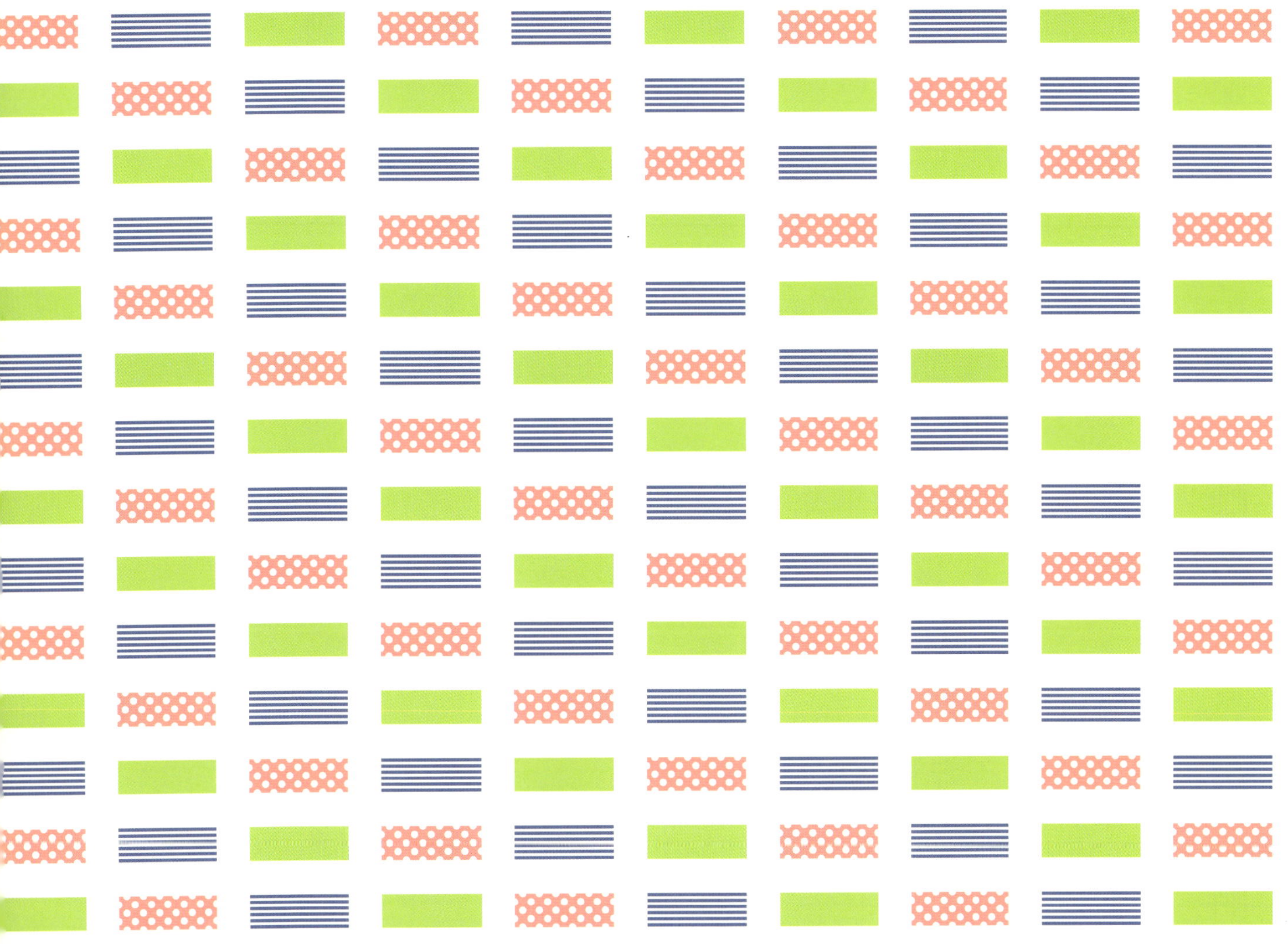

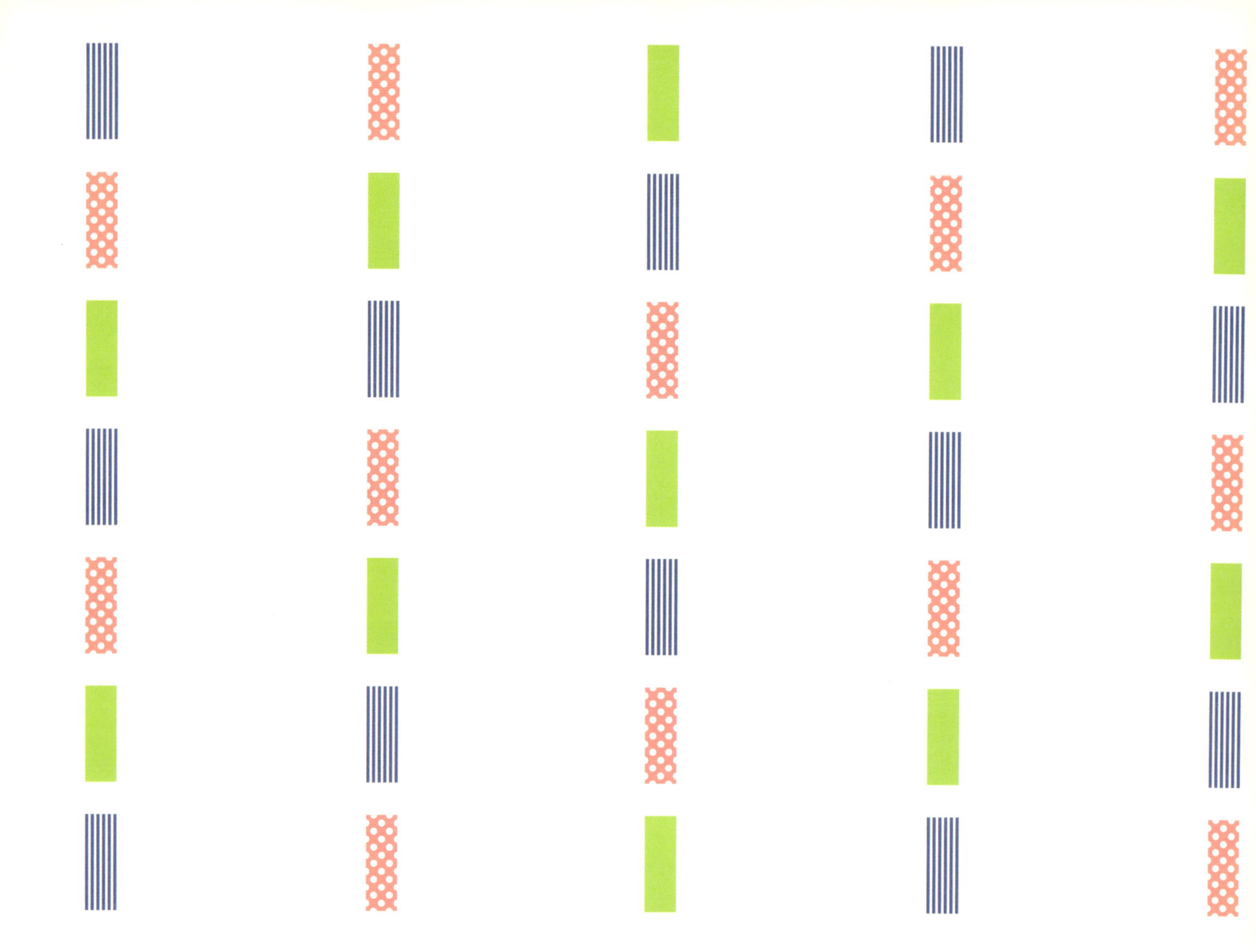

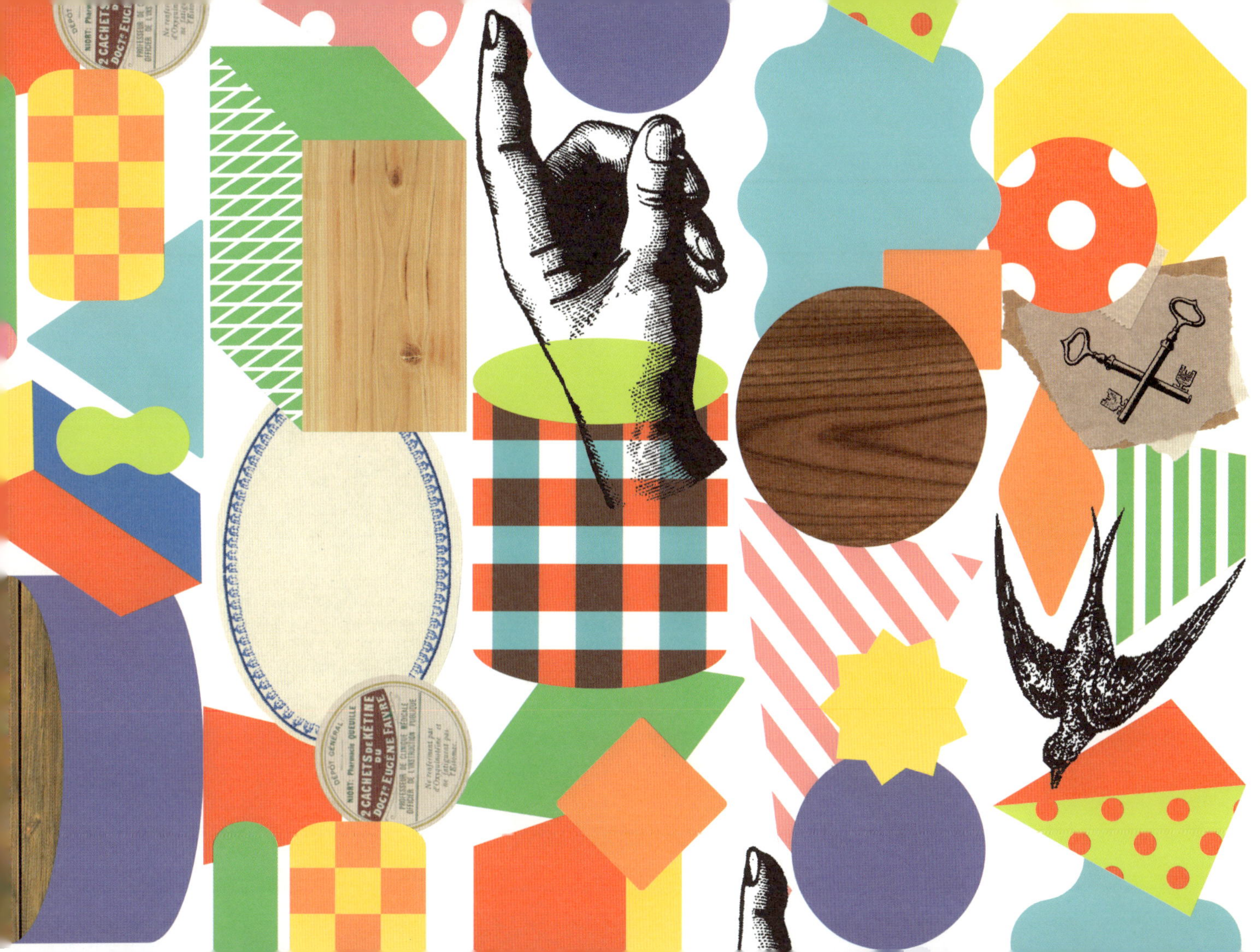

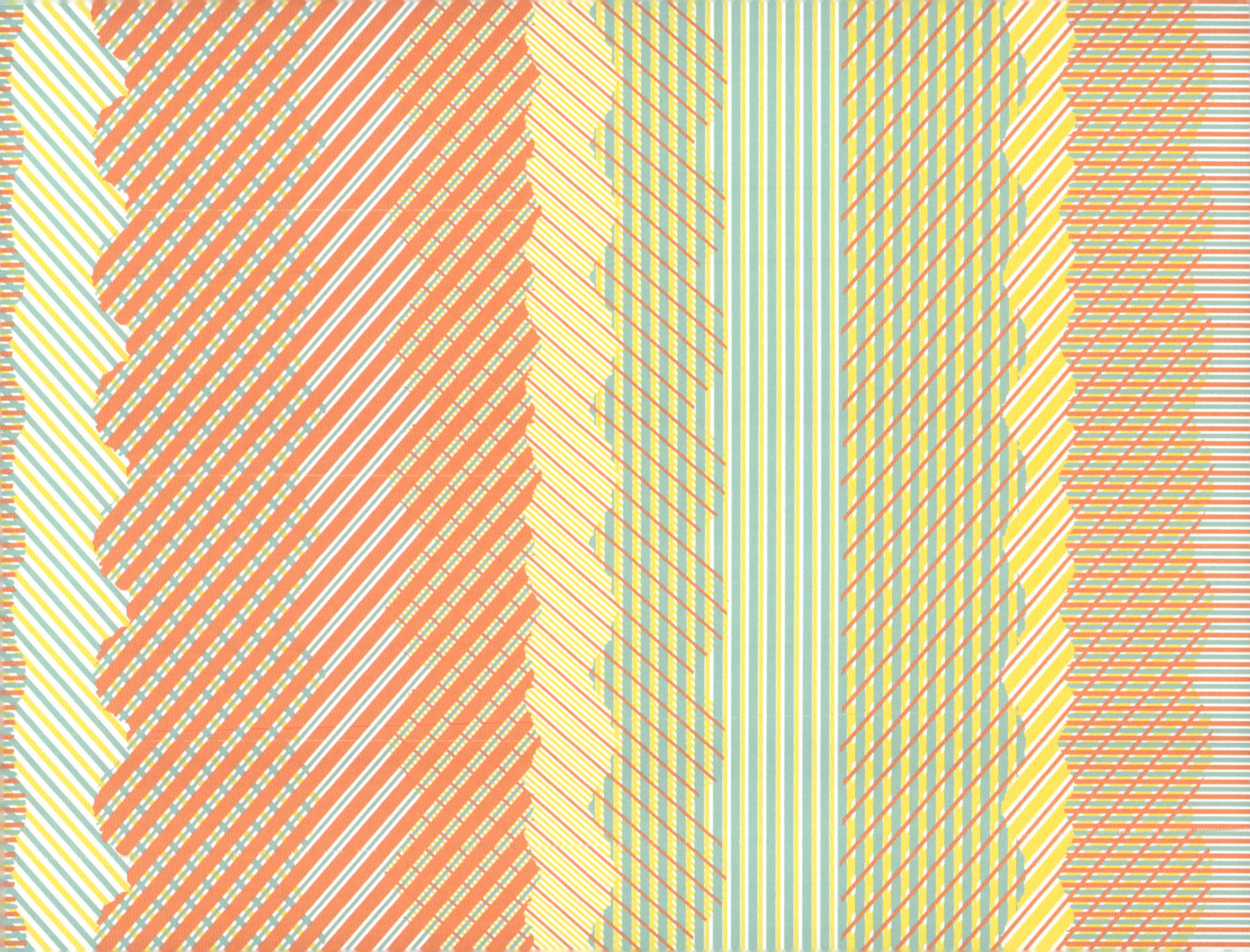

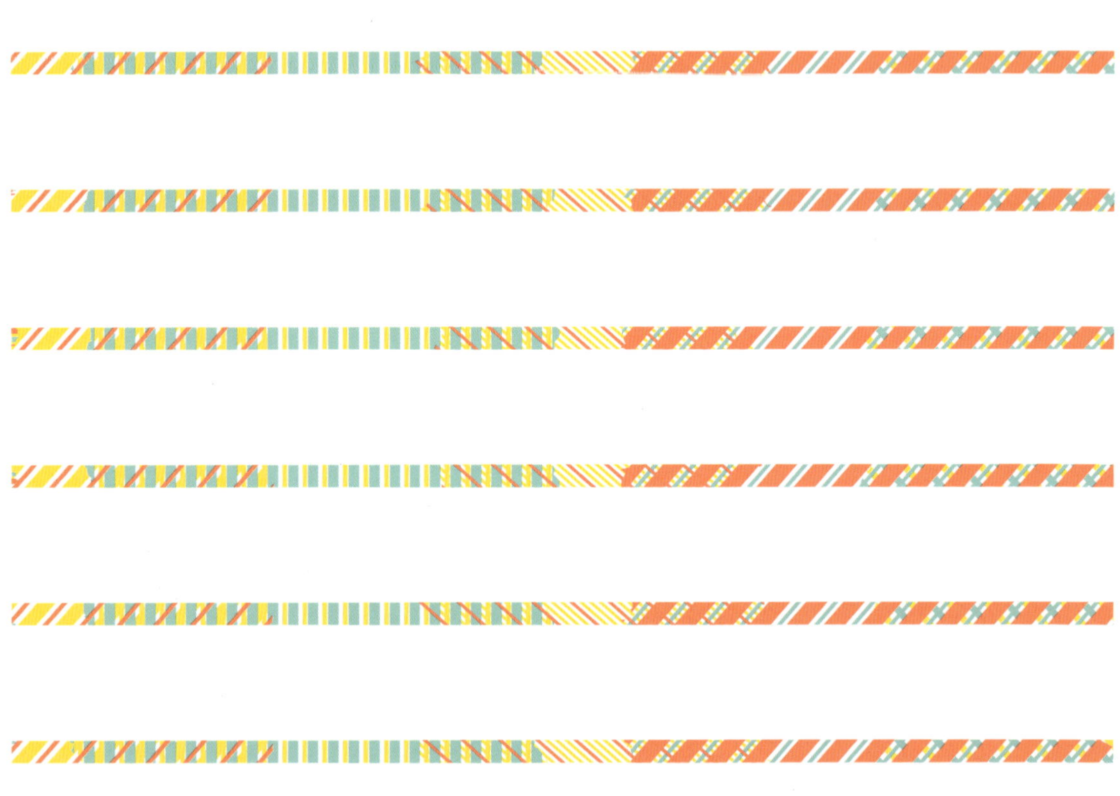

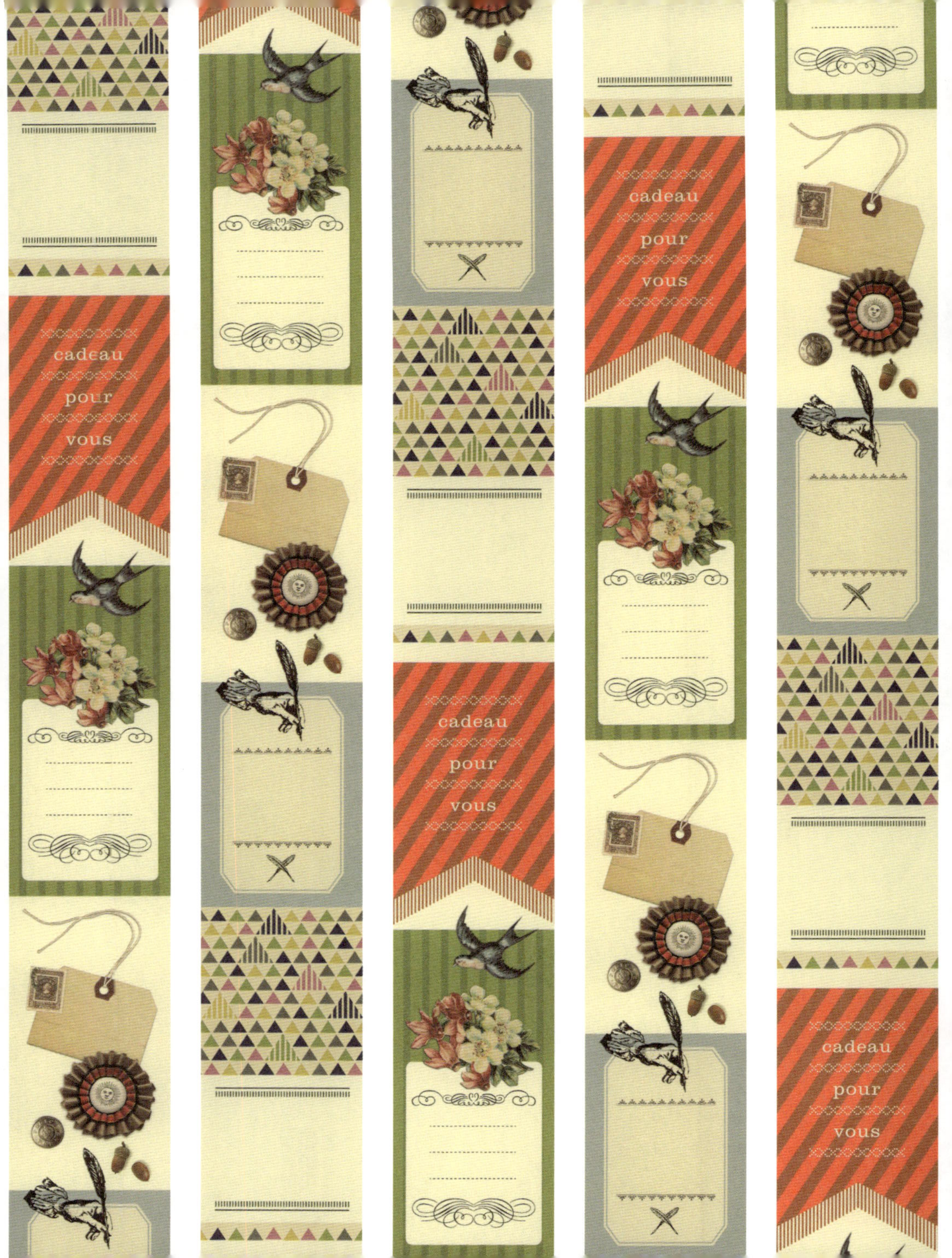

cadeau pour vous

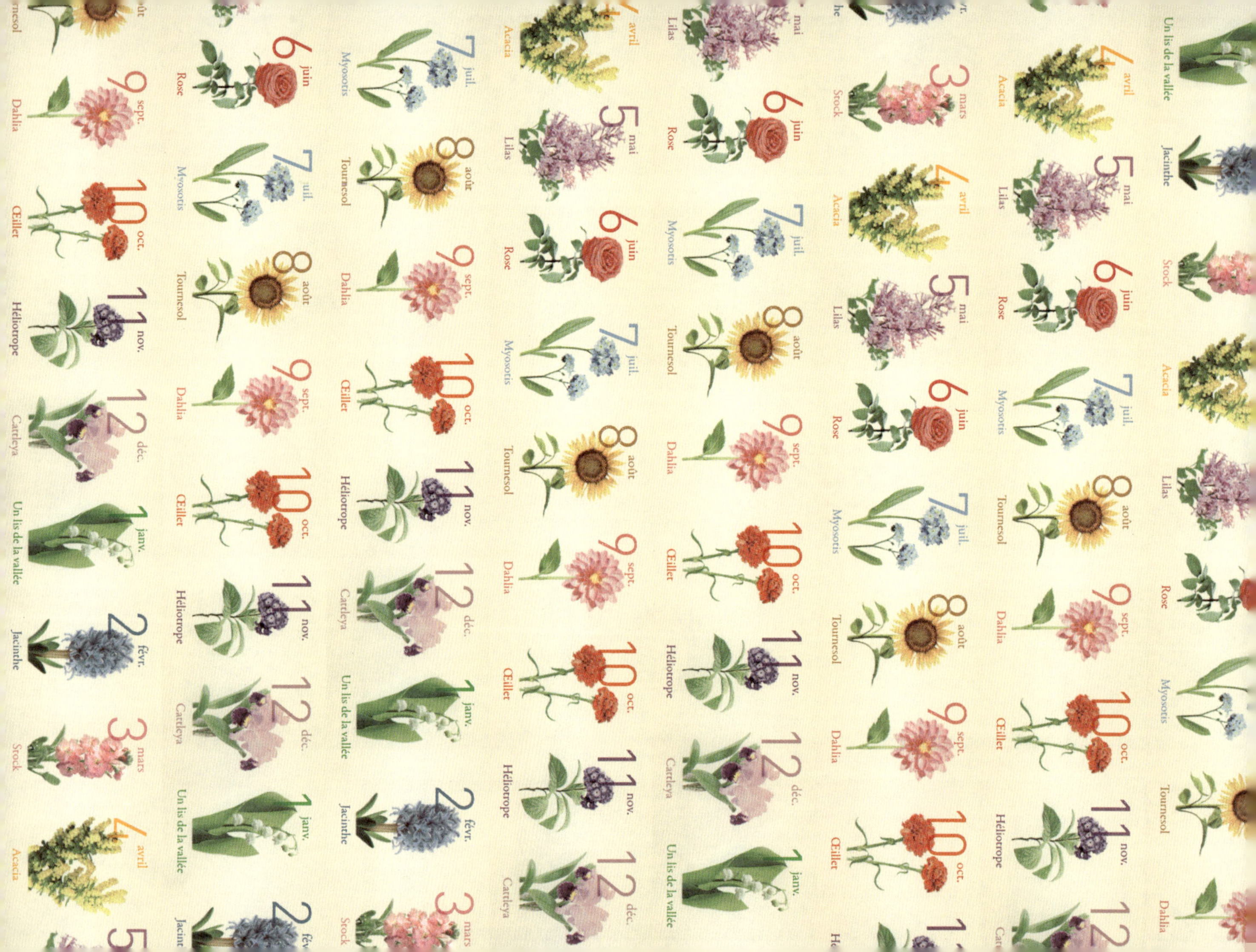

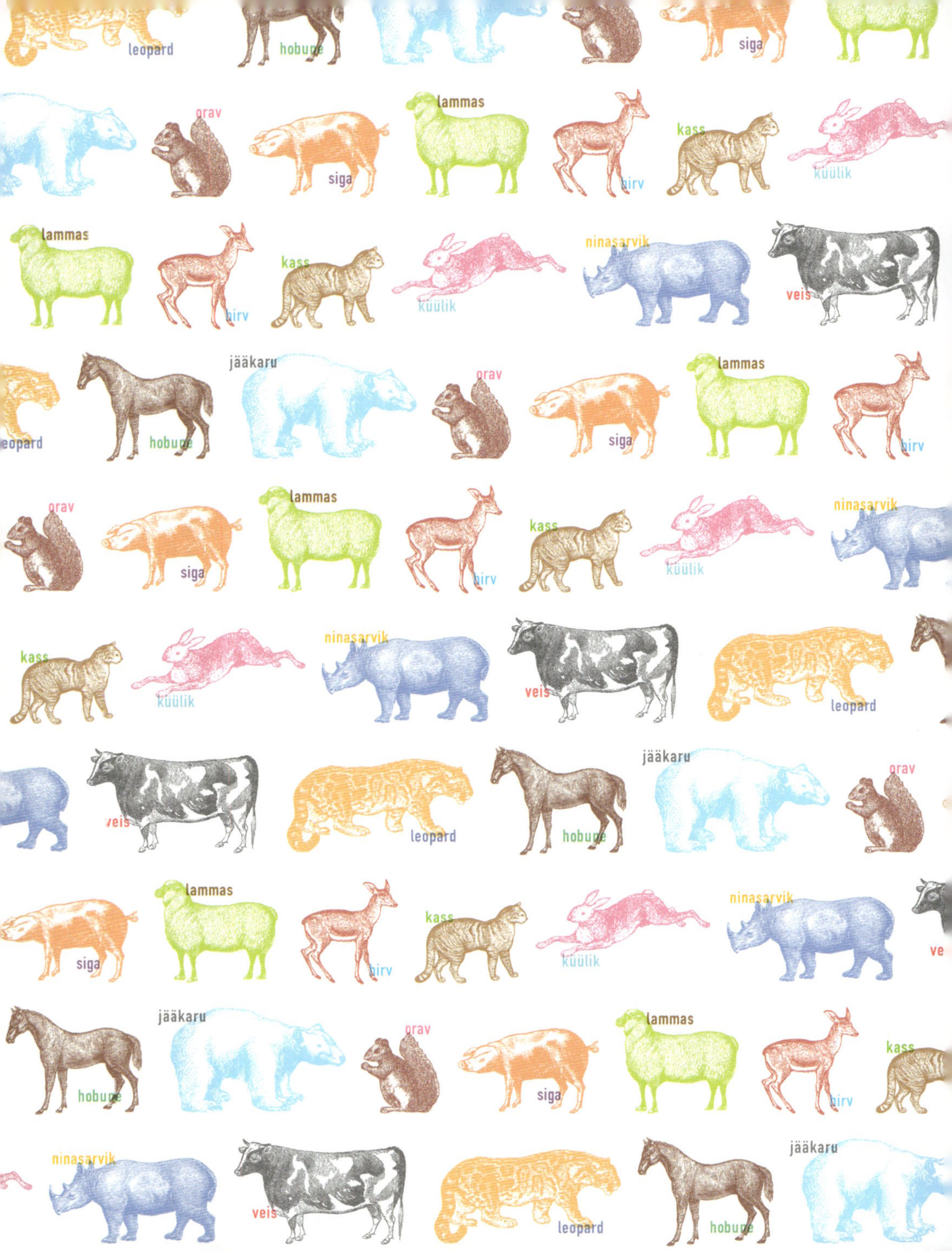
leopard
hobune
siga
orav
lammas
kass
siga
hirv
küülik
lammas
kass
hirv
küülik
ninasarvik
veis
jääkaru
orav
lammas
leopard
hobune
siga
hirv
orav
lammas
kass
ninasarvik
siga
hirv
küülik
kass
ninasarvik
veis
leopard
küülik
veis
jääkaru
orav
leopard
hobune
lammas
kass
siga
hirv
küülik
ninasarvik
ve
jääkaru
orav
lammas
kass
hobune
siga
hirv
ninasarvik
veis
leopard
hobune
jääkaru

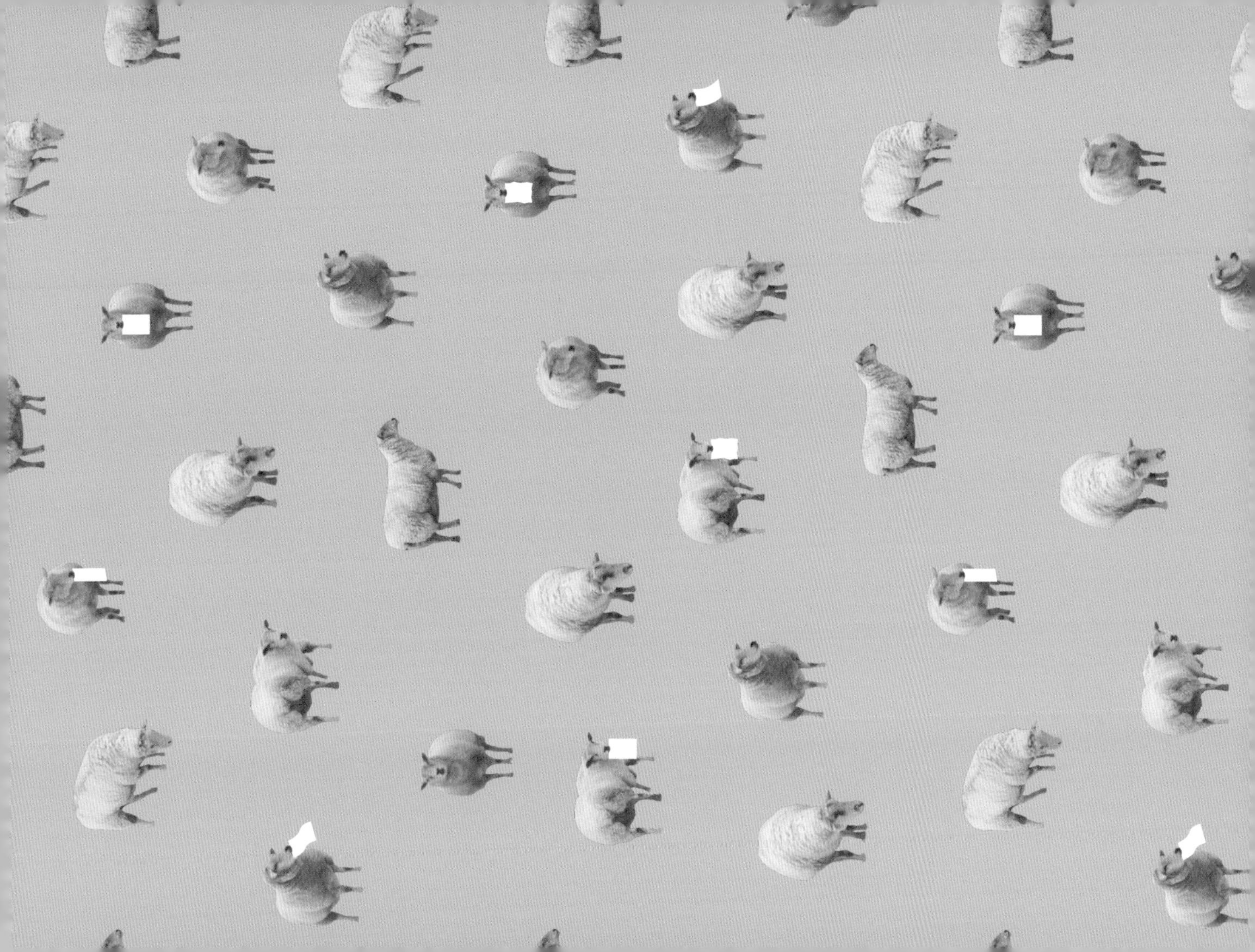

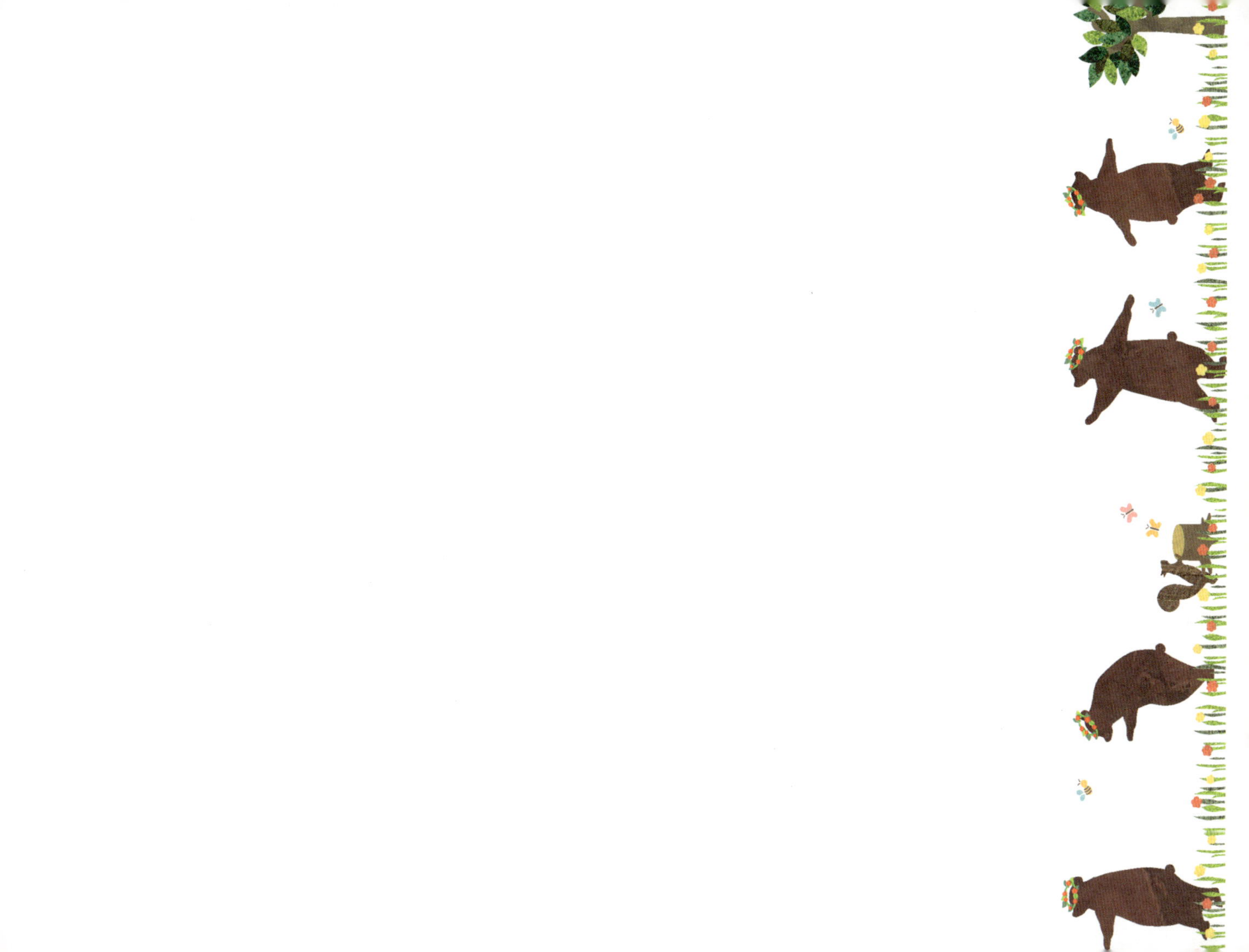

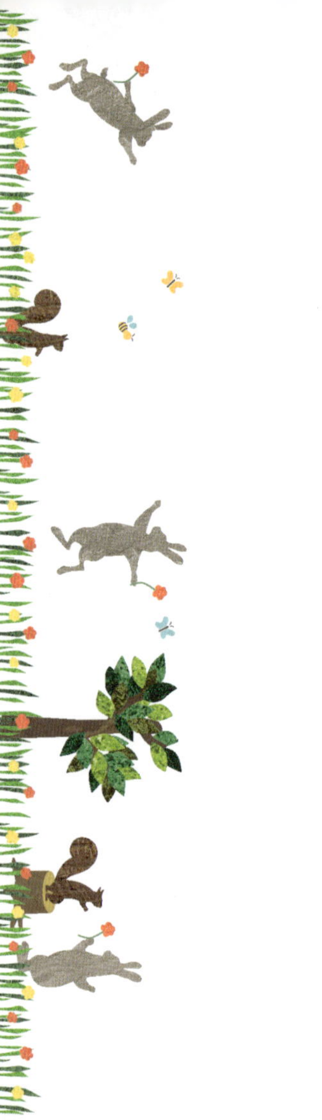

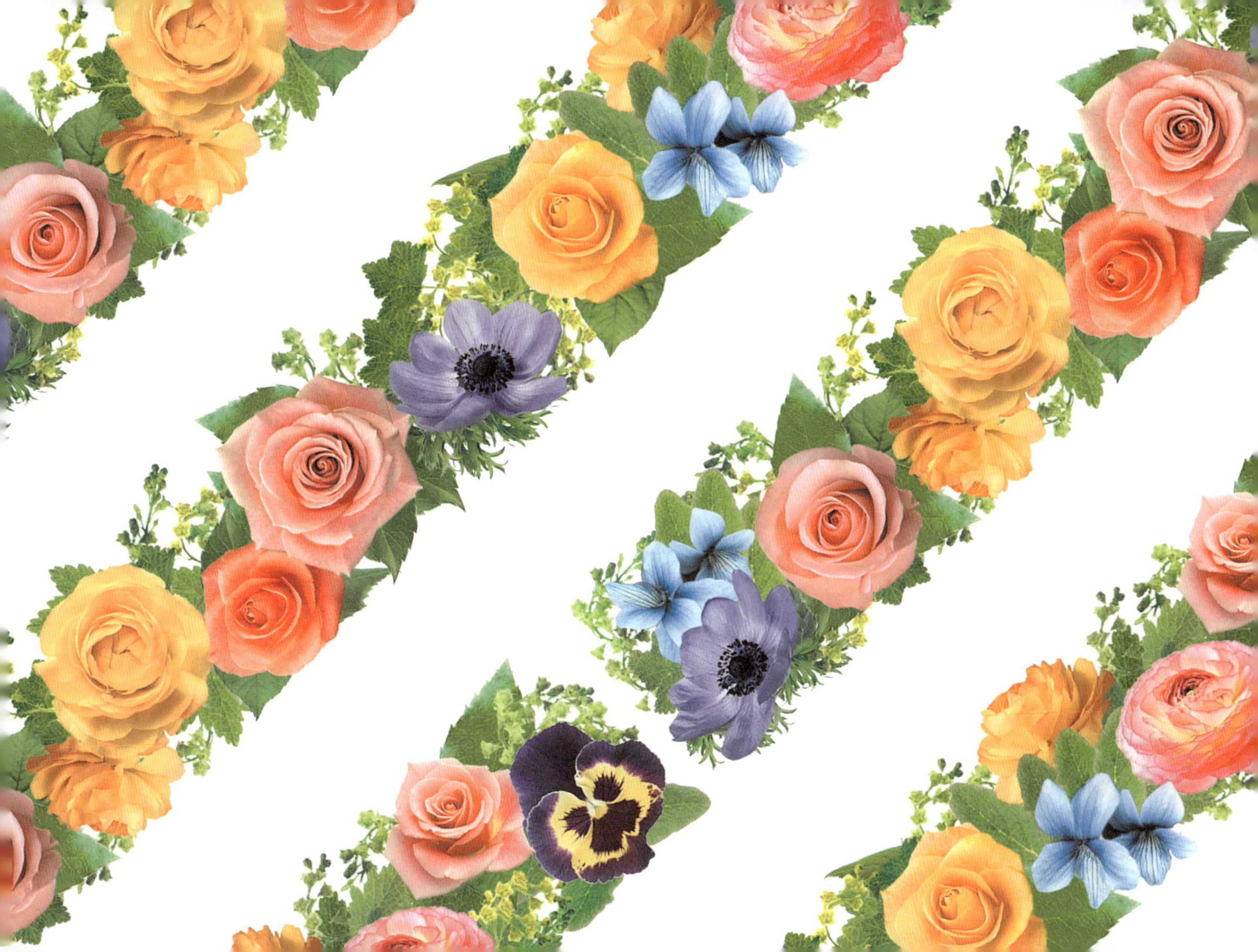

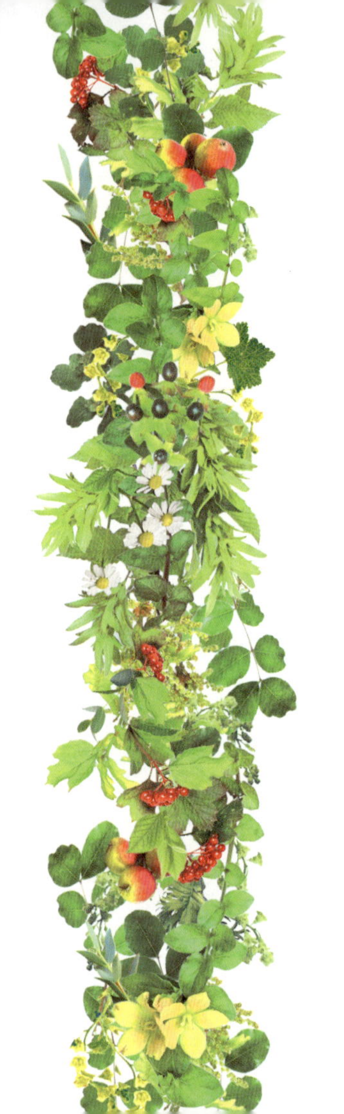
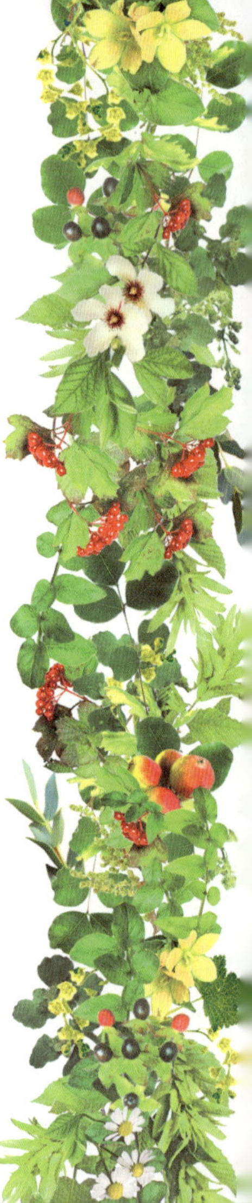

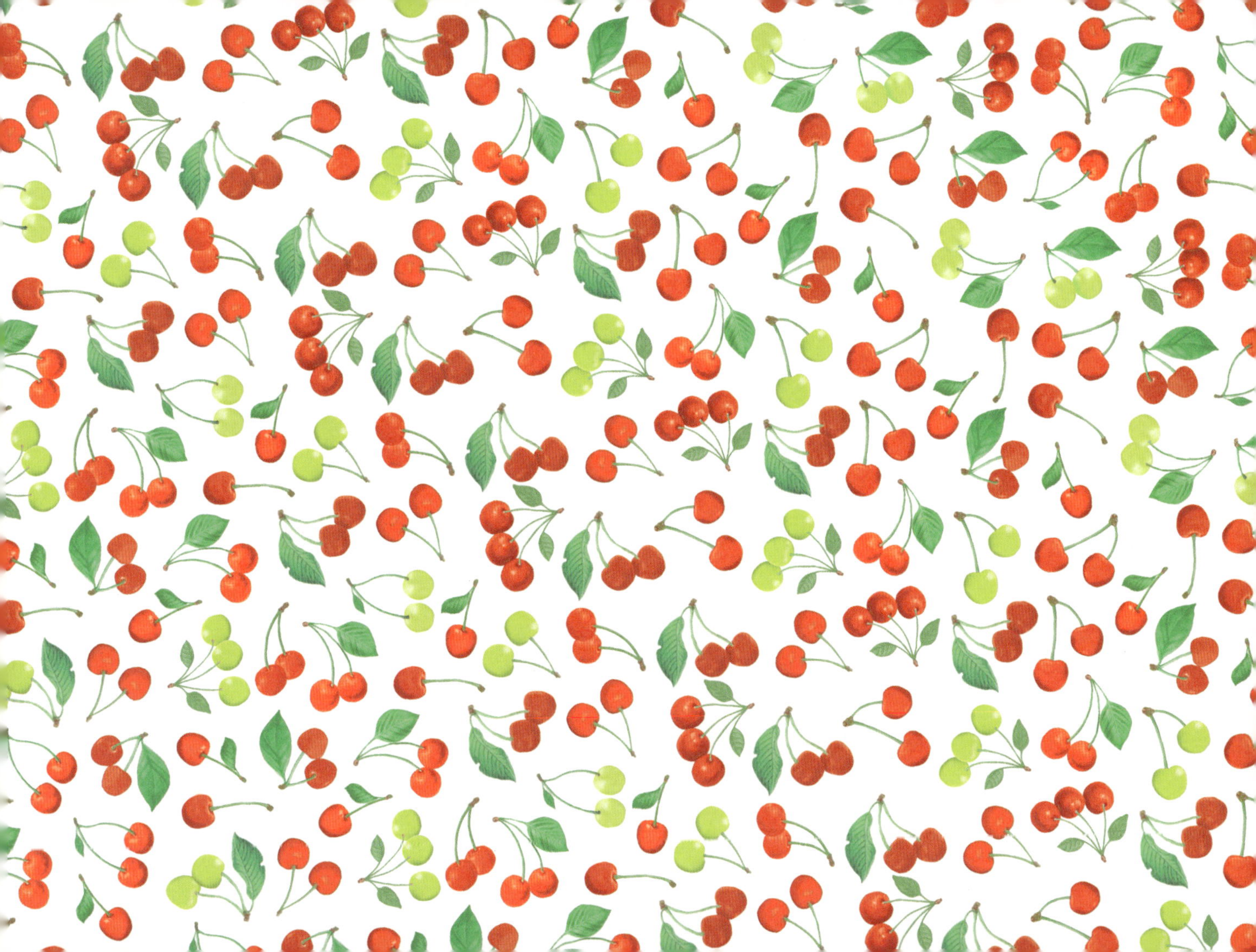

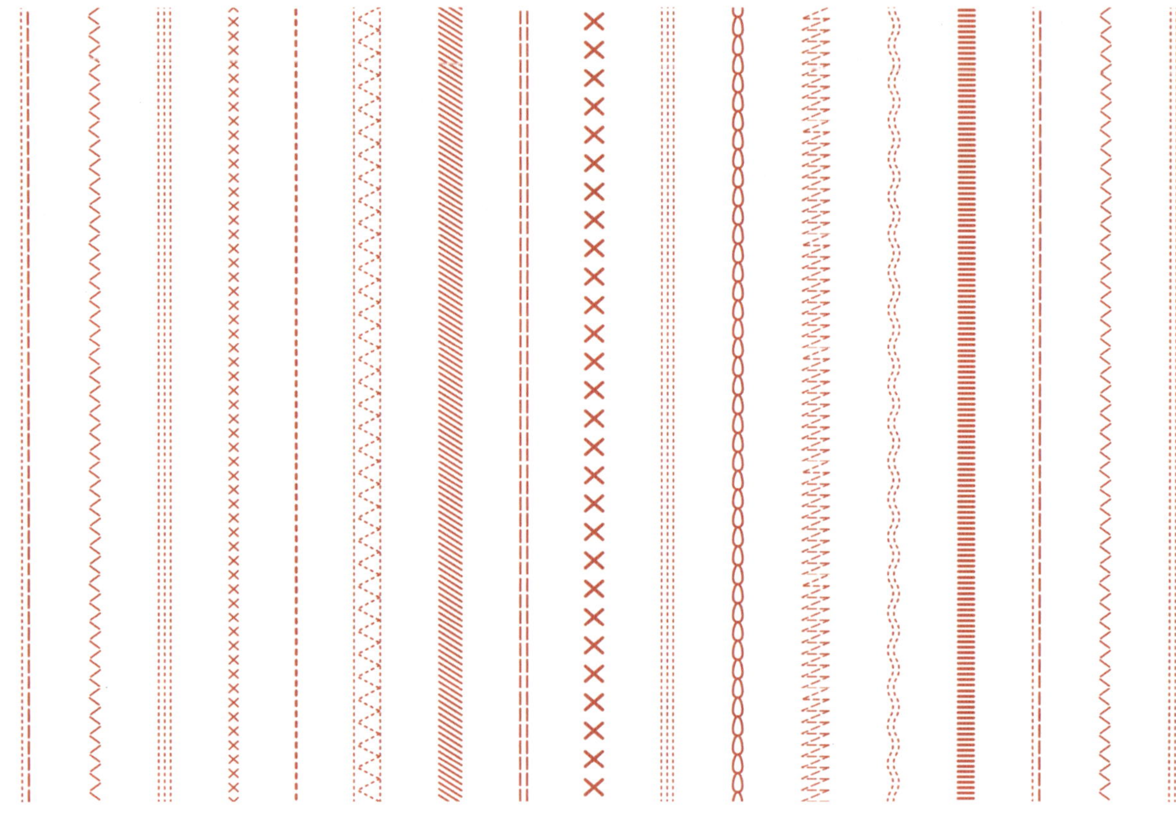

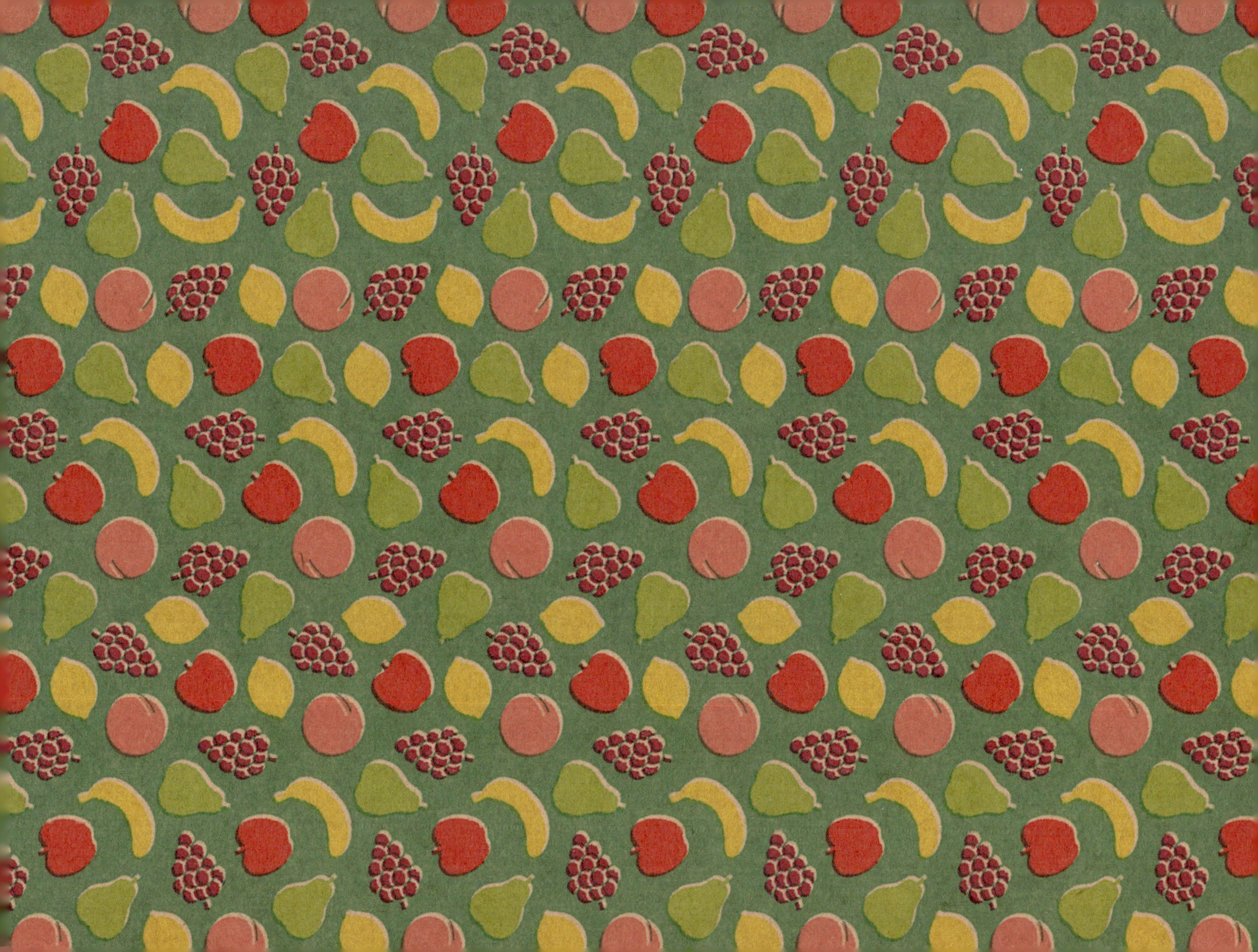

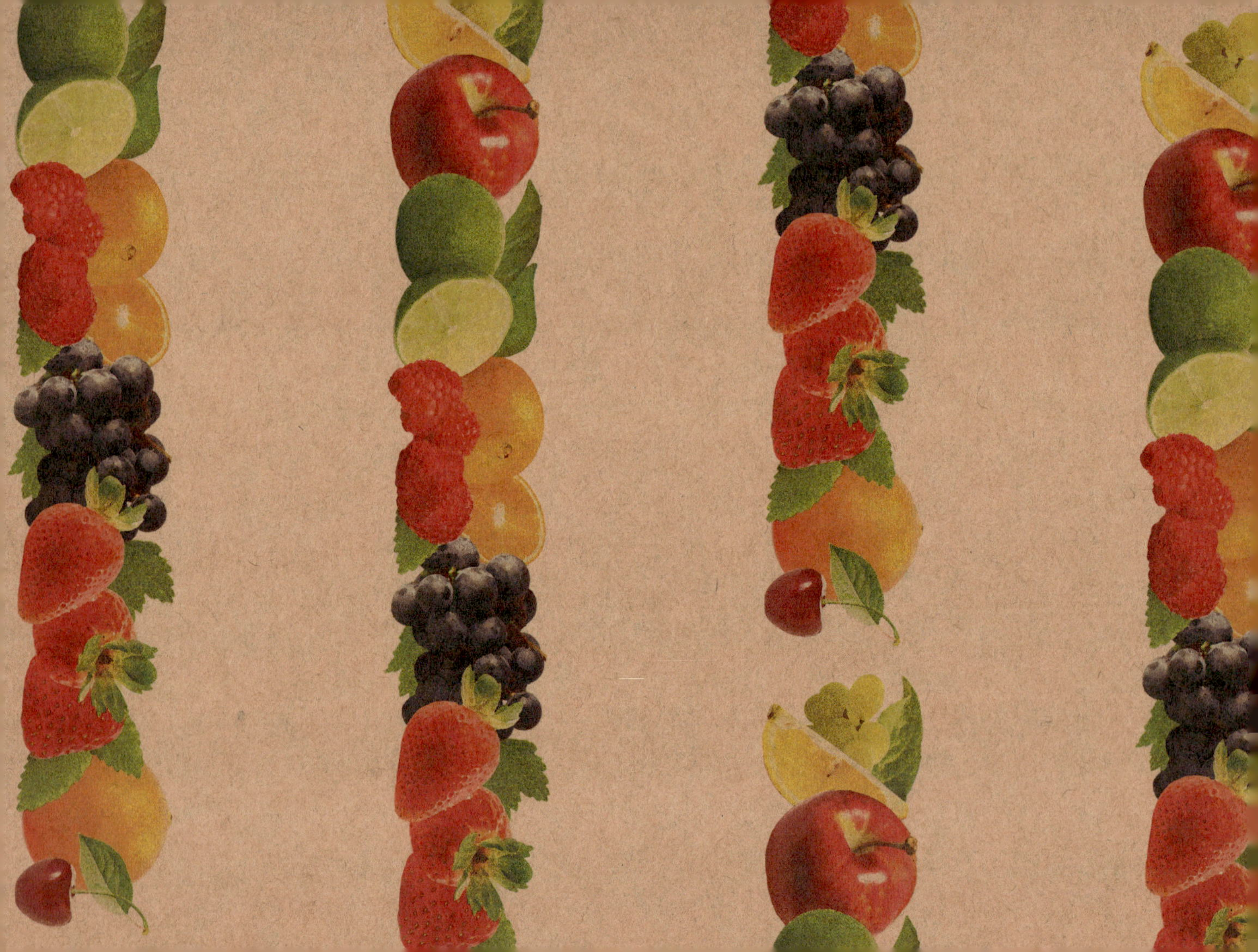

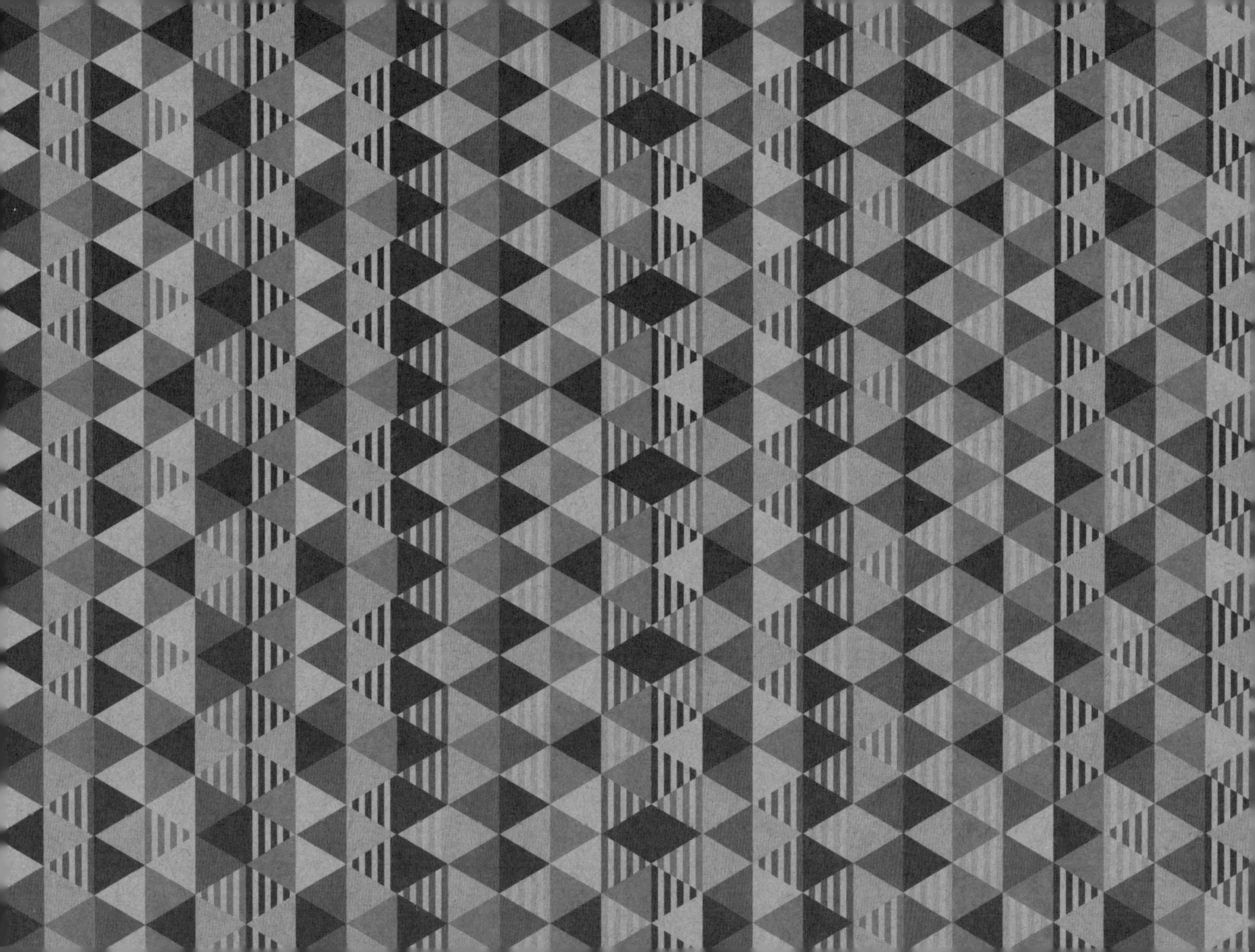

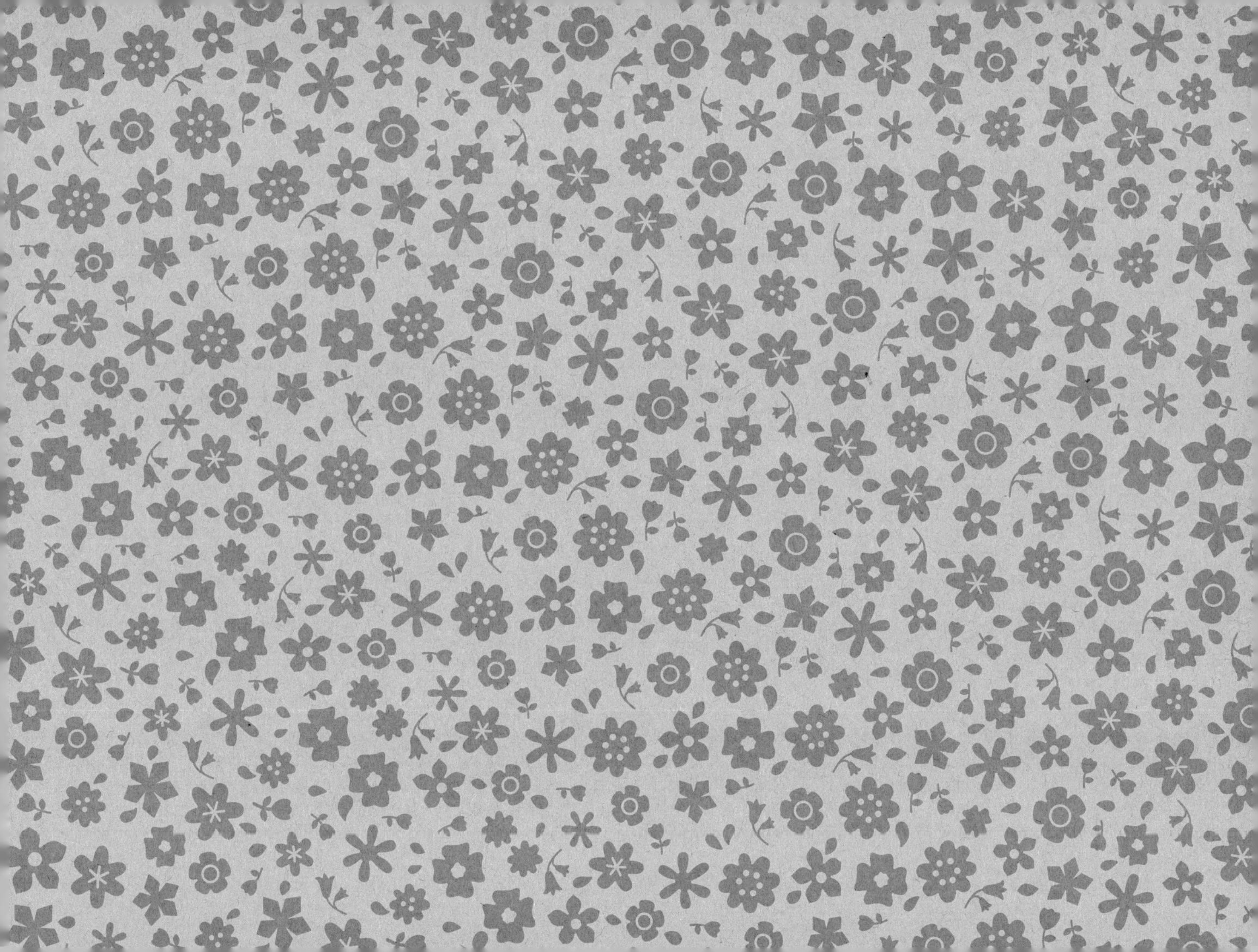

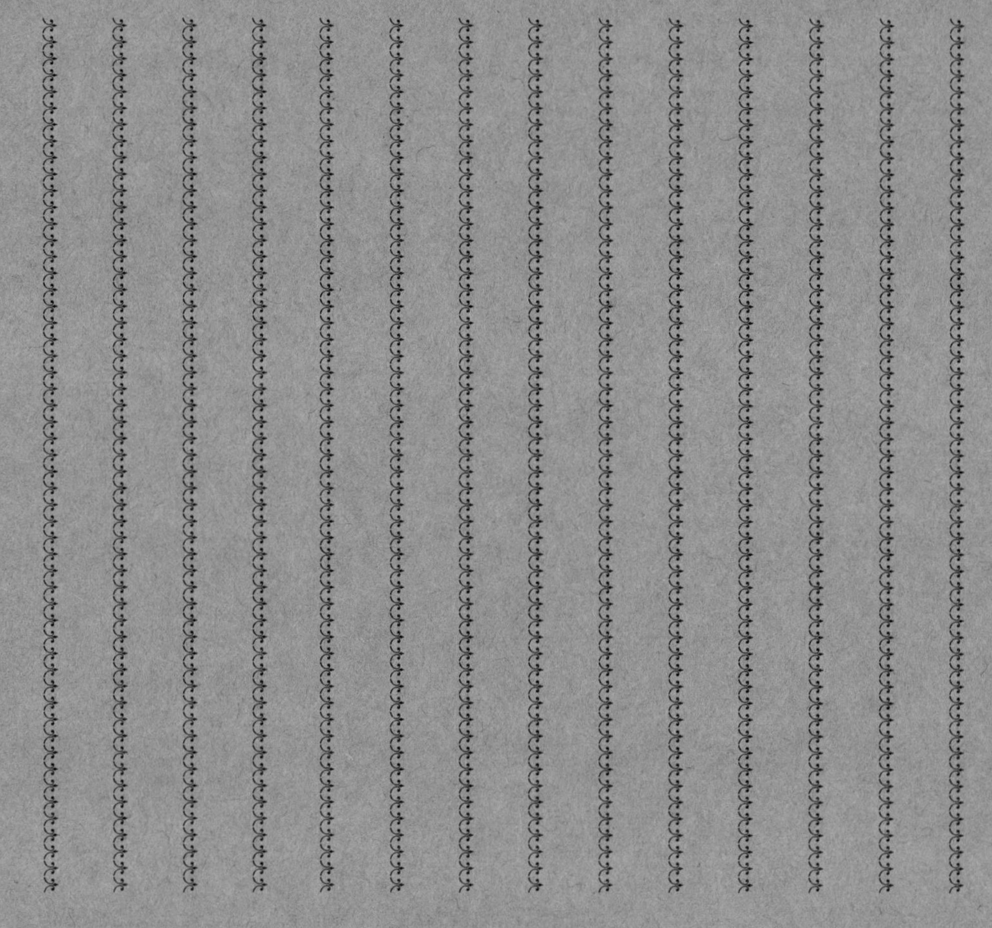

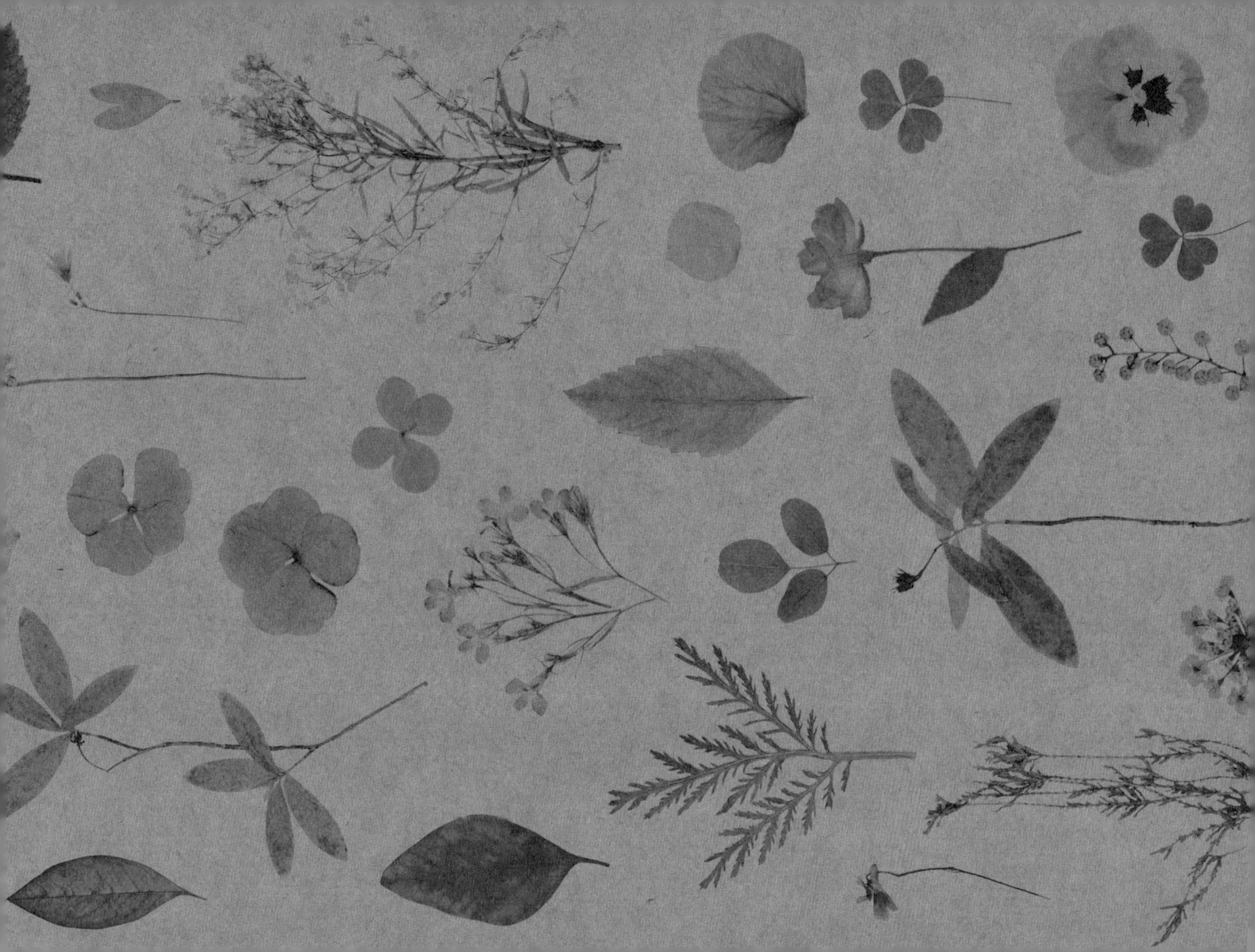

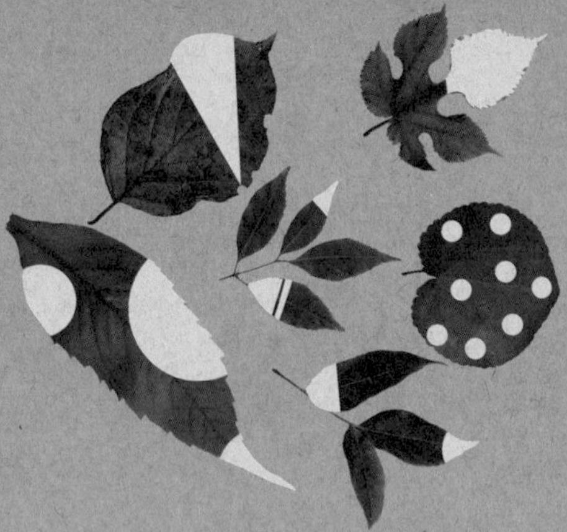

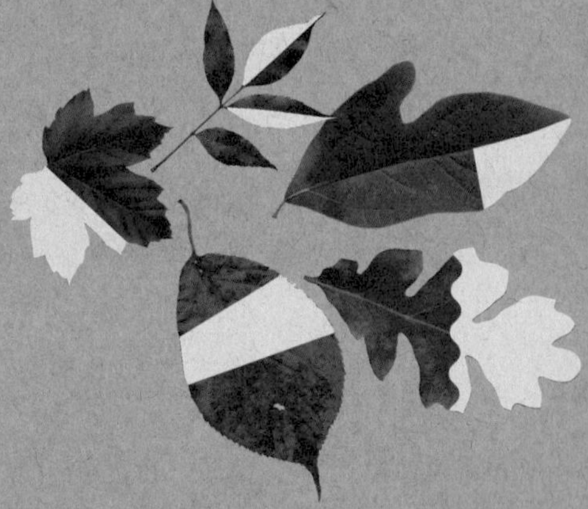

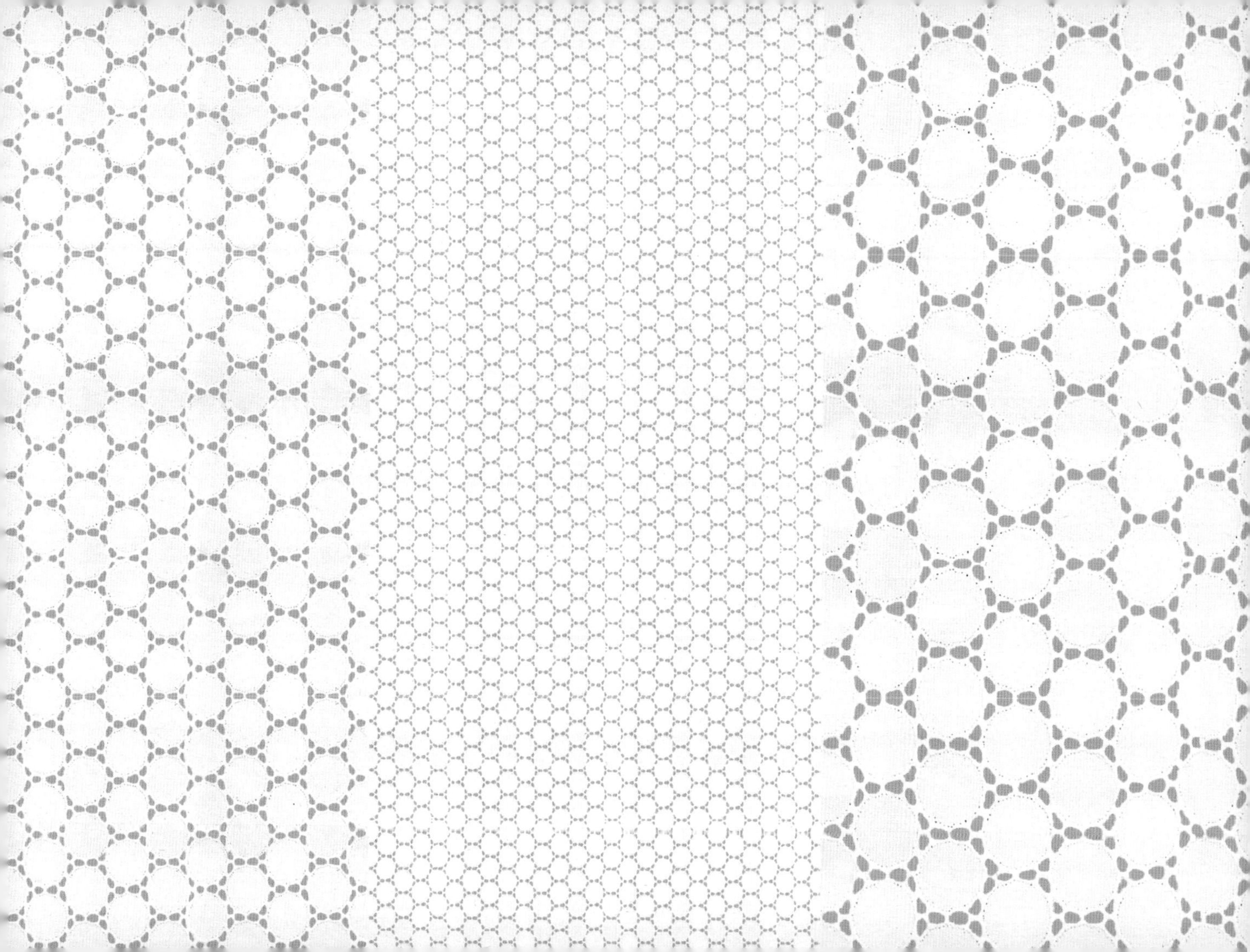

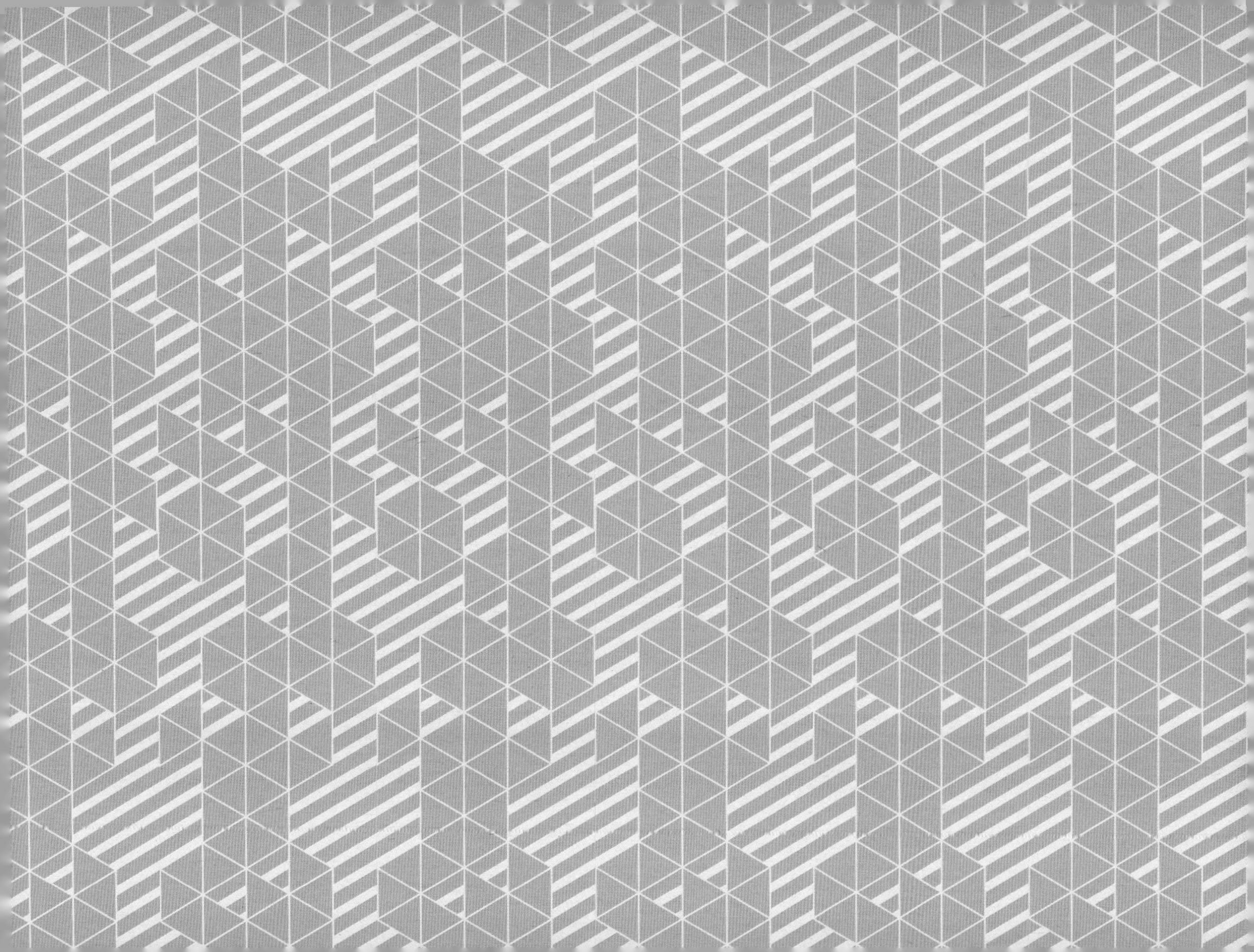

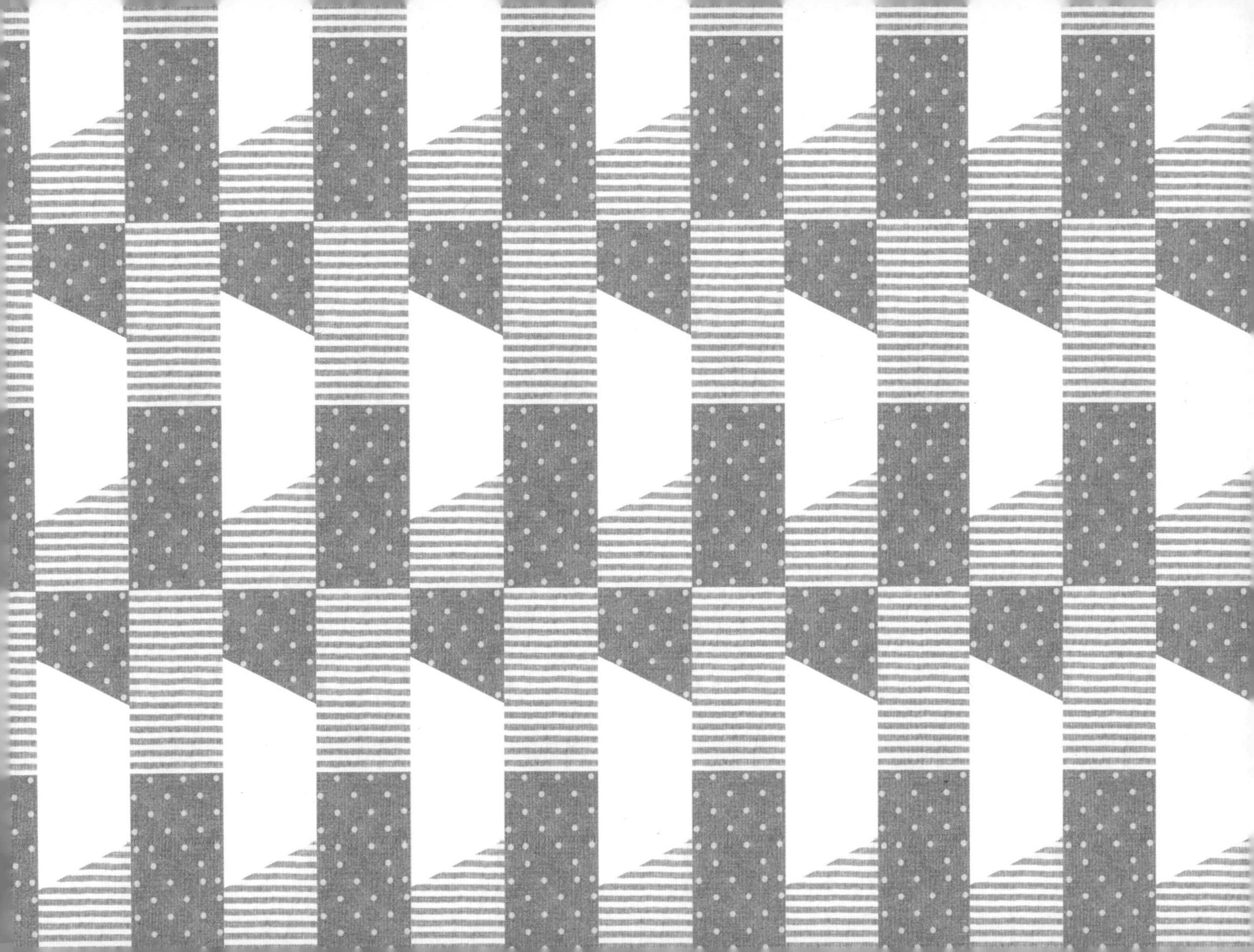

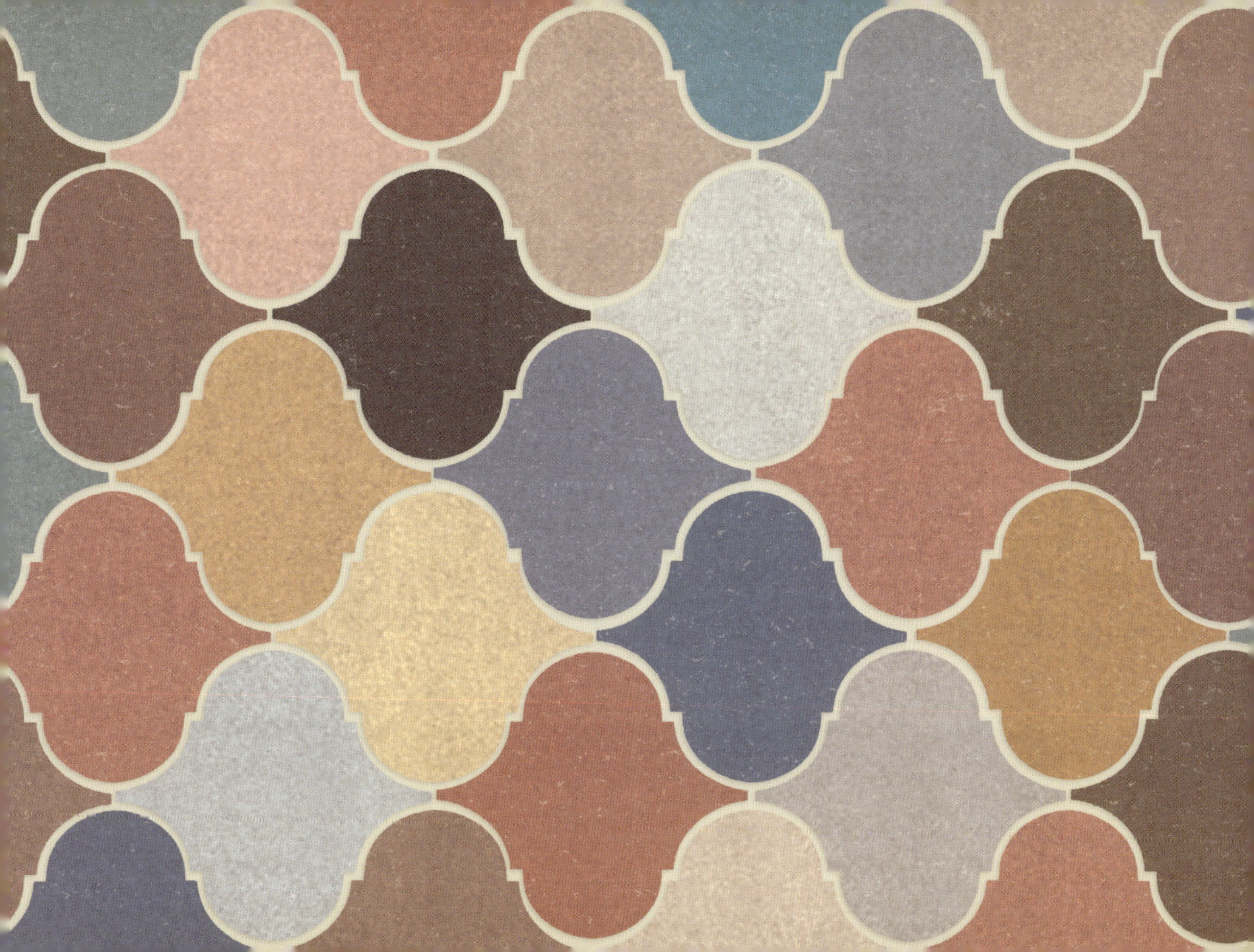

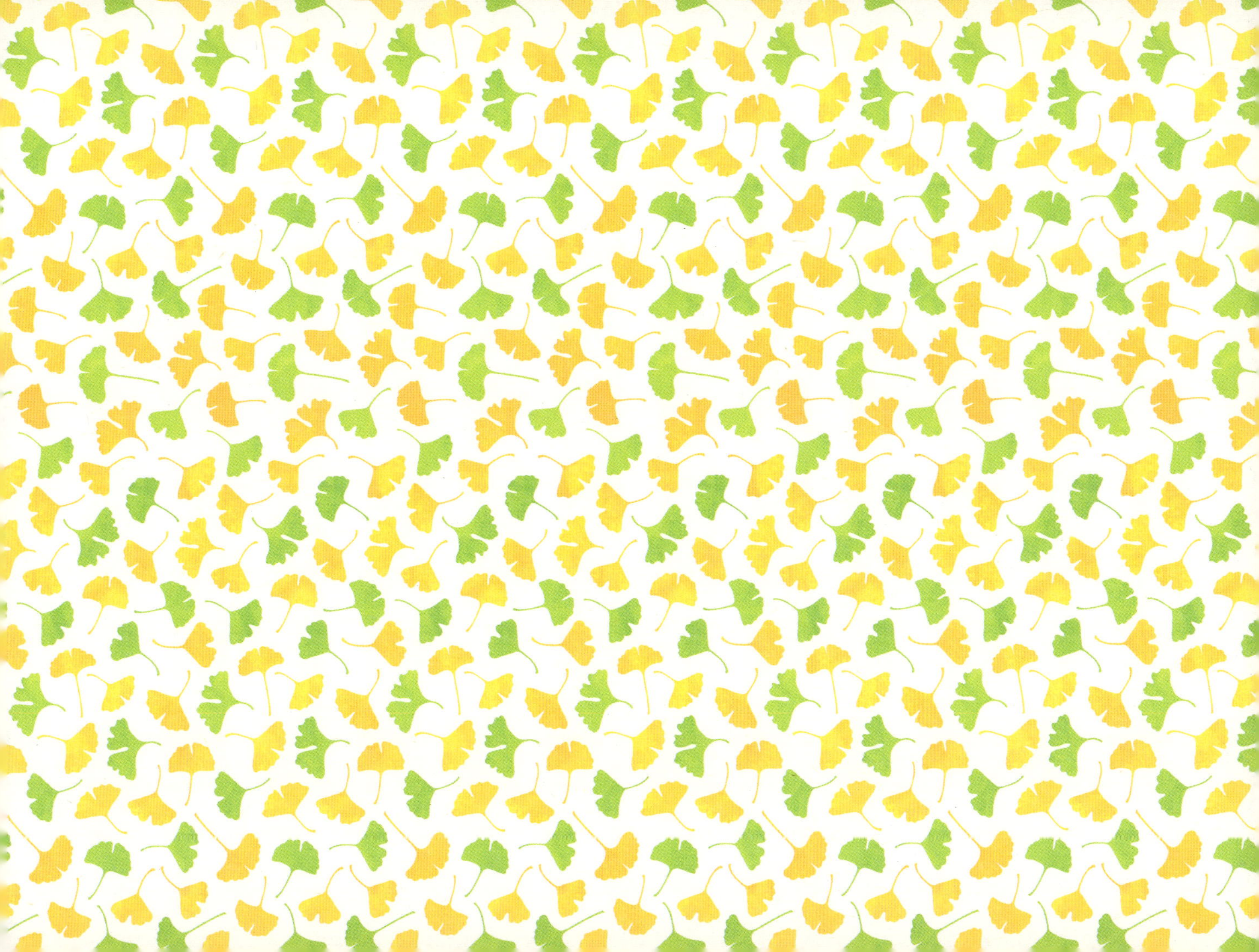

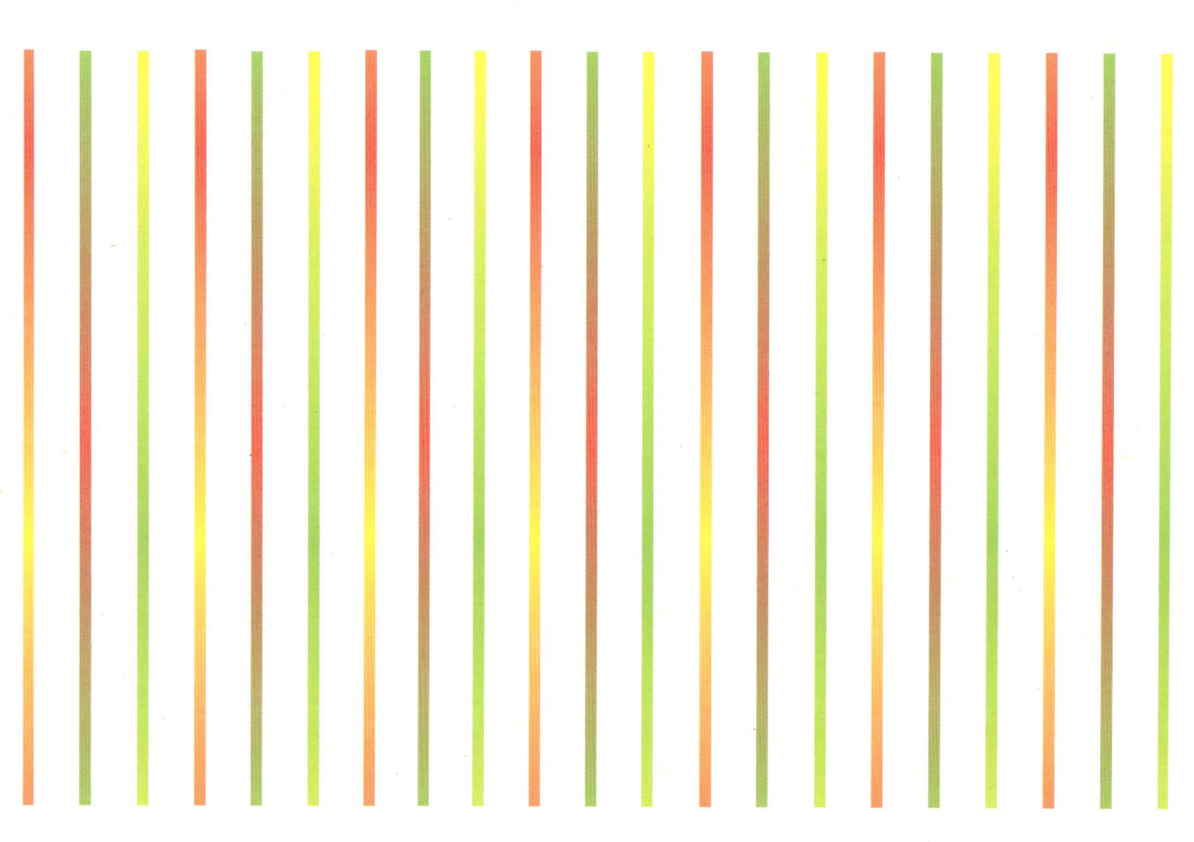

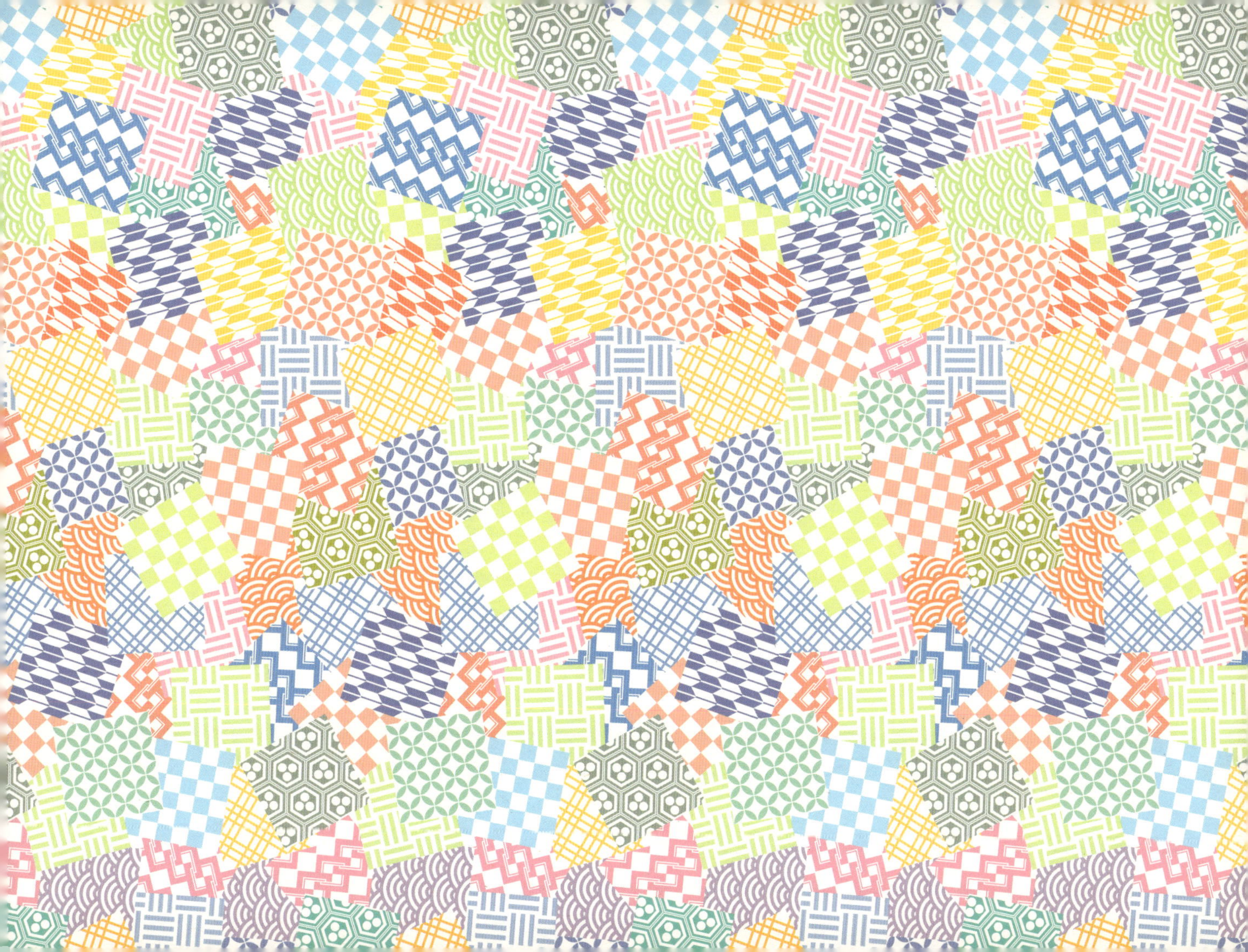

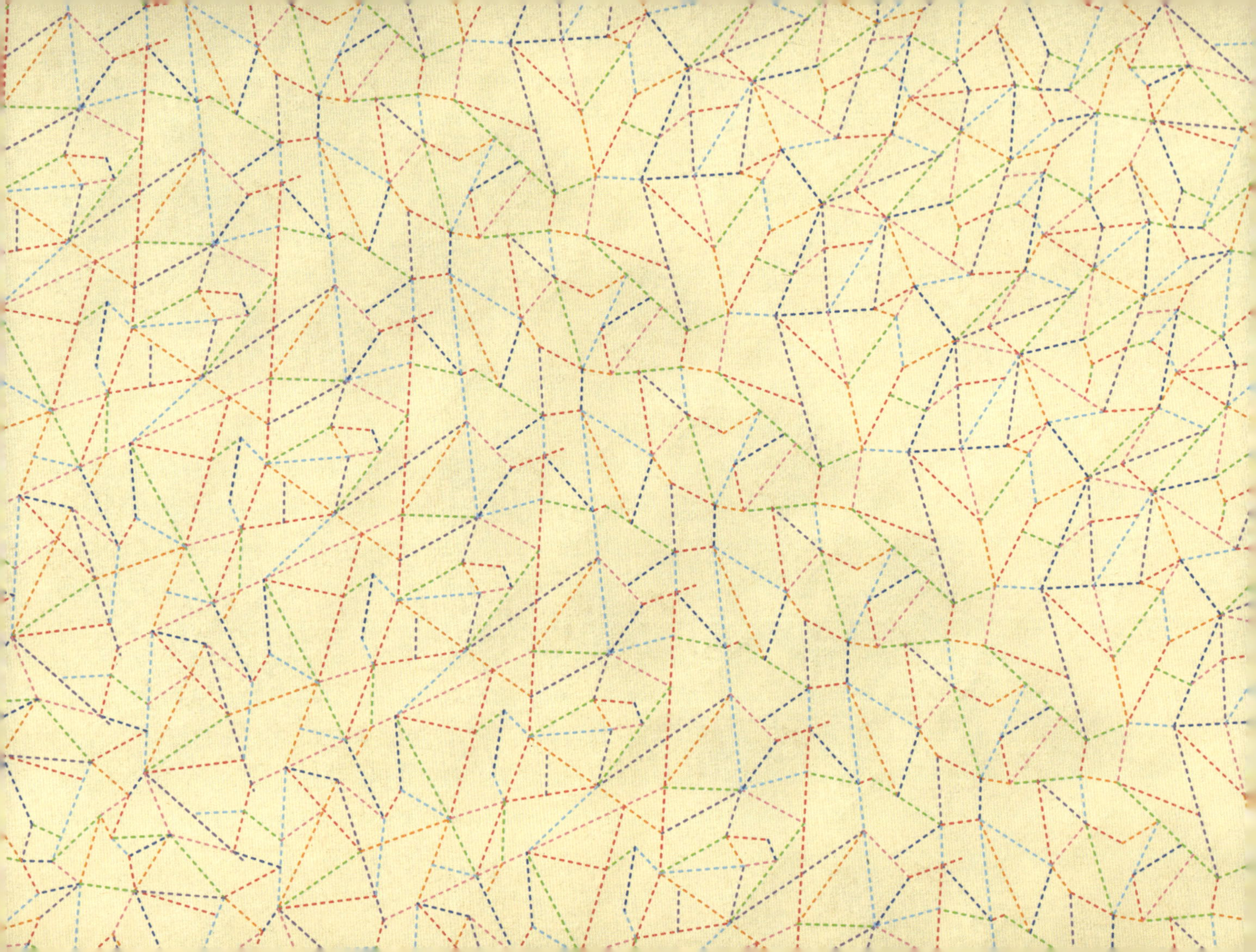

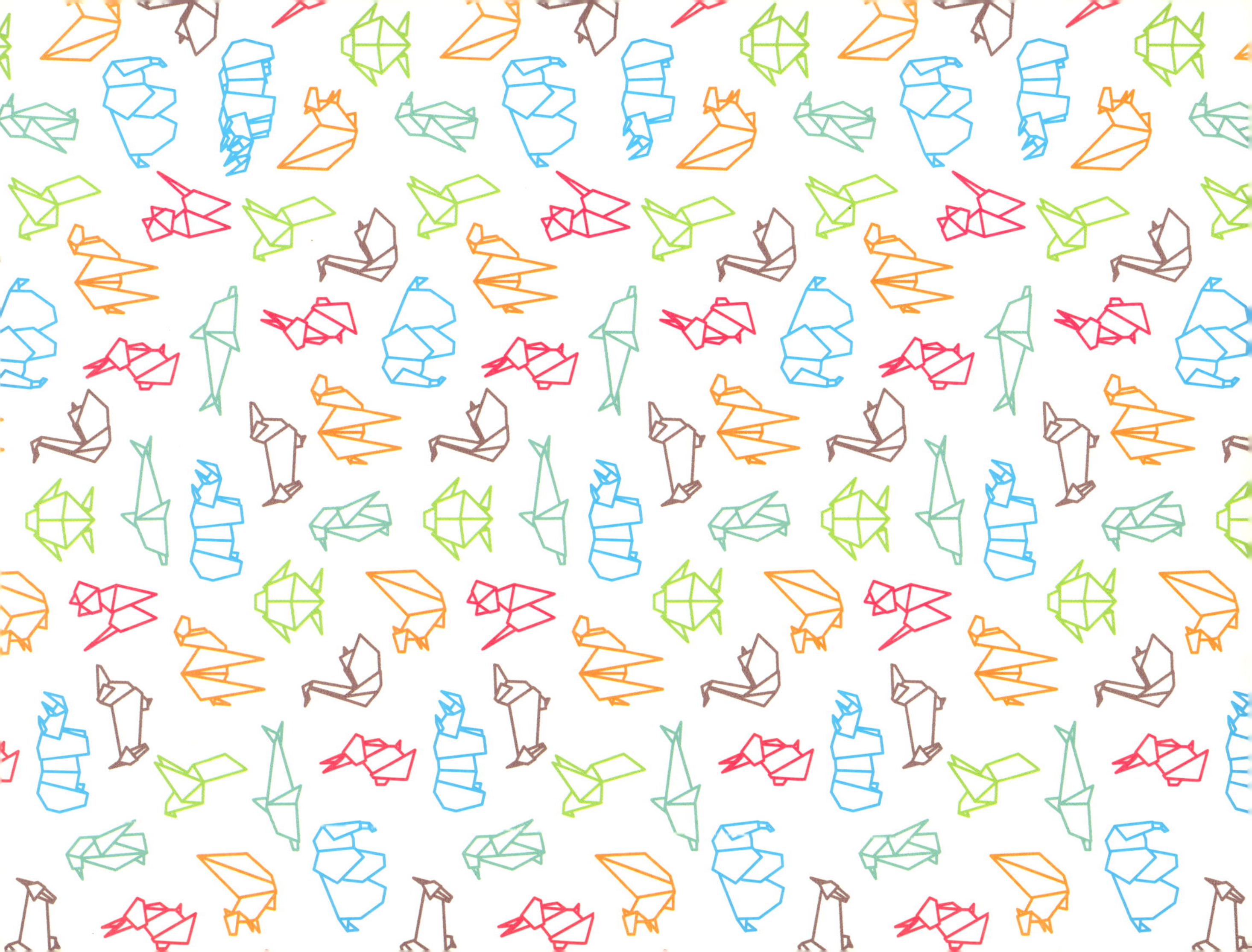

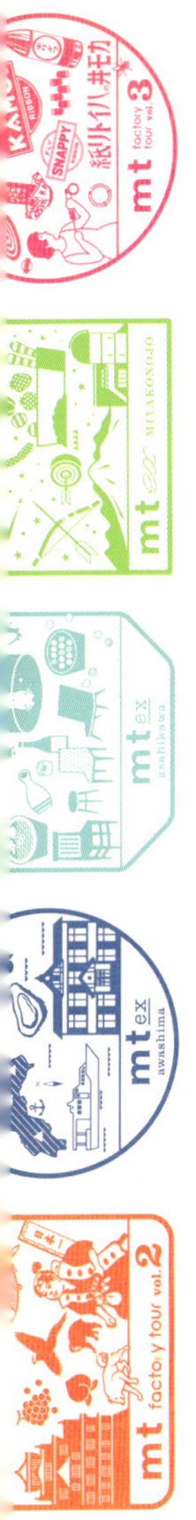
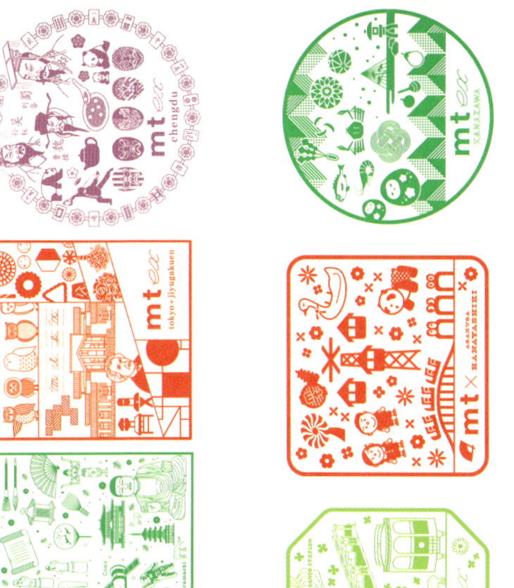
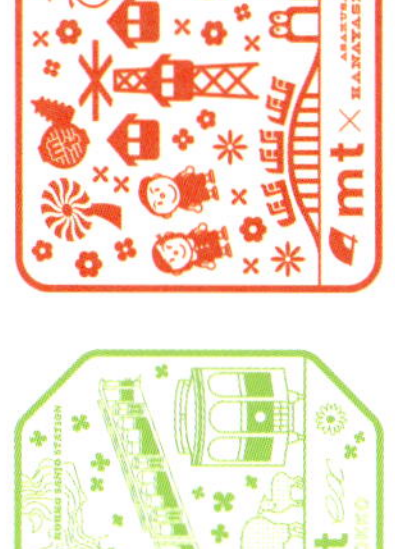
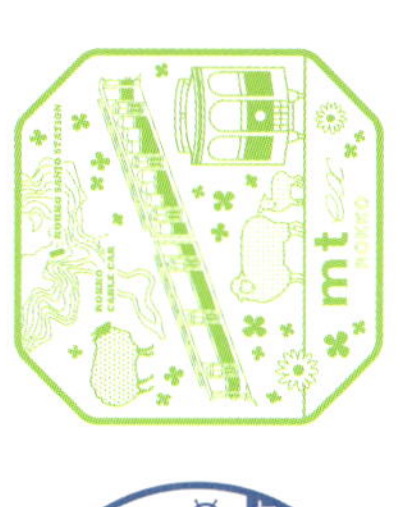
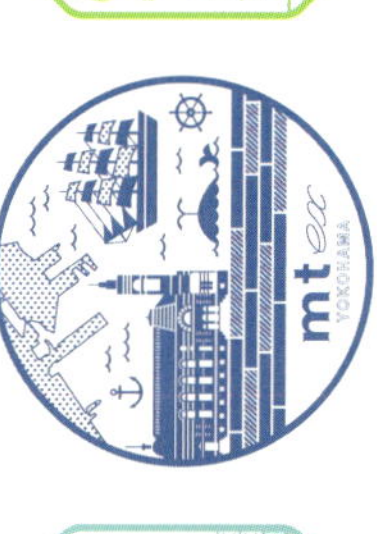
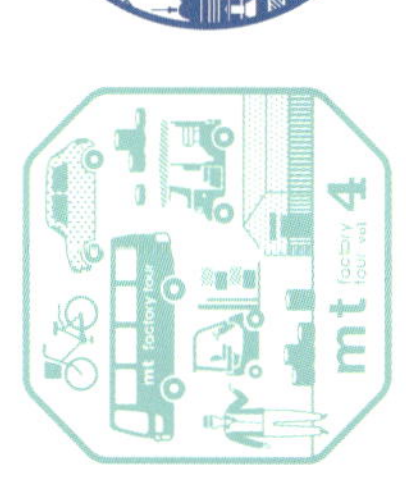
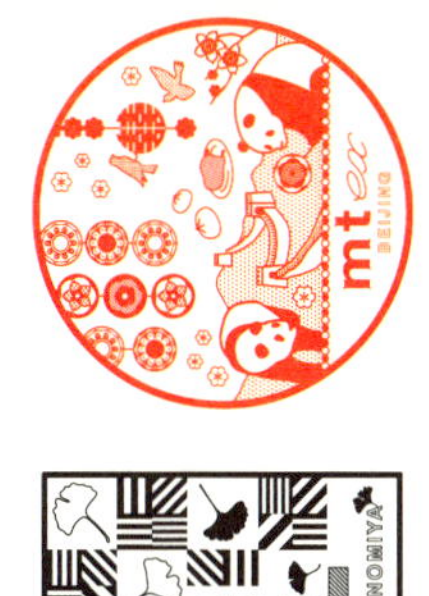
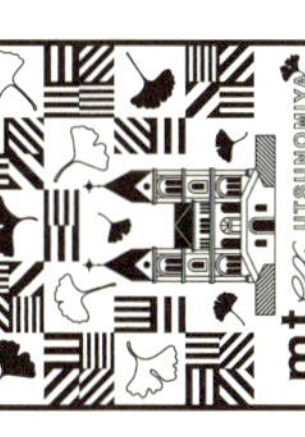
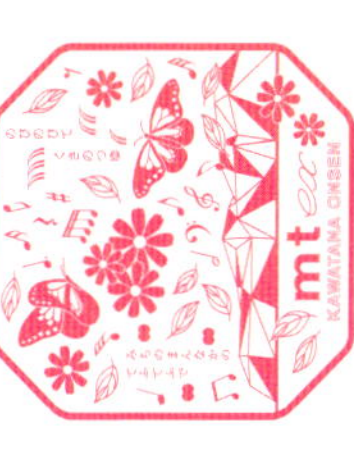
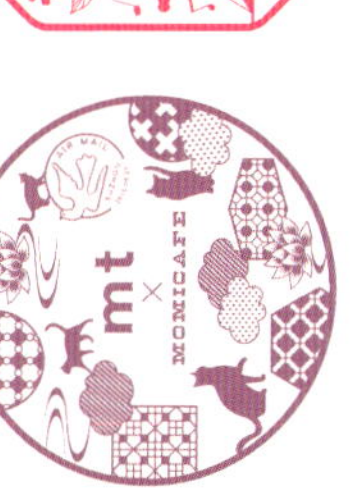
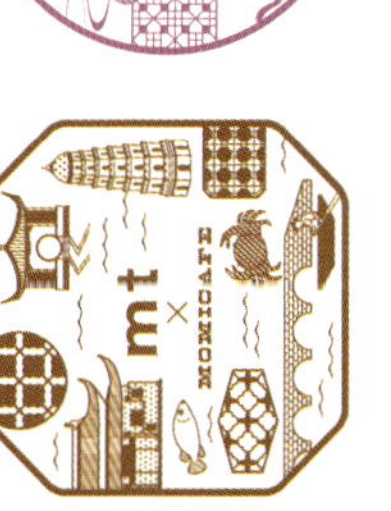
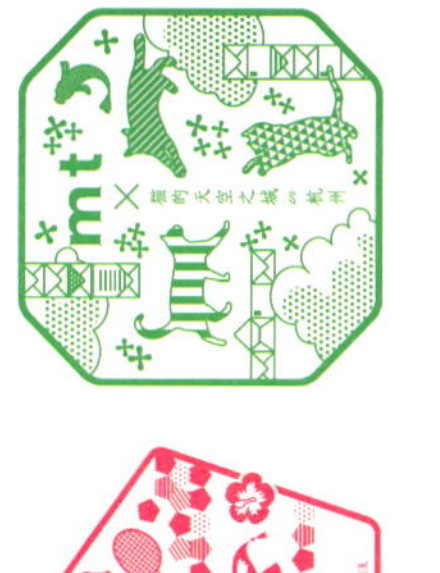
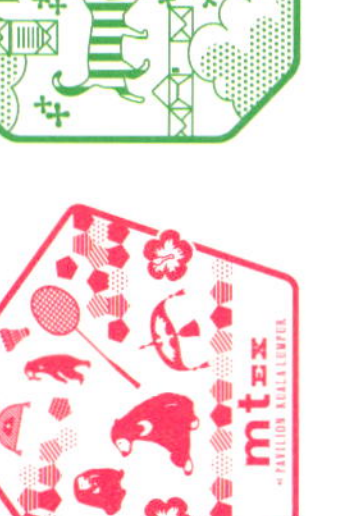
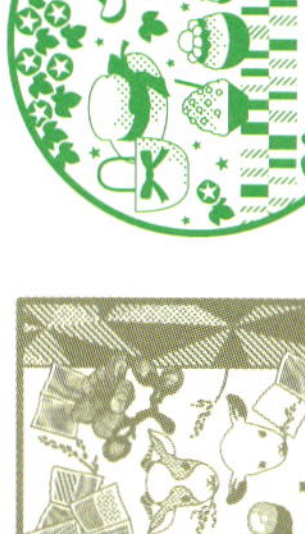
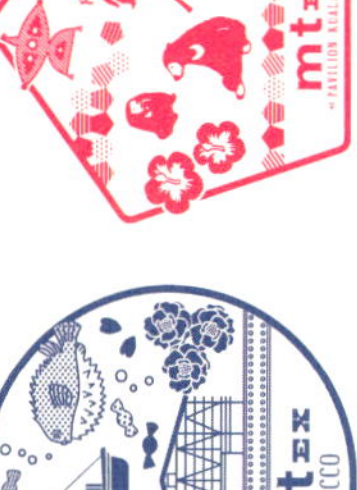
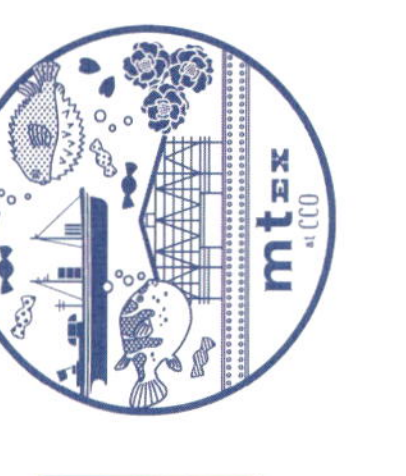
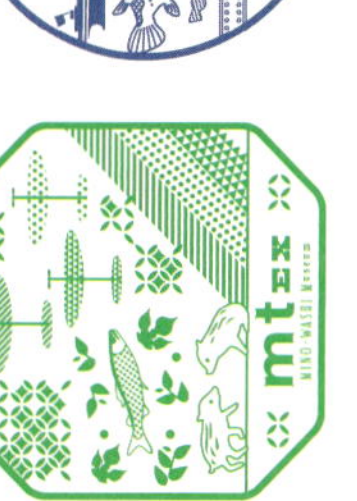
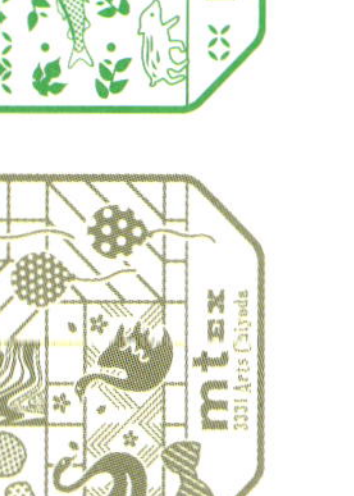
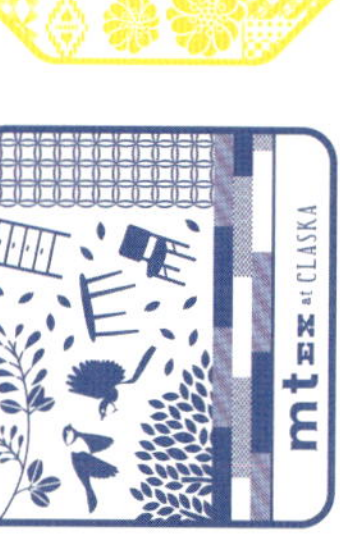
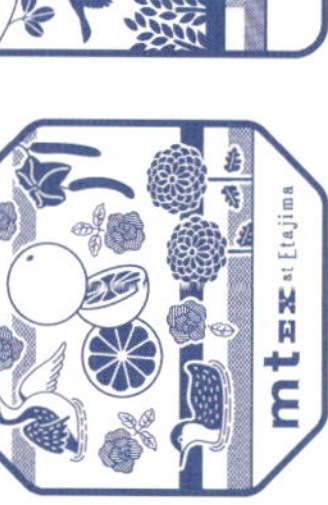

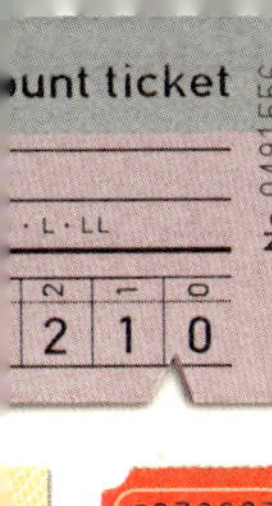
unt ticket
·L·LL
2 1 0
2 0

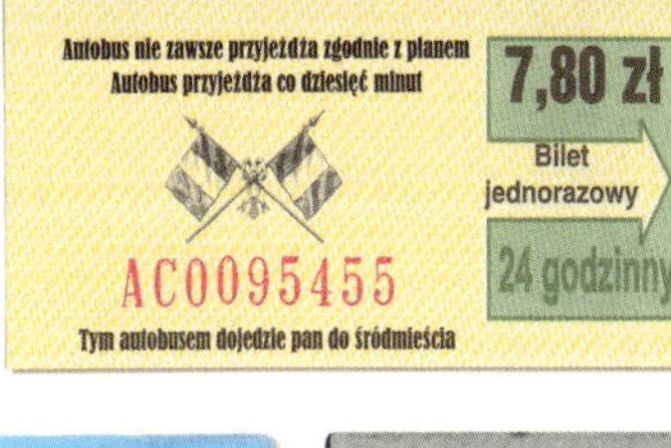
Autobus nie zawsze przyjeżdża zgodnie z planem
Autobus przyjeżdża co dziesięć minut
7,80 zł
Bilet jednorazowy
24 godzinny
AC0095455
Tym autobusem dojedzie pan do śródmieścia

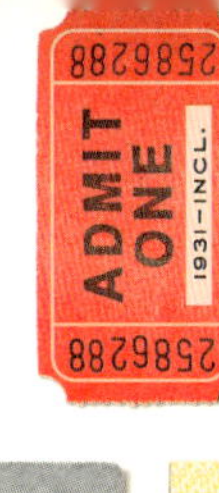
2586288
ADMIT ONE
1931-INCL.
2586288

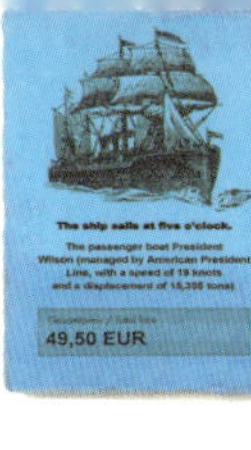
The ship sails at five o'clock.
The passenger boat President
Wilson (managed by American President
Line, with a speed of 19 knots
and a displacement of 15,366 tons).
49,50 EUR

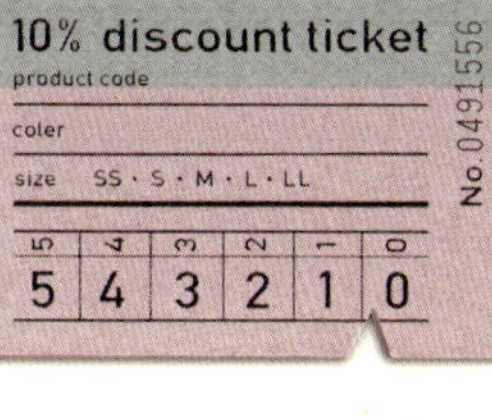
10% discount ticket
product code
coler
size SS·S·M·L·LL
No. 0491556
5 4 3 2 1 0

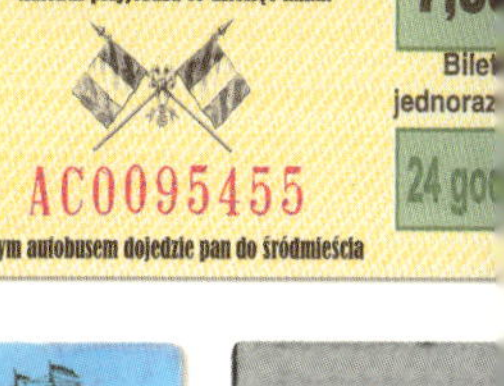
Autobus nie zawsze przyjeżdża zgodnie z planem
Autobus przyjeżdża co dziesięć minut
7,80
Bilet
jednoraz
24 g
AC0095455
Tym autobusem dojedzie pan do śródmieścia

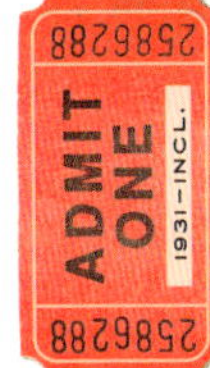
2586288
ADMIT ONE
1931-INCL.
2586288

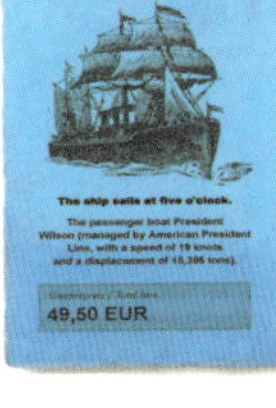
The ship sails at five o'clock.
The passenger boat President
Wilson (managed by American President
Line, with a speed of 19 knots
and a displacement of 15,366 tons).
49,50 EUR

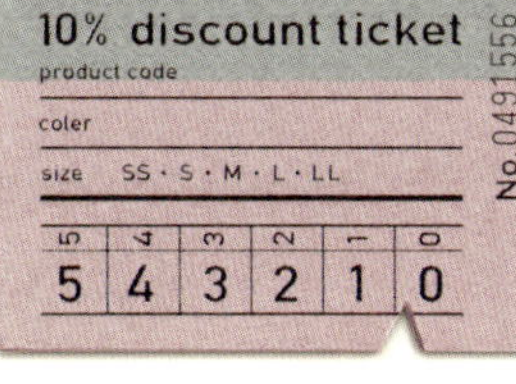
10% discount ticket
product code
coler
size SS·S·M·L·LL
No. 0491556
5 4 3 2 1 0

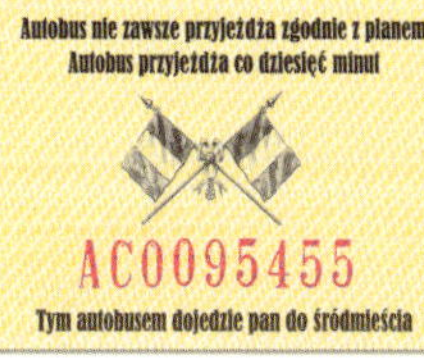
Autobus nie zawsze przyjeżdża zgodnie z planem
Autobus przyjeżdża co dziesięć minut
7,80 zł
Bilet jednorazowy
24 godzinny
AC0095455
Tym autobusem dojedzie pan do śródmieścia

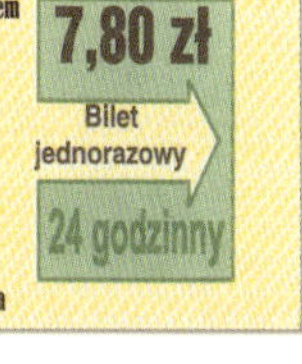
2586288
ADMIT ONE
1931-INCL.
2586288

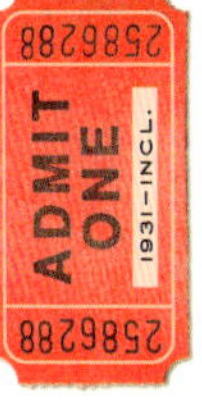
The ship sails at five o'clock.
The passenger boat President
Wilson (managed by American President
Line, with a speed of 19 knots
and a displacement of 15,366 tons).
49,50 EUR

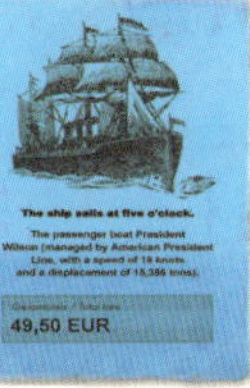
10% disco
product code
coler
size SS·S·M
5 4 3

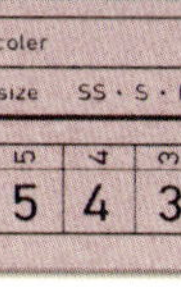
No. 0491556

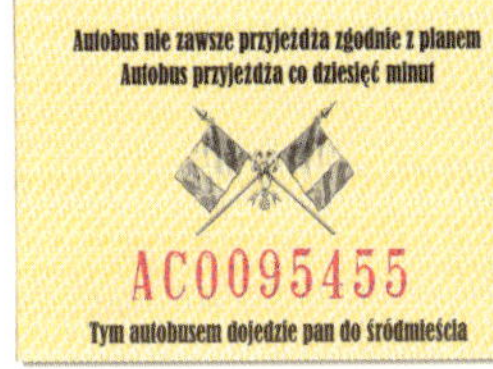
Autobus nie zawsze przyjeżdża zgodnie z planem
Autobus przyjeżdża co dziesięć minut
7,80 zł
Bilet jednorazowy
24 godzinny
AC0095455
Tym autobusem dojedzie pan do śródmieścia

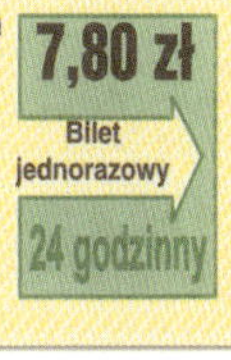
2586288
ADMIT ONE
1931-INCL.
2586288

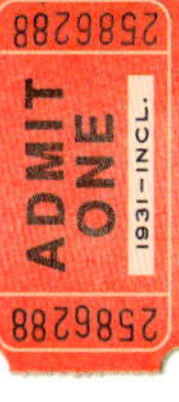
The ship sails at five o'clock.
The passenger boat President
Wilson (managed by American President
Line, with a speed of 19 knots
and a displacement of 15,366 tons).
49,50 EUR

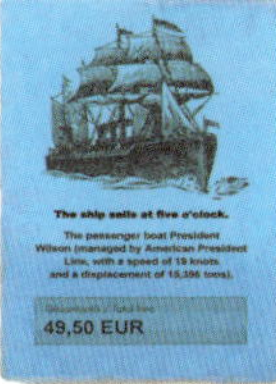
10% discount ticket
product code
coler
size SS·S·M·L·LL
No. 0491556
5 4 3 2 1 0

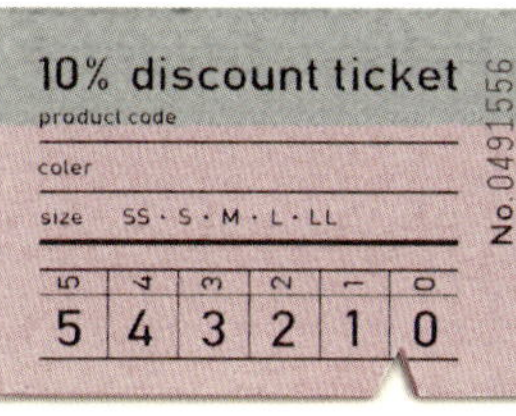
Autobus nie zawsze przyjeżdża zgodnie z planem
Autobus przyjeżdża co dziesięć minut
7,80 zł
Bilet jednorazowy
AC0095455
24 godzinny
Tym autobusem dojedzie pan do śródmieścia

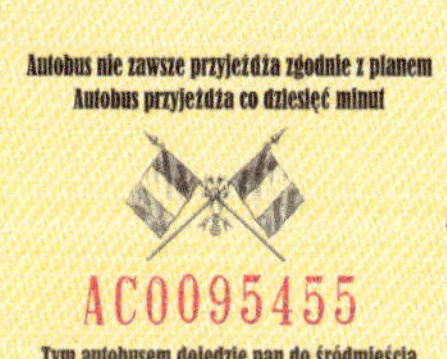
2586288
ADMIT ONE
1931-INCL.
2586288

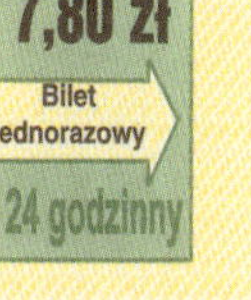
The ship sails at five o'clock.
The passenger boat President
Wilson (managed by American President
Line, with a speed of 19 knots
and a displacement of 15,366 tons).
49,50 EUR

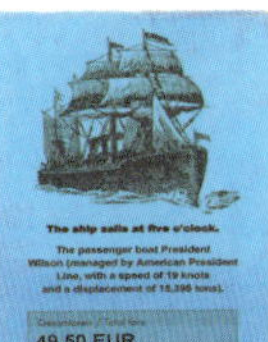
The ship sails at five o'clock.
The passenger boat President
Wilson (managed by American President
Line, with a speed of 19 knots
and a displacement of 15,366 tons).
49,50 EUR

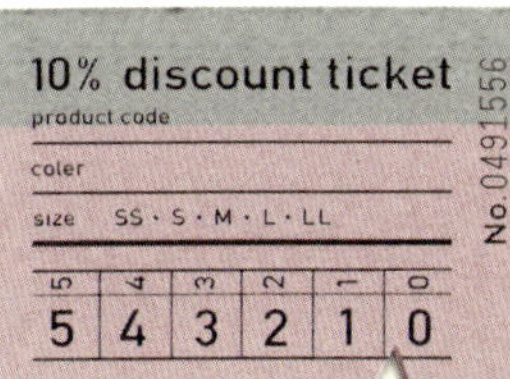
10% discount ticket
product code
coler
size SS·S·M·L·LL
No. 0491556
5 4 3 2 1 0

Autobus nie zawsze przyjeżdża zgodnie z planem
Autobus przyjeżdża co dziesięć minut
7,80 zł
Bilet jednorazowy
AC0095455
24 godzinny
Tym autobusem dojedzie pan do śródmieścia

2586288
ADMIT ONE
1931-INCL.
2586288

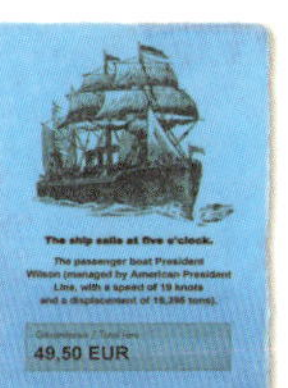
The ship sails at five o'clock.
The passenger boat President
Wilson (managed by American President
Line, with a speed of 19 knots
and a displacement of 15,366 tons).
49,50 EUR

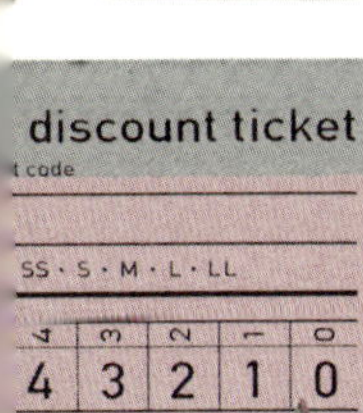
discount ticket
code
SS·S·M·L·LL
No. 0491556
4 3 2 1 0

Autobus nie zawsze przyjeżdża zgodnie z planem
Autobus przyjeżdża co dziesięć minut
7,80 zł
Bilet
jednorazowy
AC0095455
24 godzinny
Tym autobusem dojedzie pan do śródmieścia

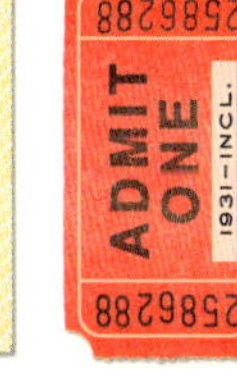
2586288
ADMIT ONE
1931-INCL.
2586288

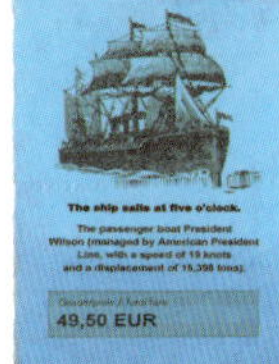
The ship sails at five o'clock.
The passenger boat President
Wilson (managed by American President
Line, with a speed of 19 knots
and a displacement of 15,366 tons).
49,50 EUR

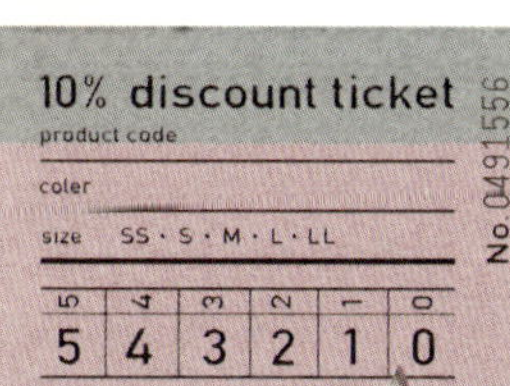
10% discount ticket
product code
coler
size SS·S·M·L·LL
No. 0491556
5 4 3 2 1 0

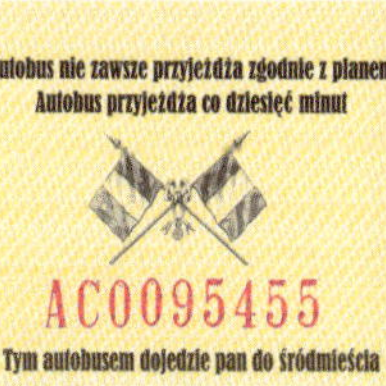
Autobus nie zawsze przyjeżdża zgodnie z planem
Autobus przyjeżdża co dziesięć minut
AC0095455
Tym autobusem dojedzie pan do śródmieścia

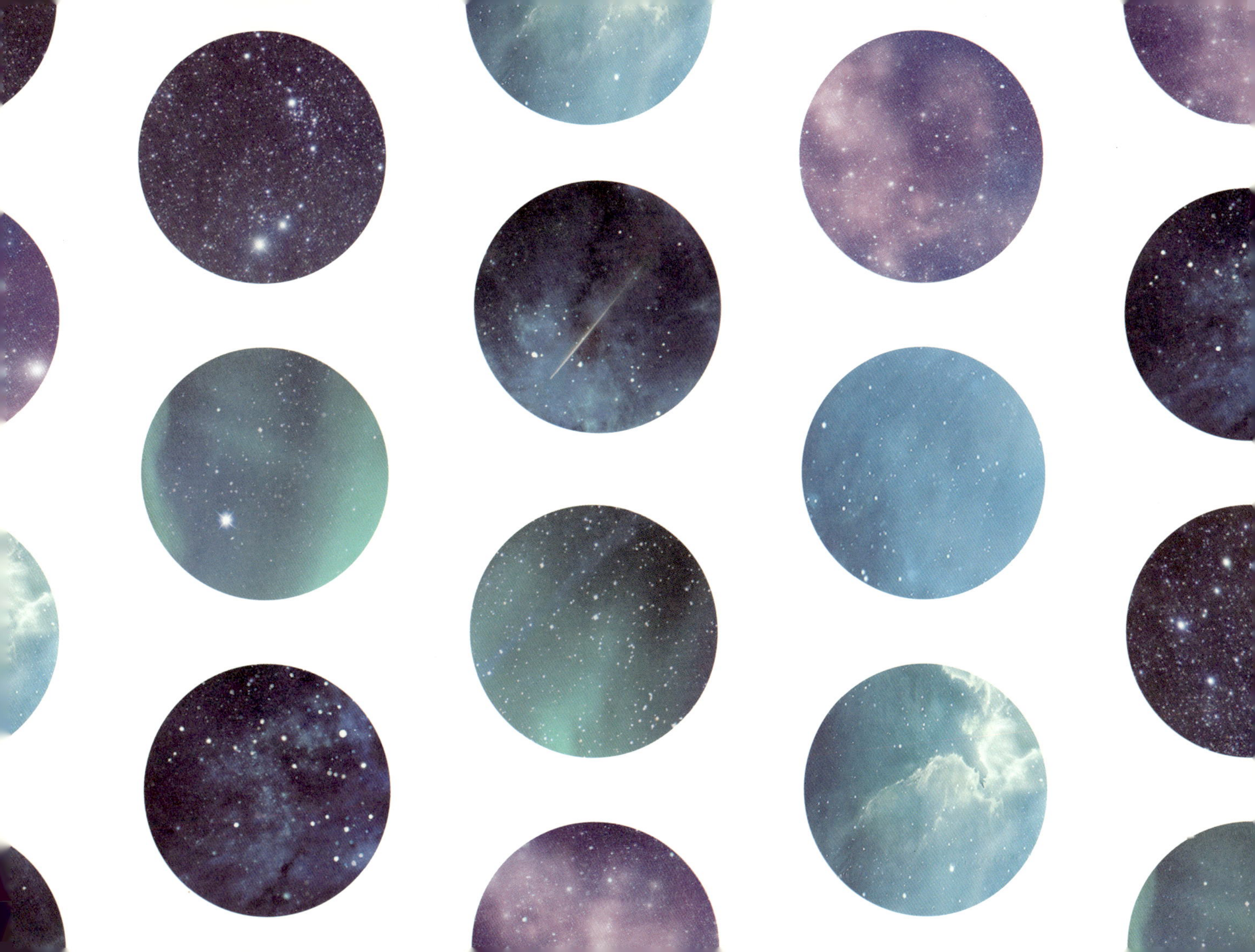

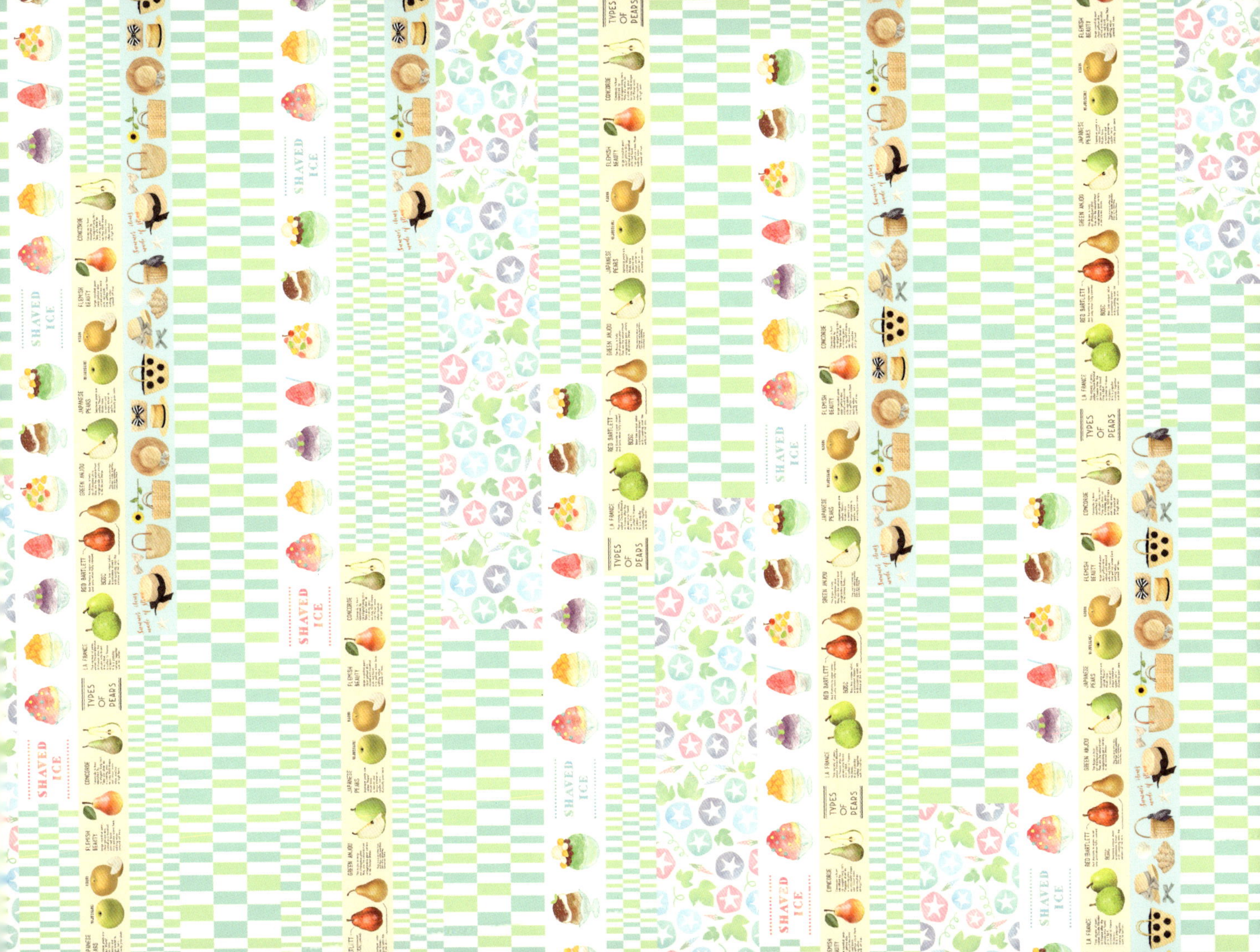

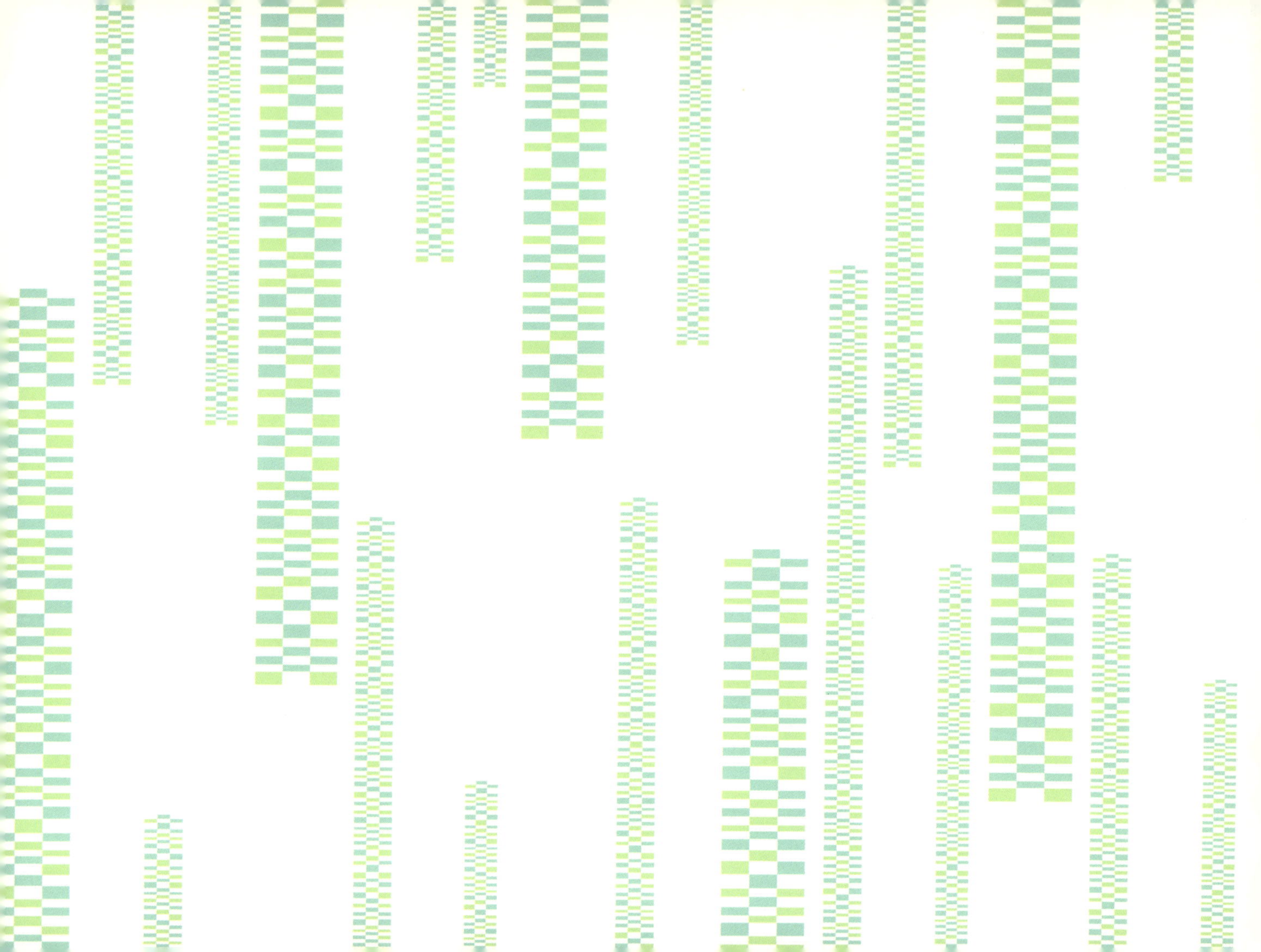

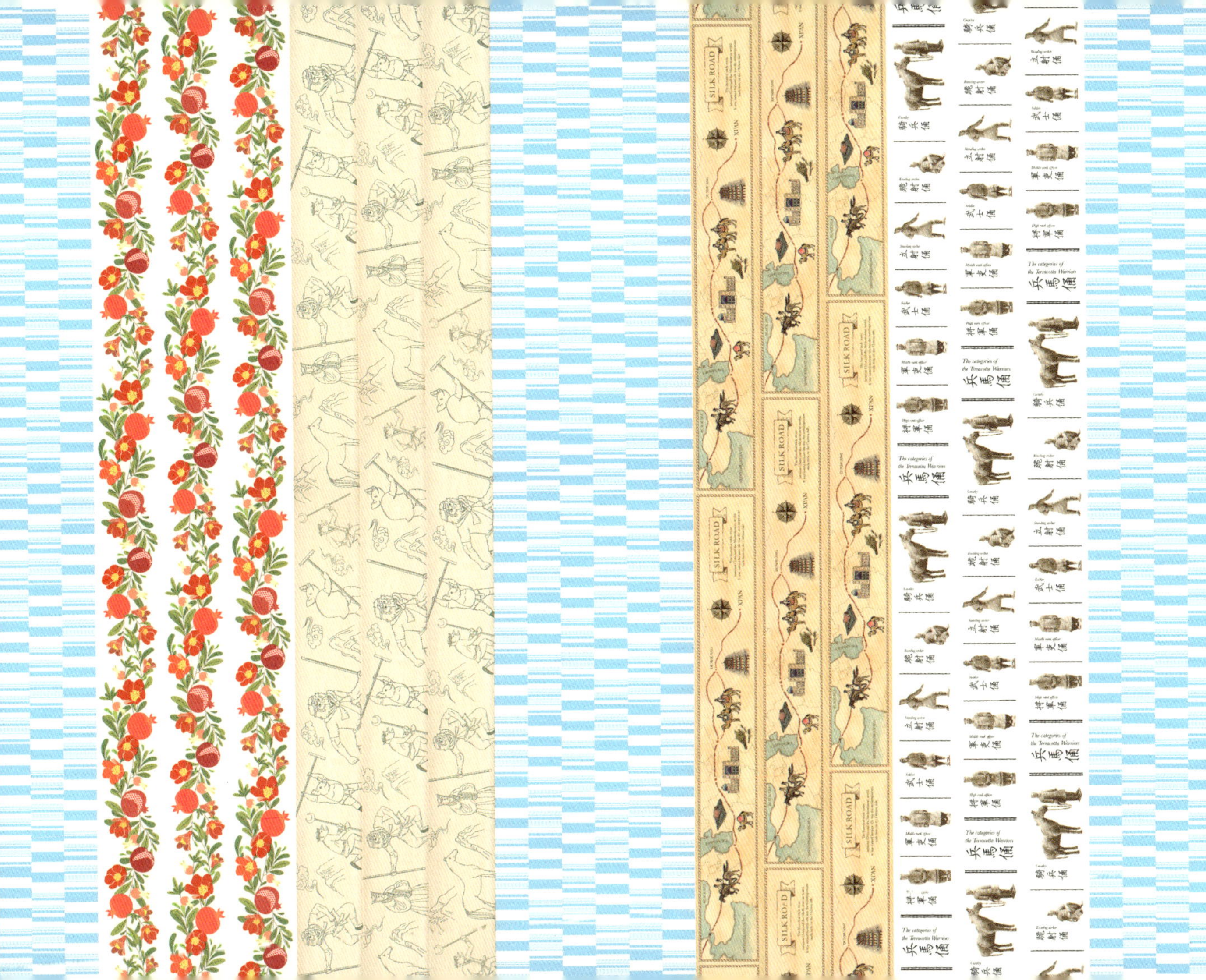

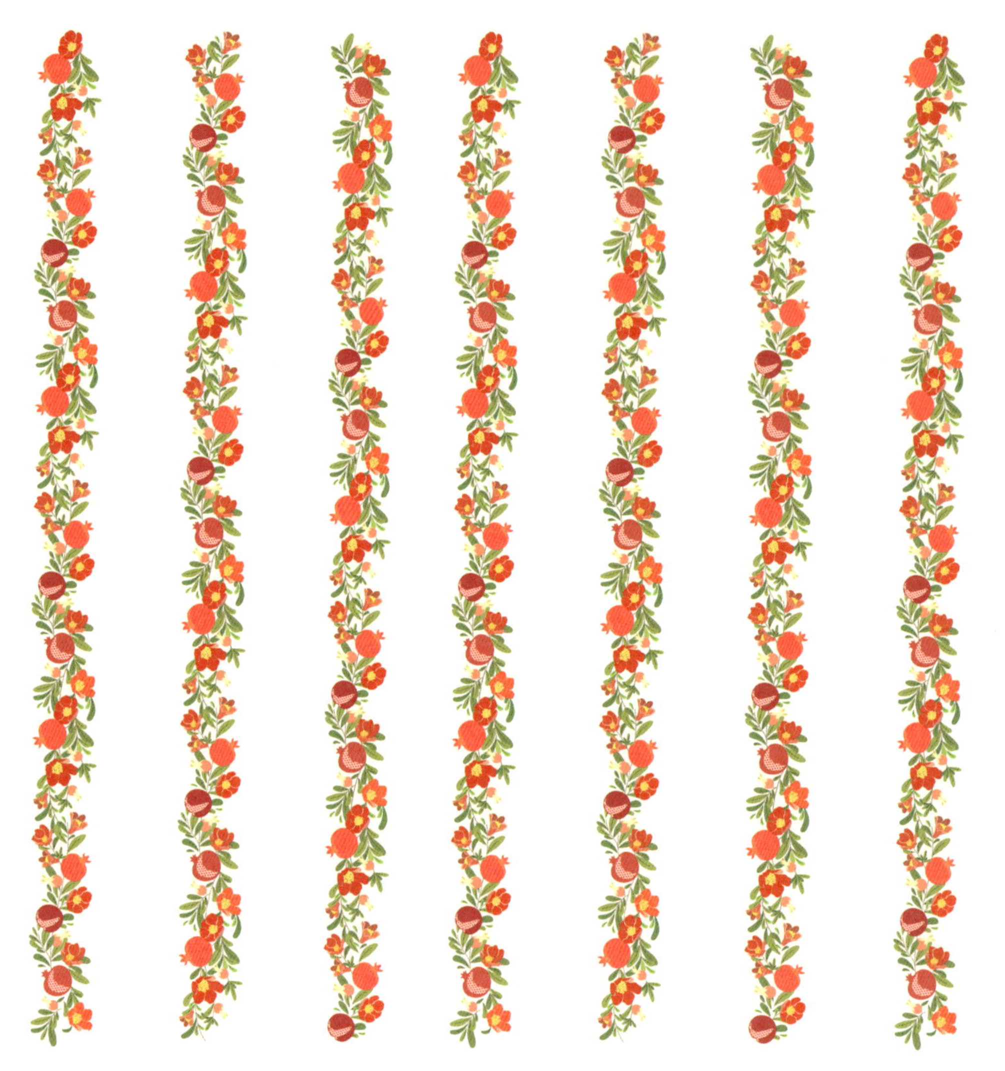

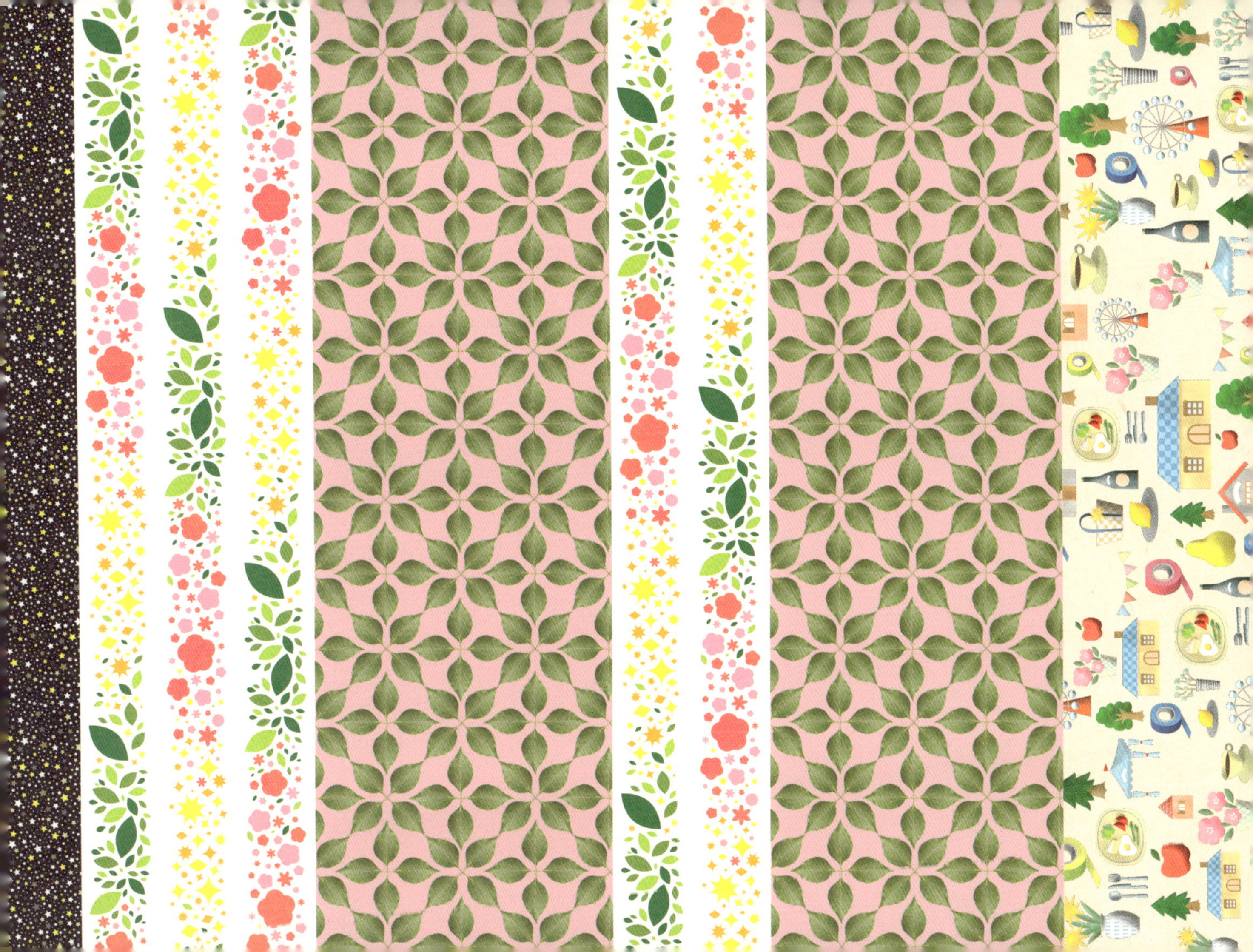

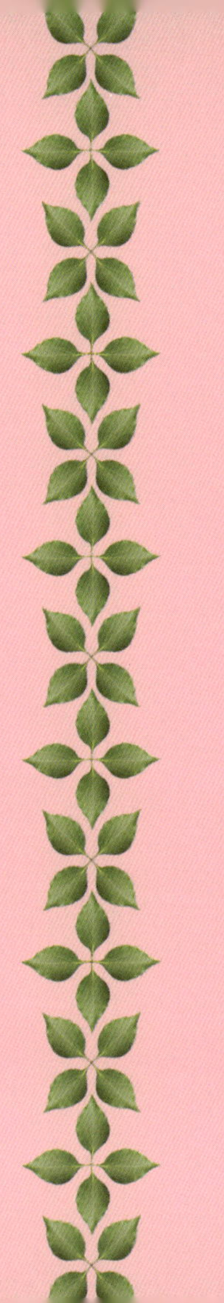

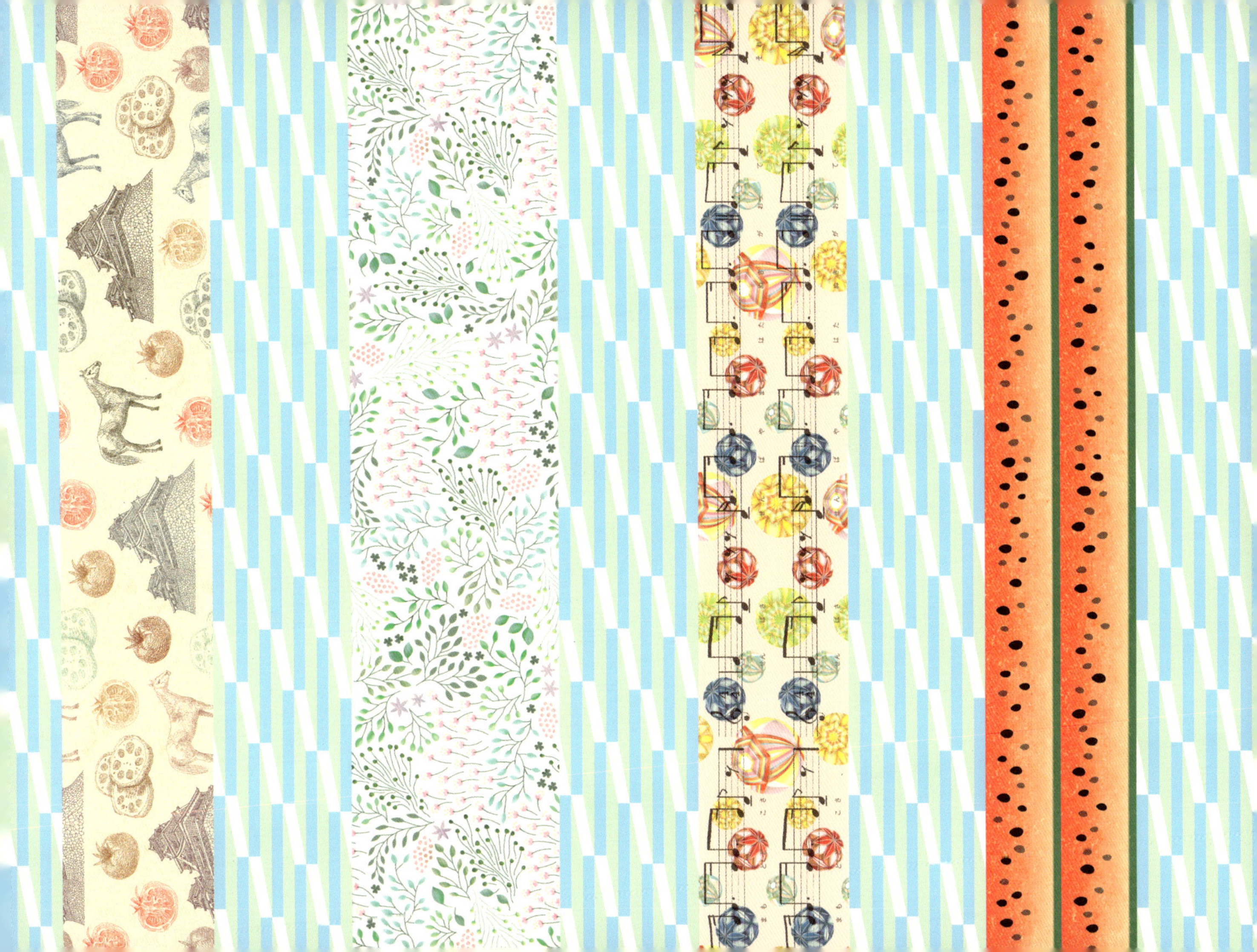

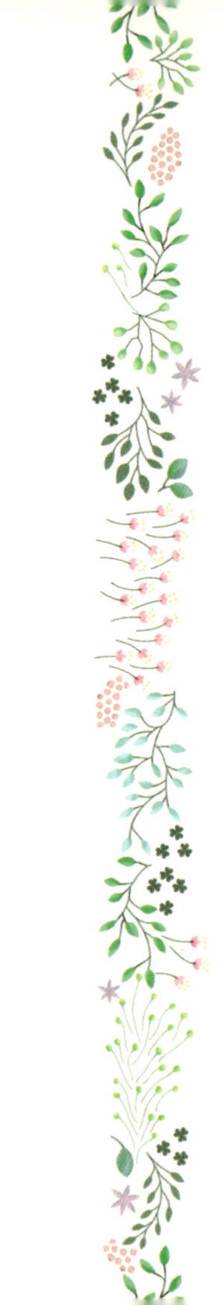

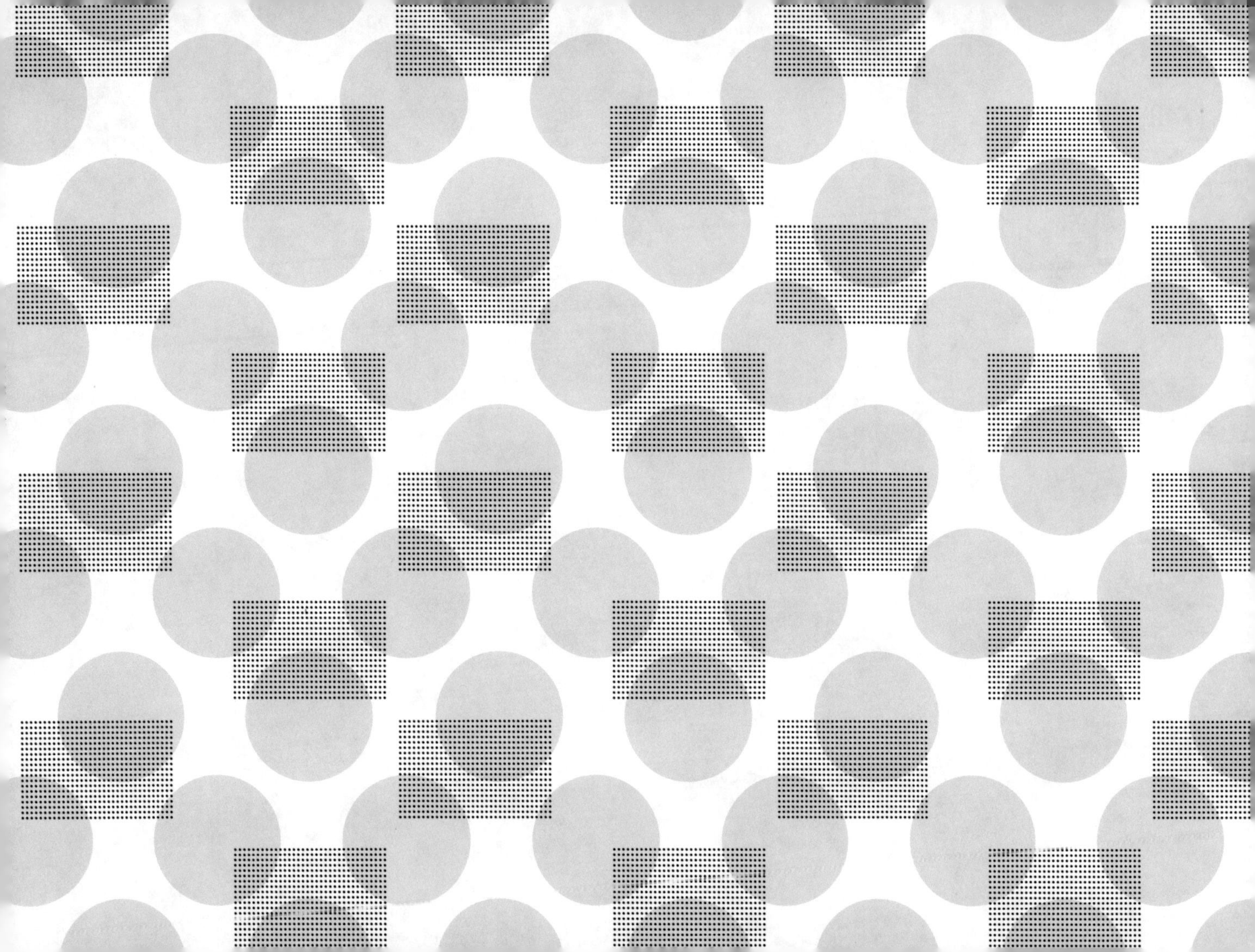

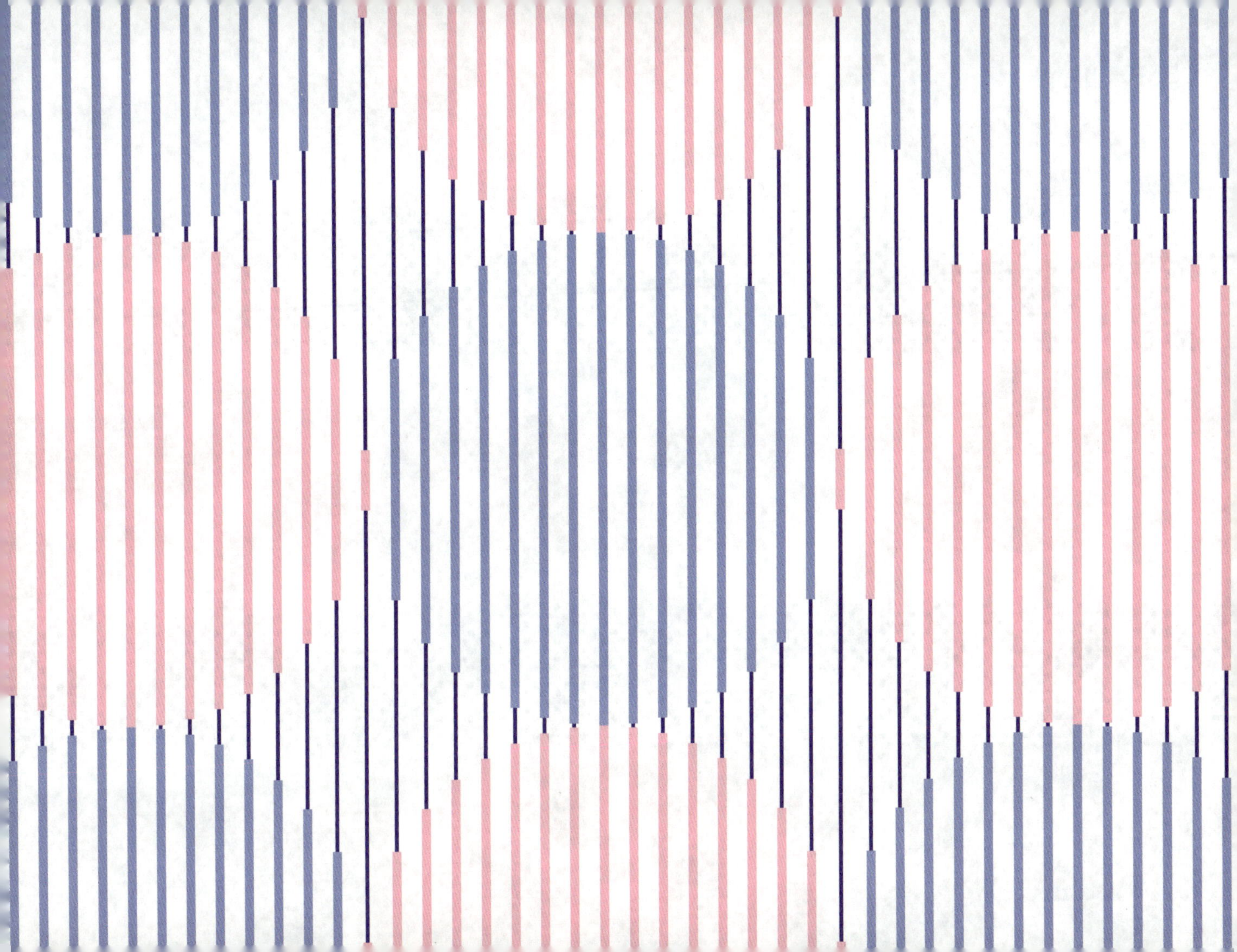

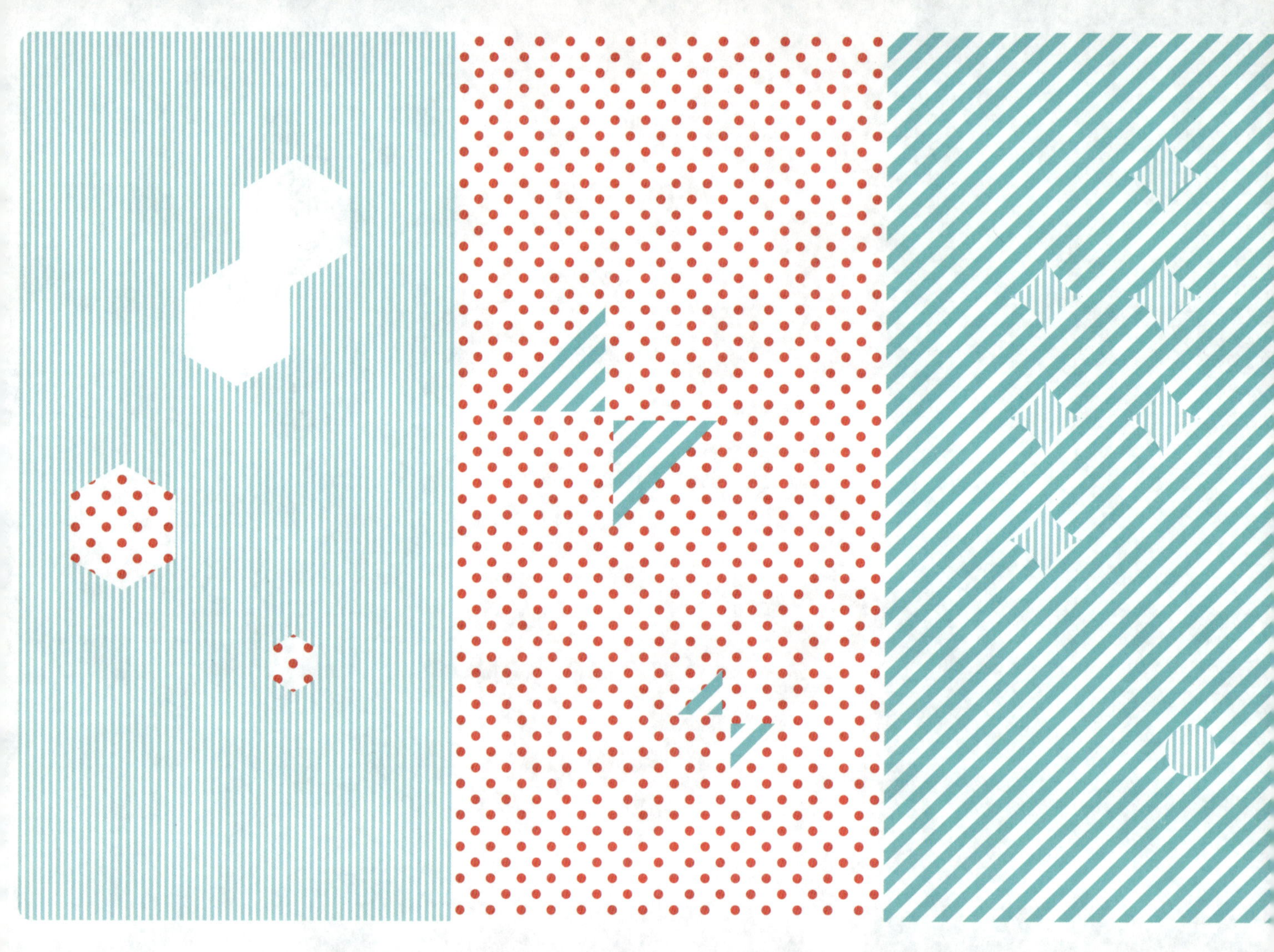

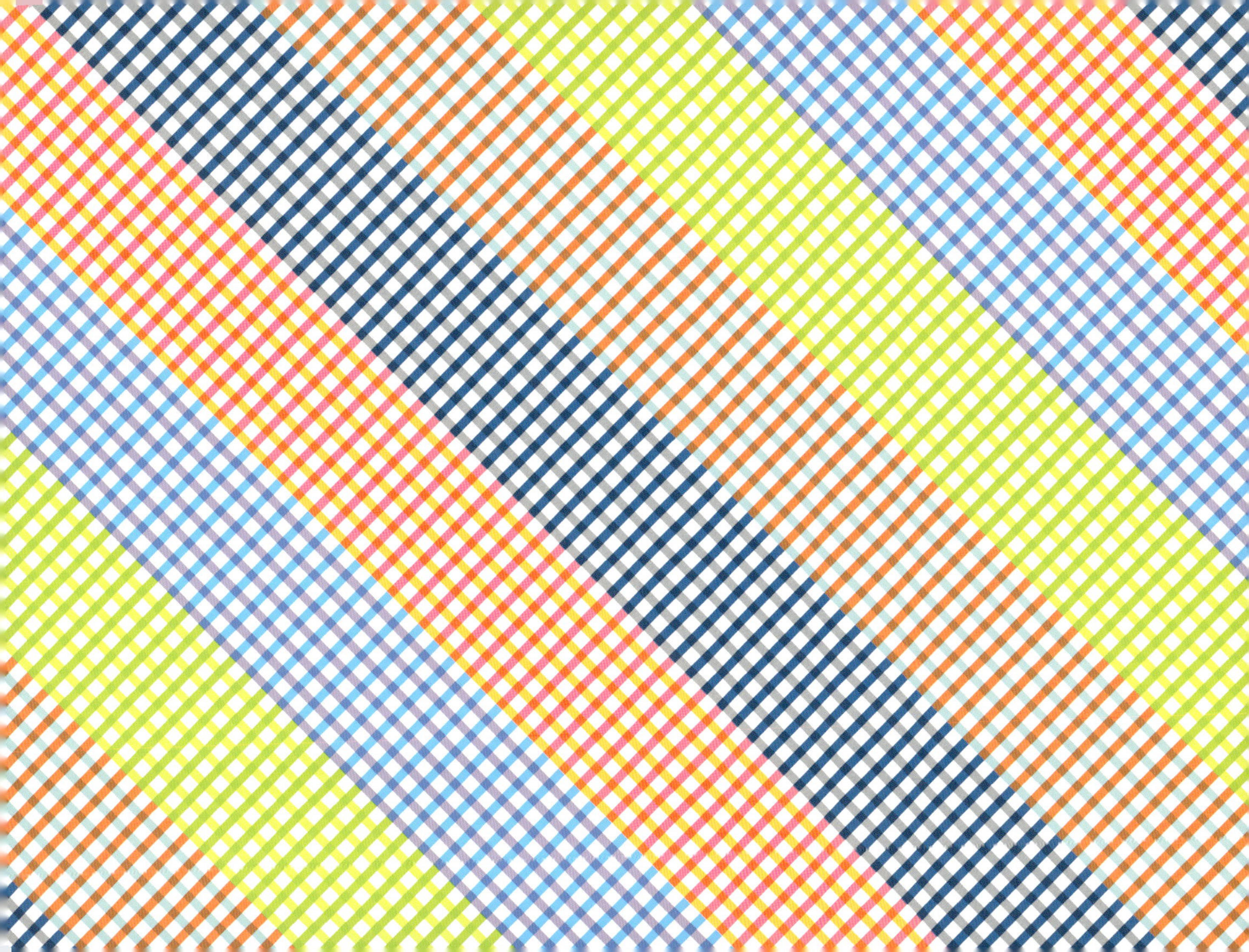

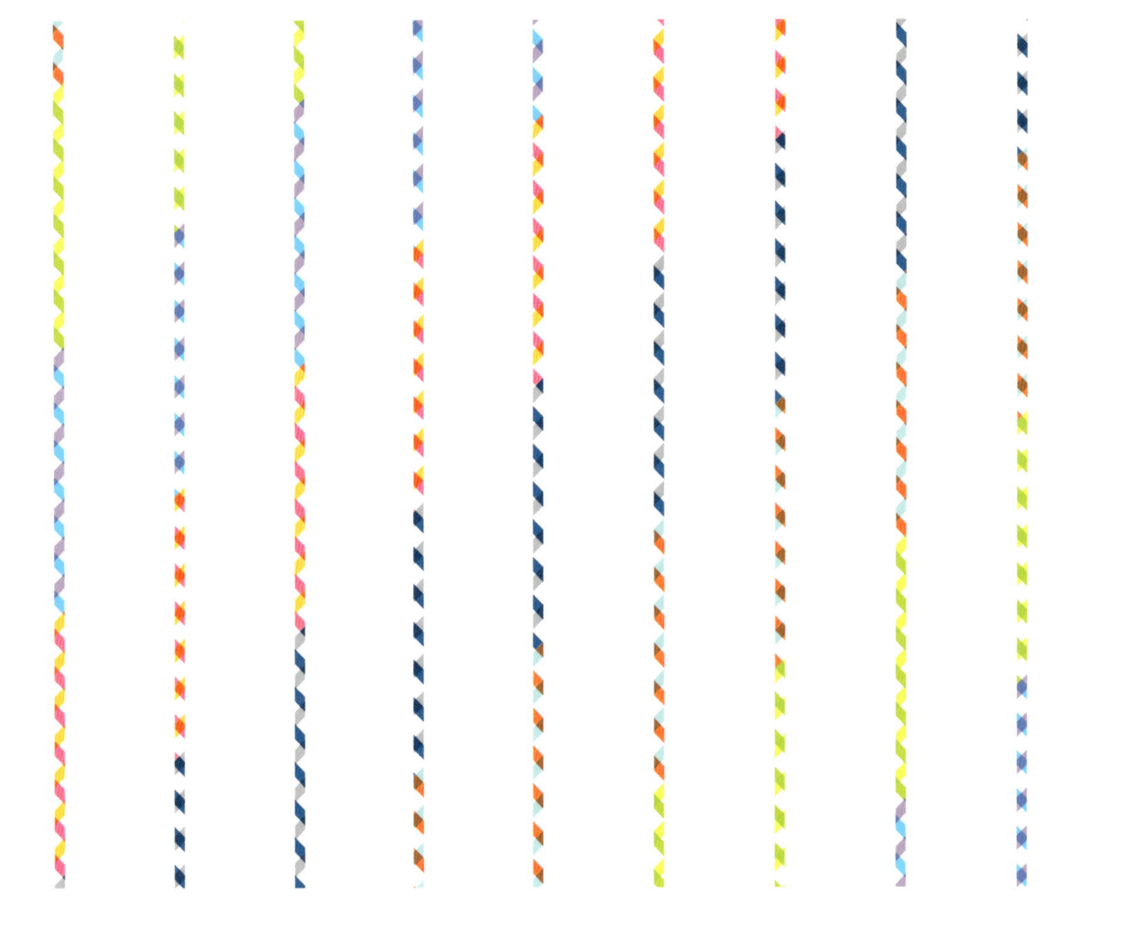

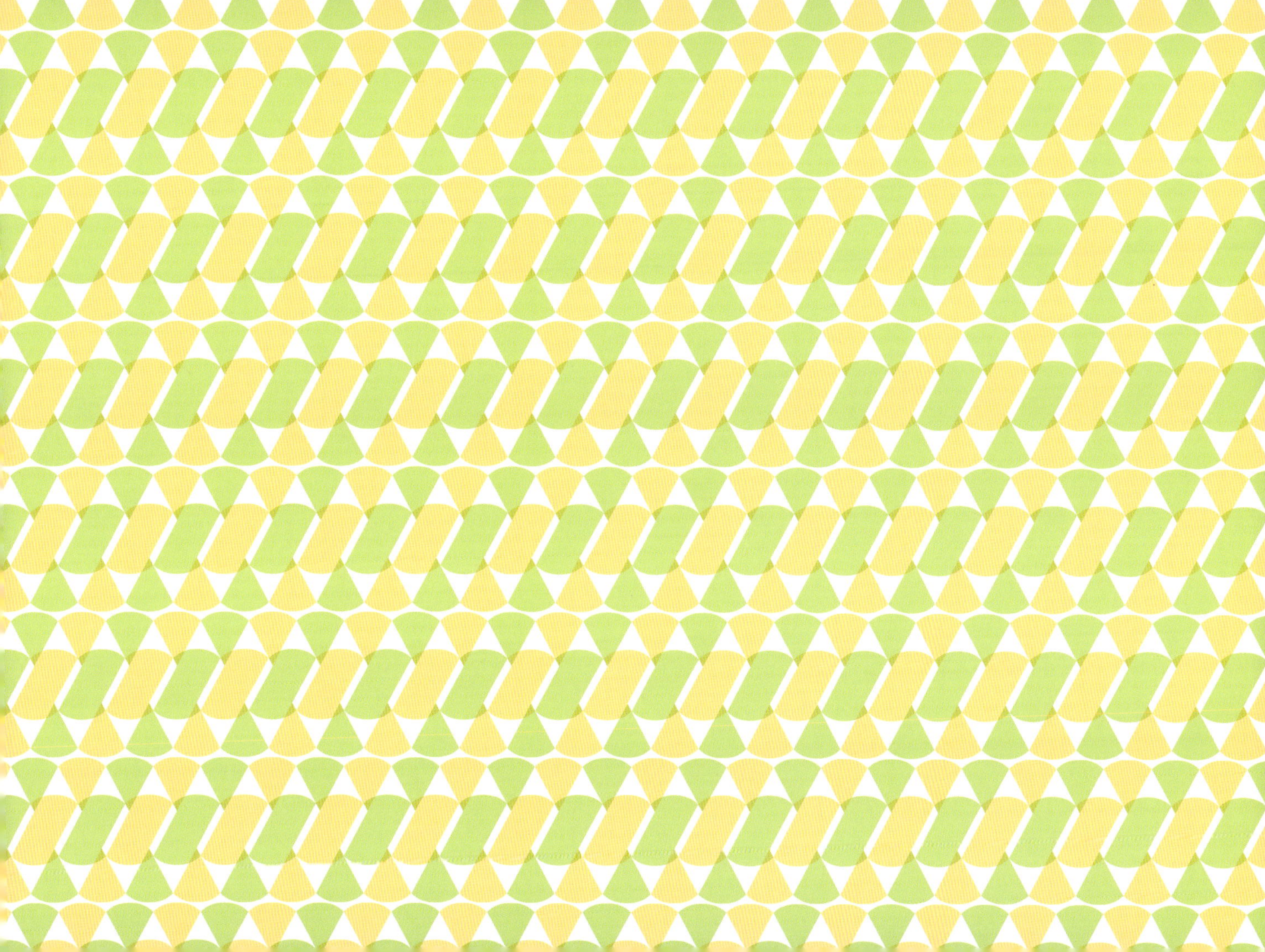

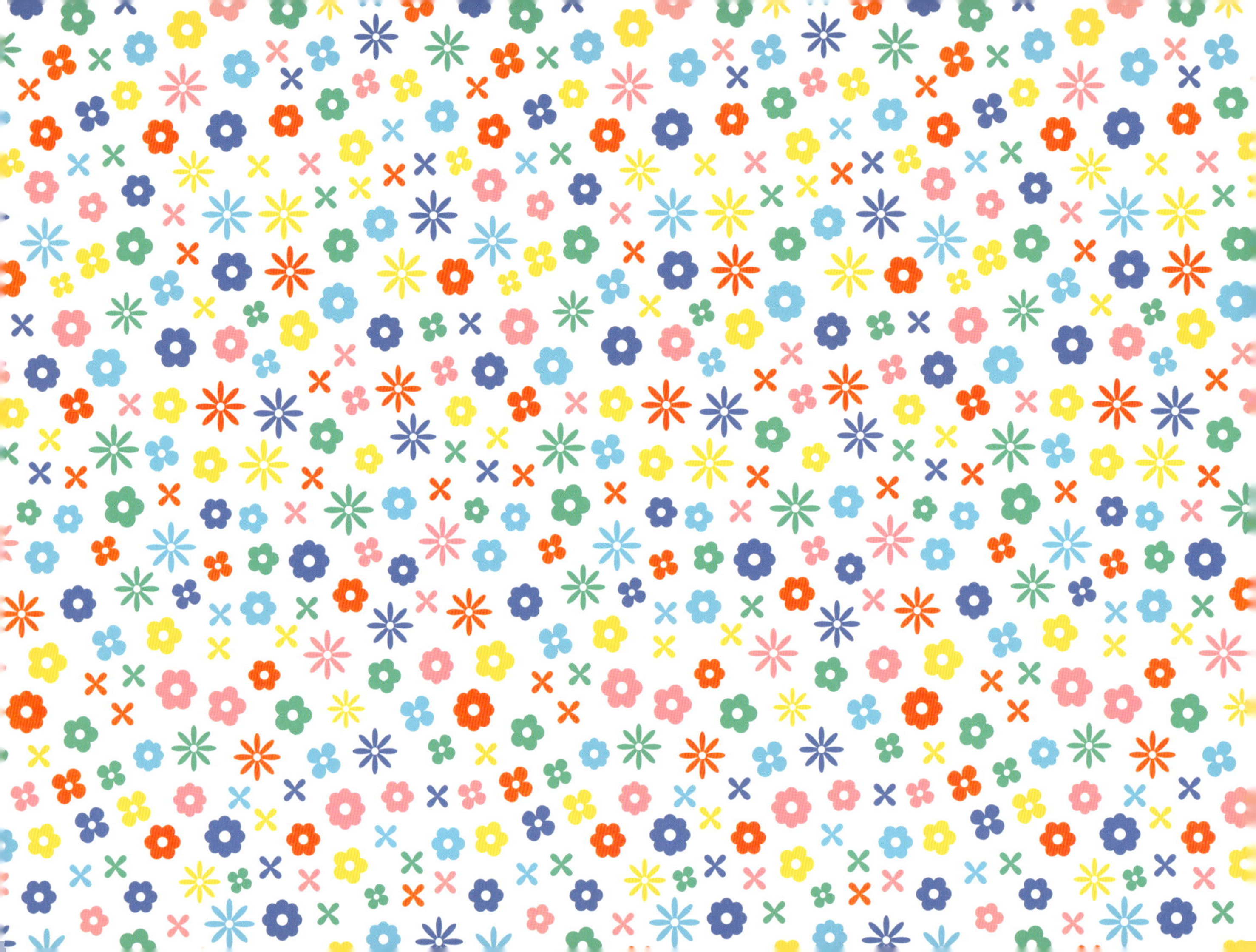

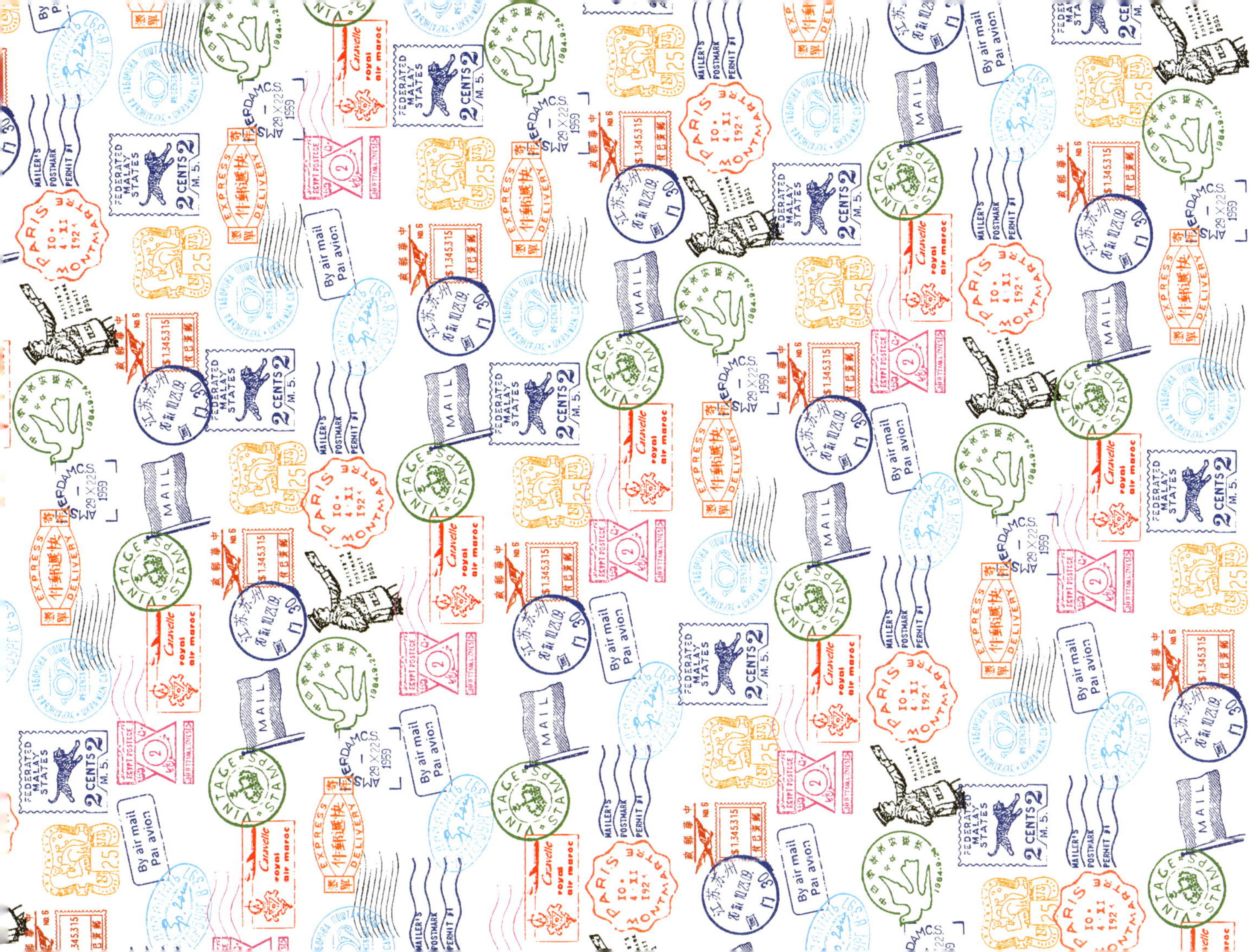

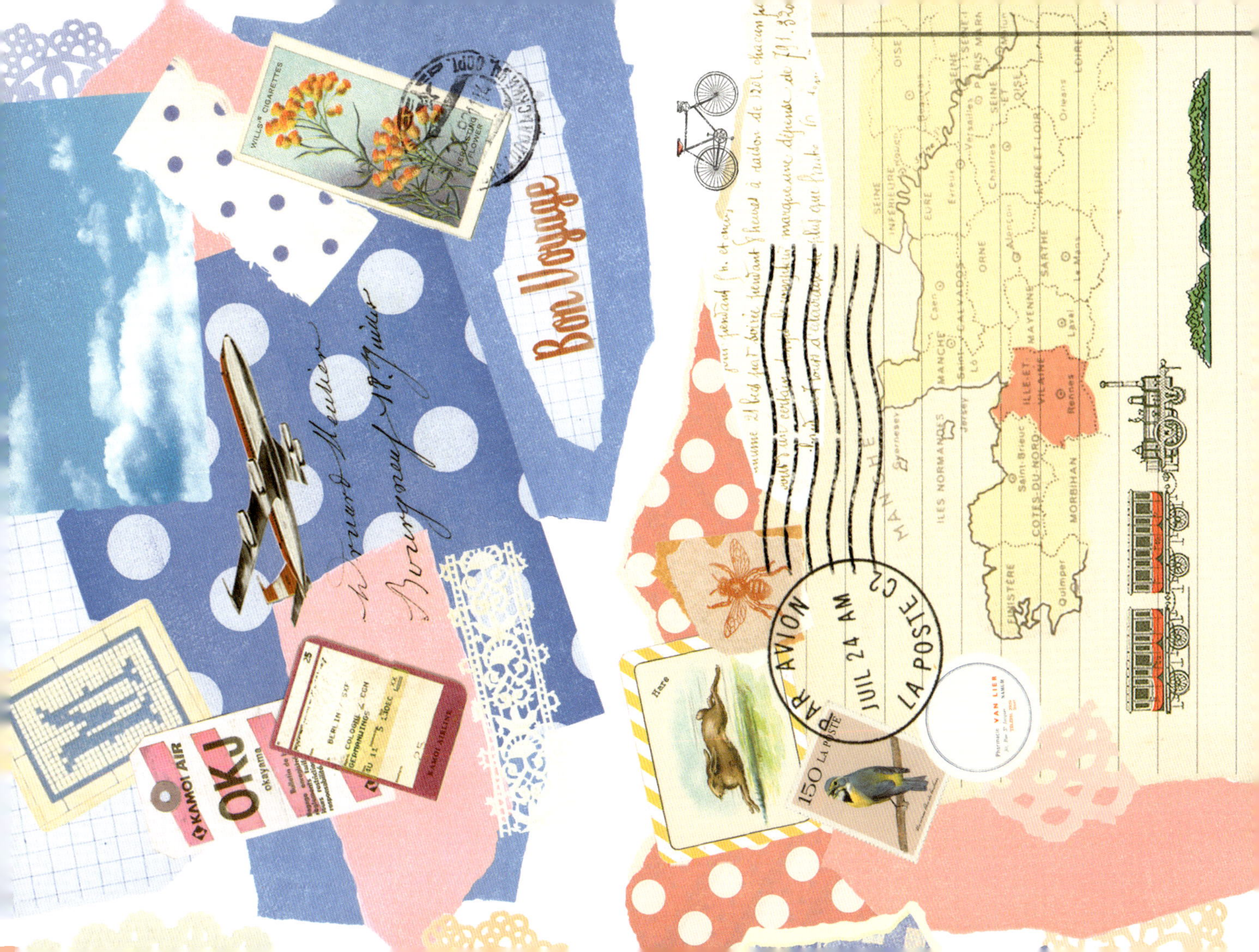
WILL'S CIGARETTES
EVERLASTING FLOWER
Bon Voyage
KAMOI AIR
OKJ
okayama
BERLIN / SXF
JUIL 24 AM
PAR AVION
LA POSTE
150 LA POSTE
VAN LIER
Hare
OISE
SEINE
SEINE ET
SEINE INFÉRIEURE
EURE
EURE ET LOIR
ORNE
MANCHE
Caen
CALVADOS
Saint-Lô
ILES NORMANDES
Jersey
Guernsey
MAYENNE
SARTHE
Laval
Le Mans
ILLE ET VILAINE
Rennes
CÔTES-DU-NORD
Saint-Brieuc
MORBIHAN
FINISTÈRE
Quimper
MANCHE
Chartres
Alençon
Évreux

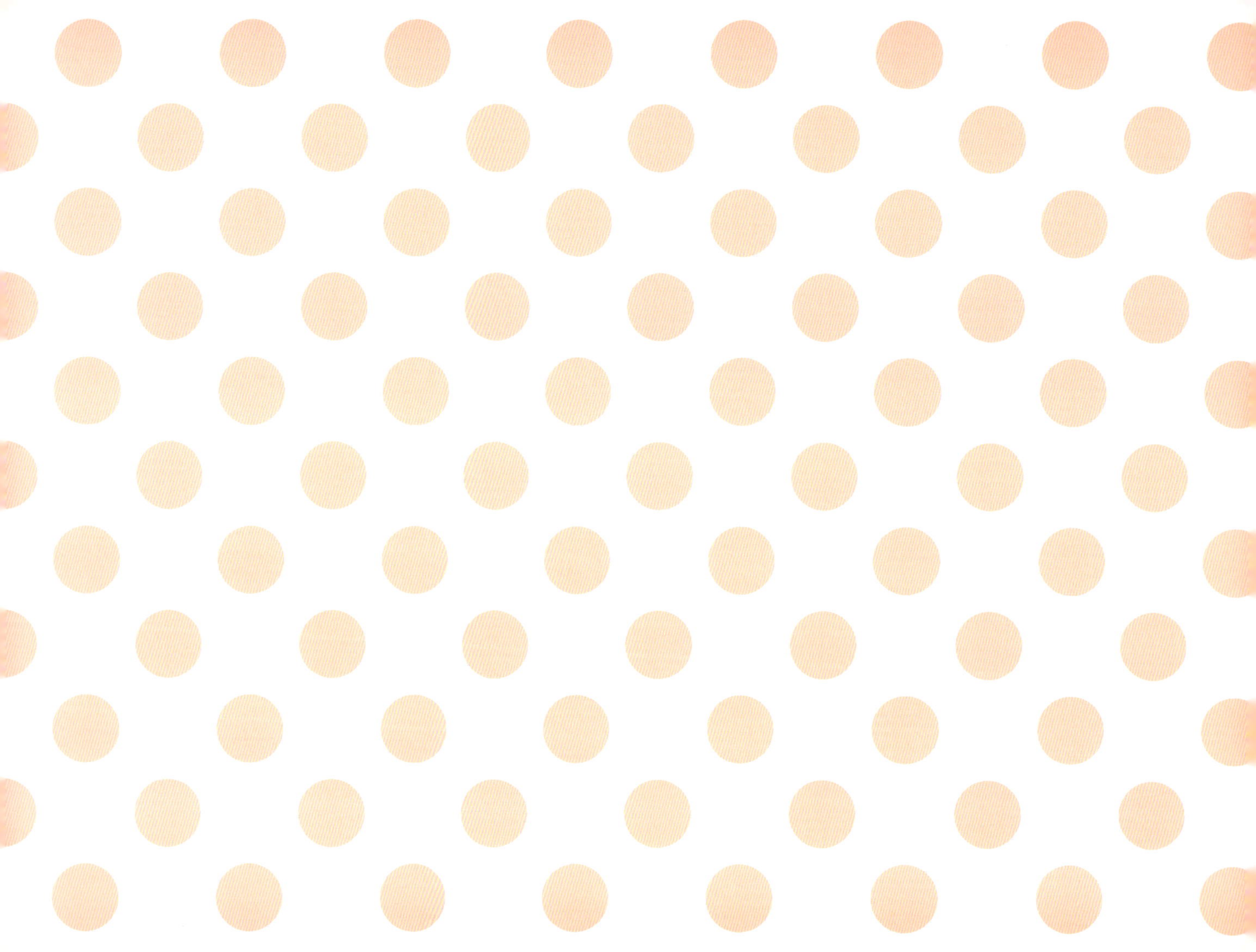

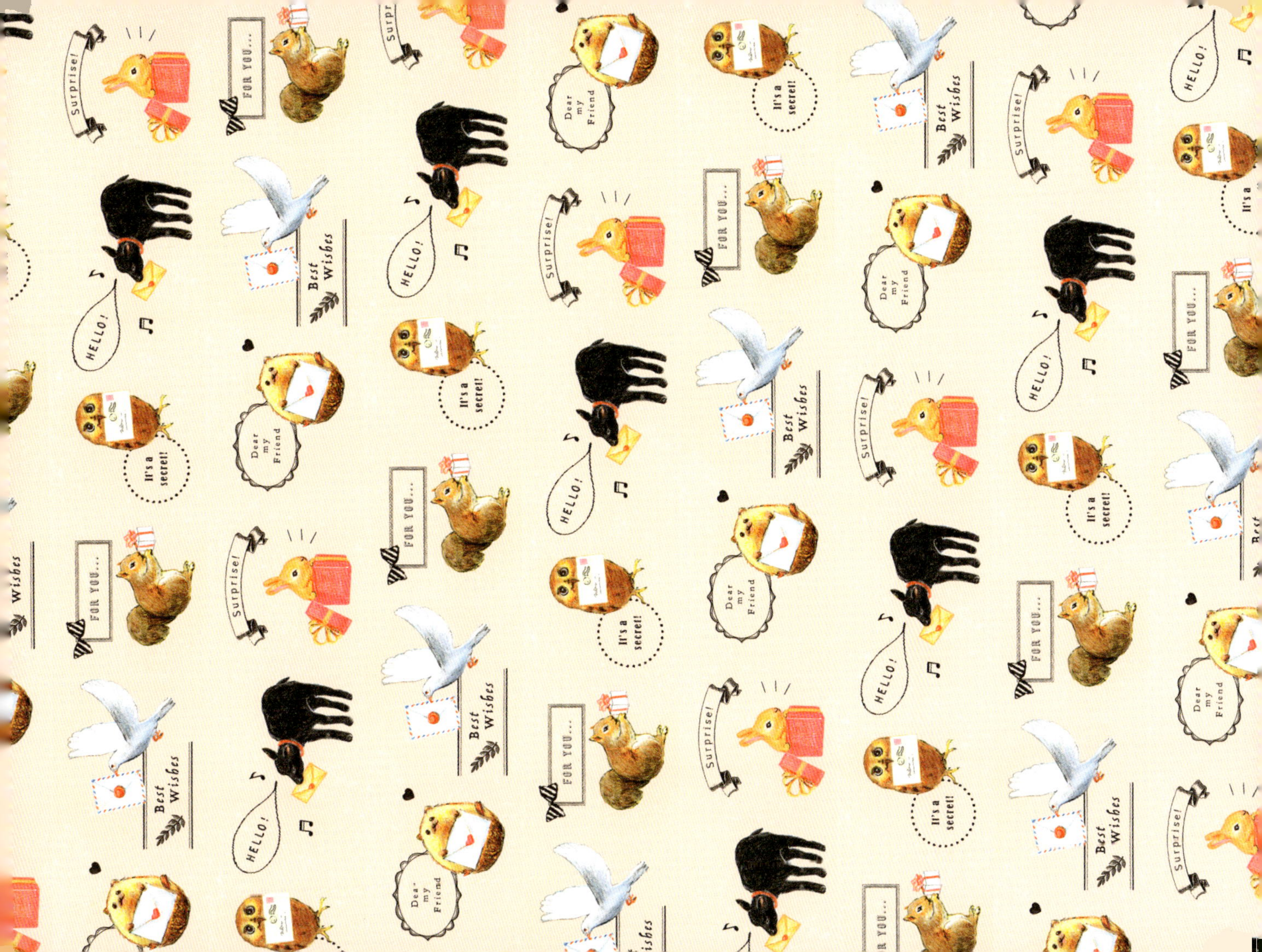

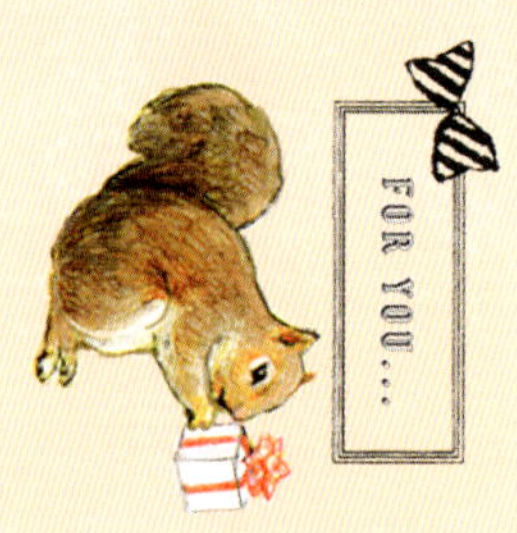
FOR YOU...

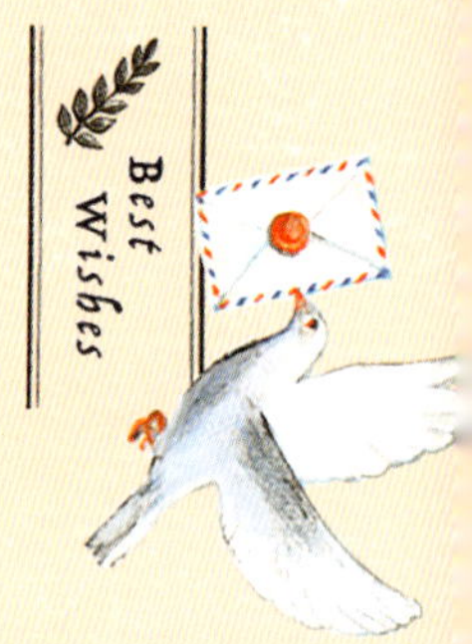
Best
Wishes

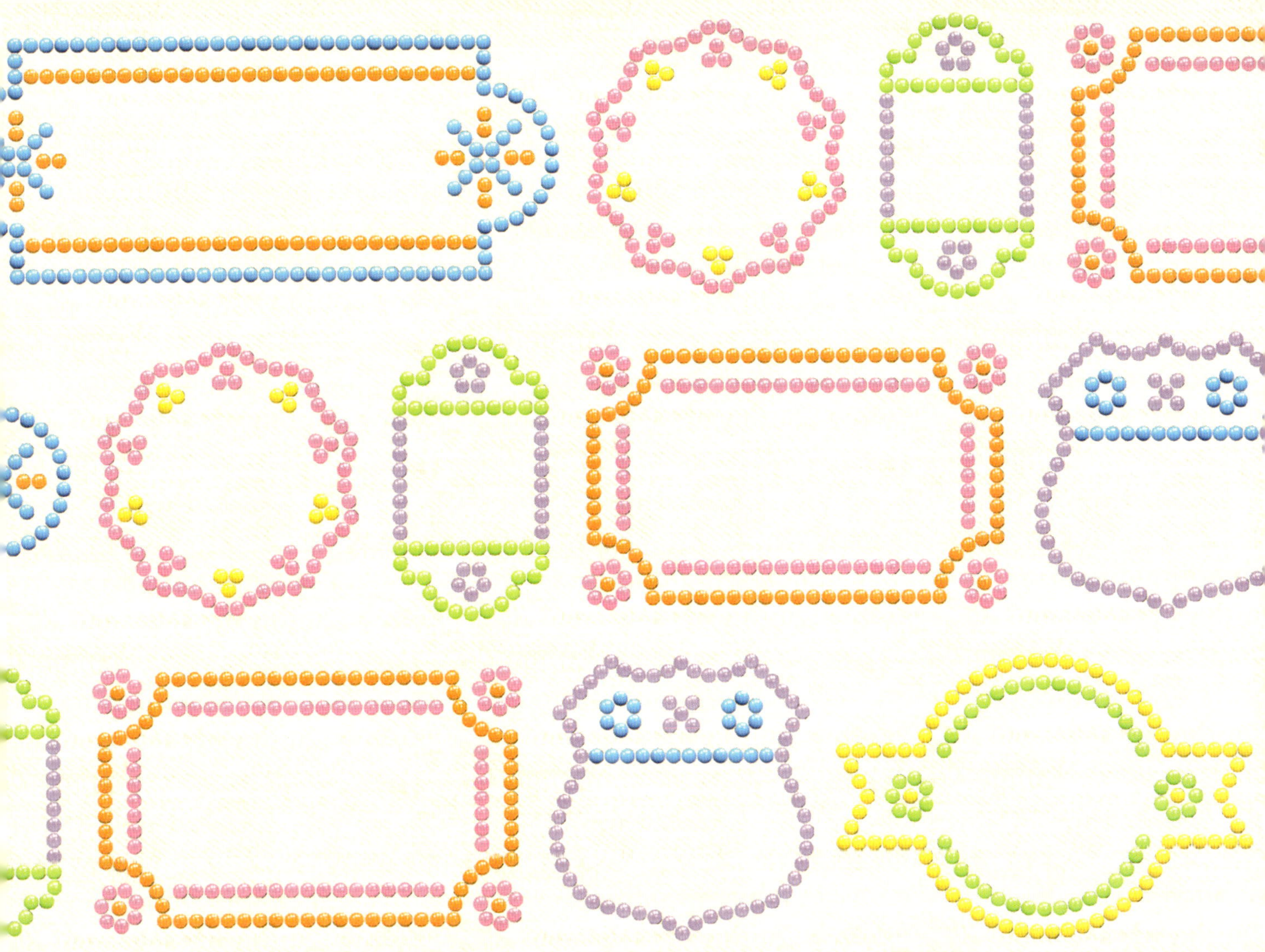

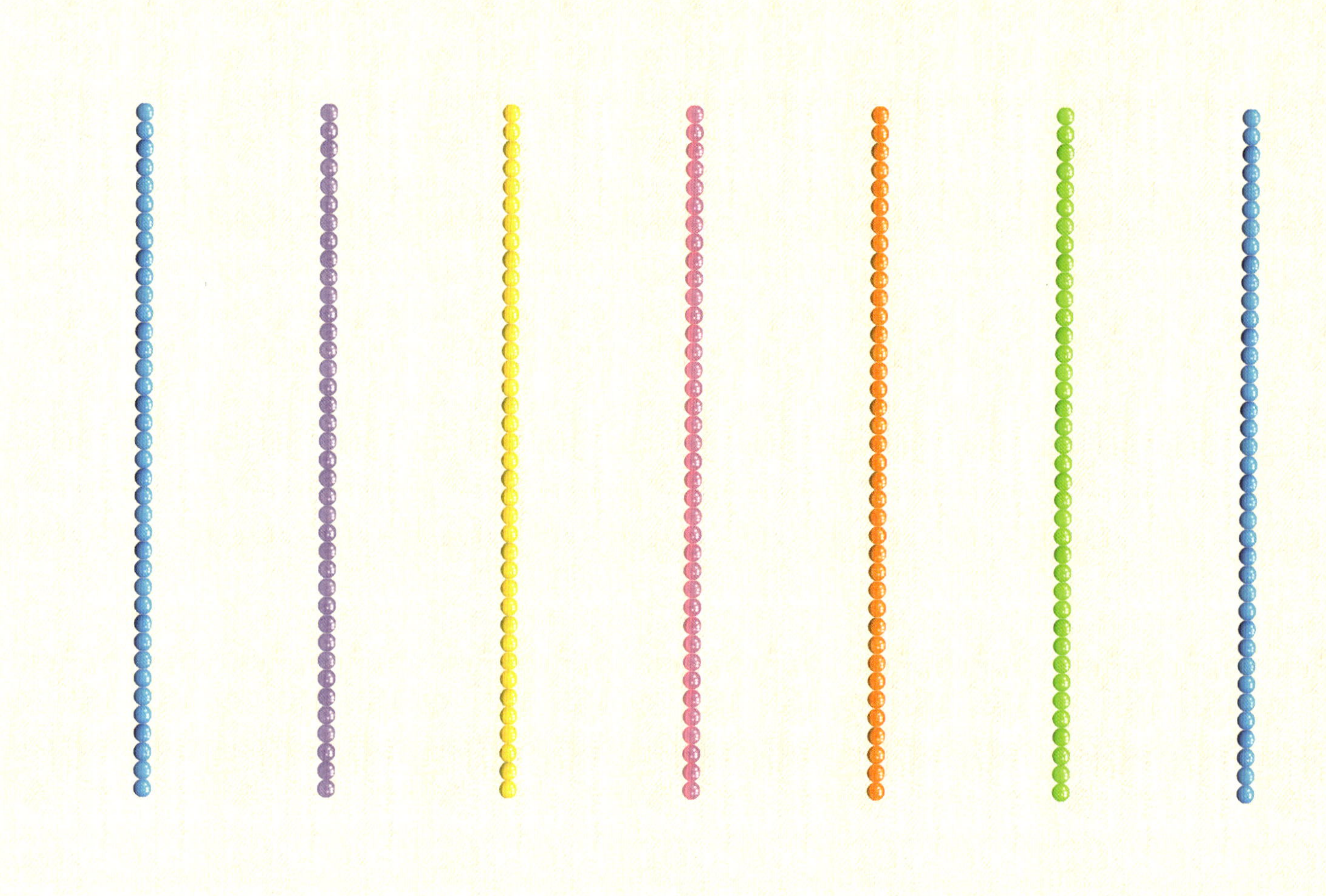

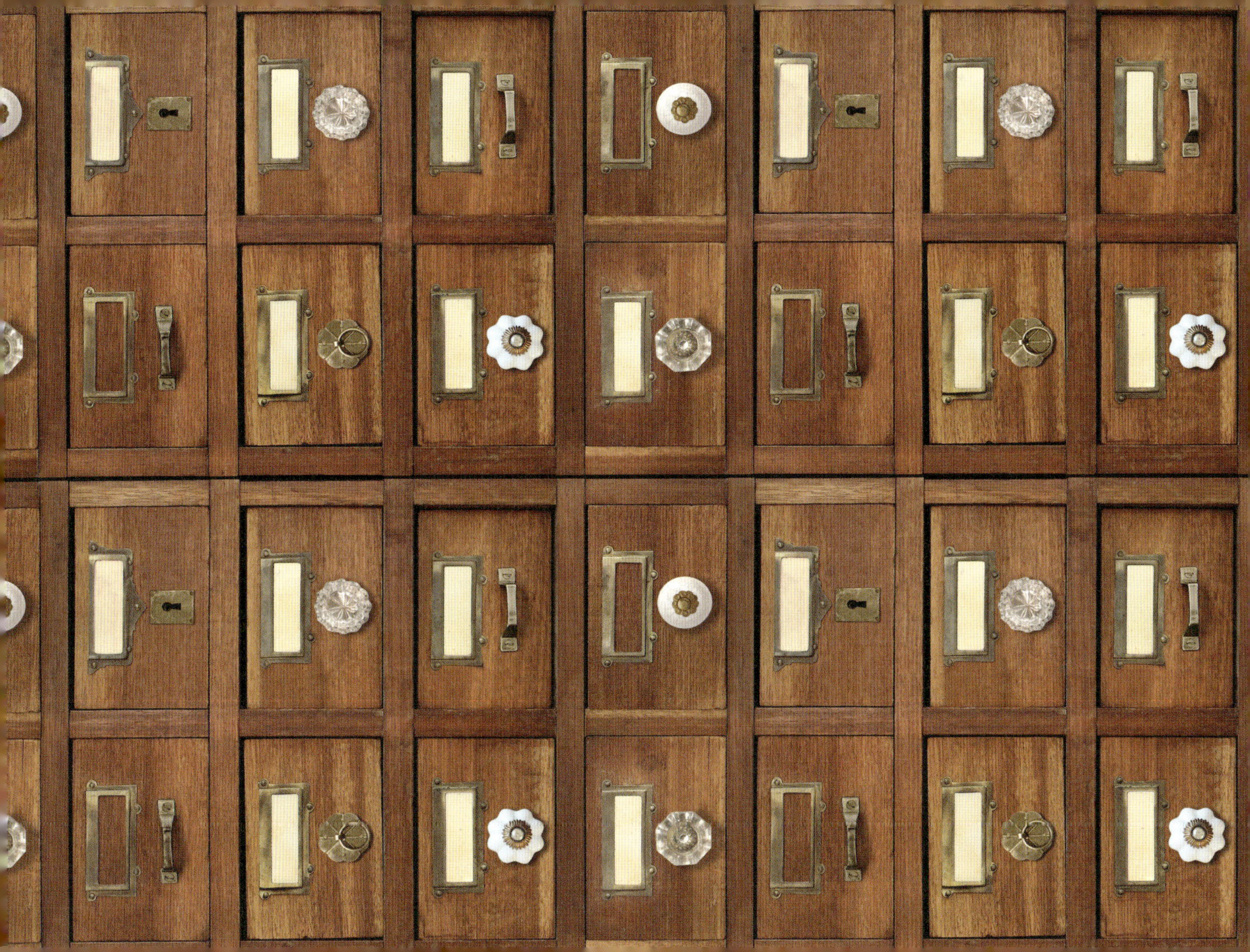

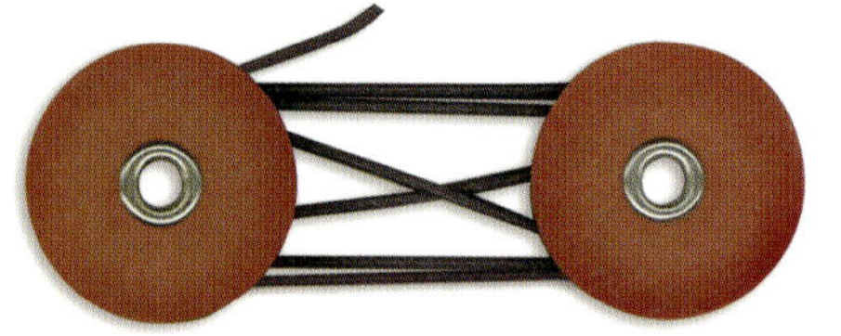 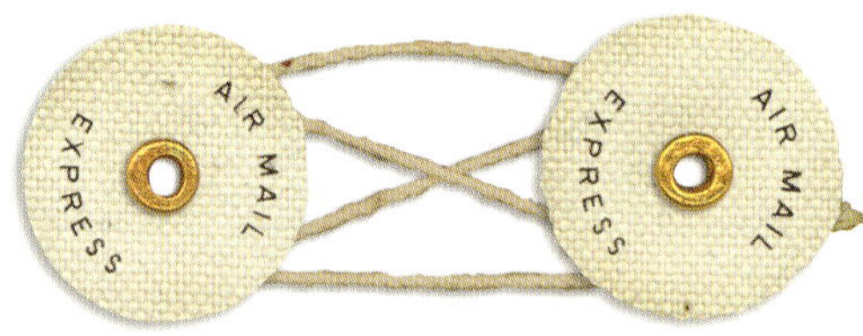 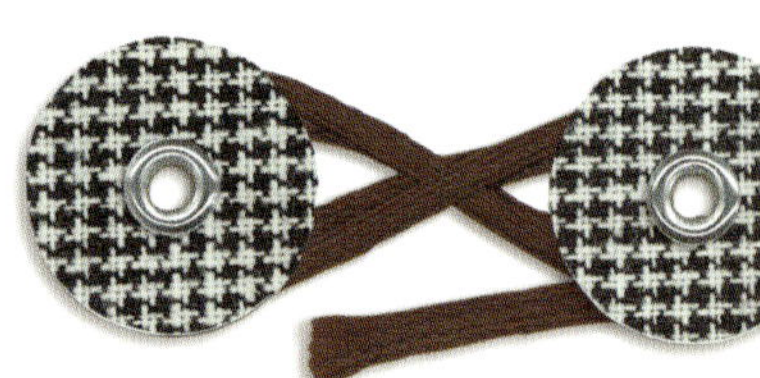

EXPRESS
AIR MAIL
EXPRESS
AIR MAIL

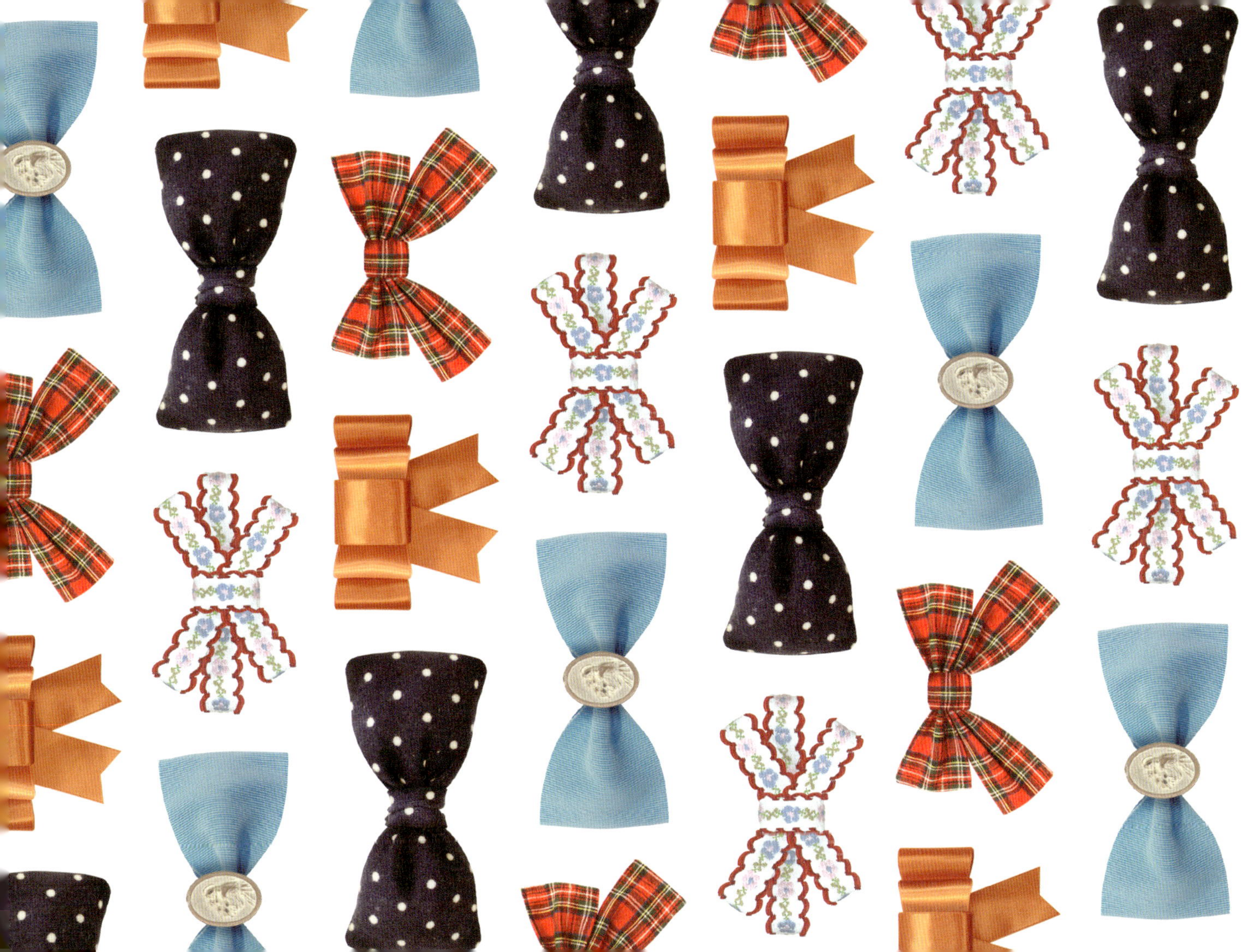

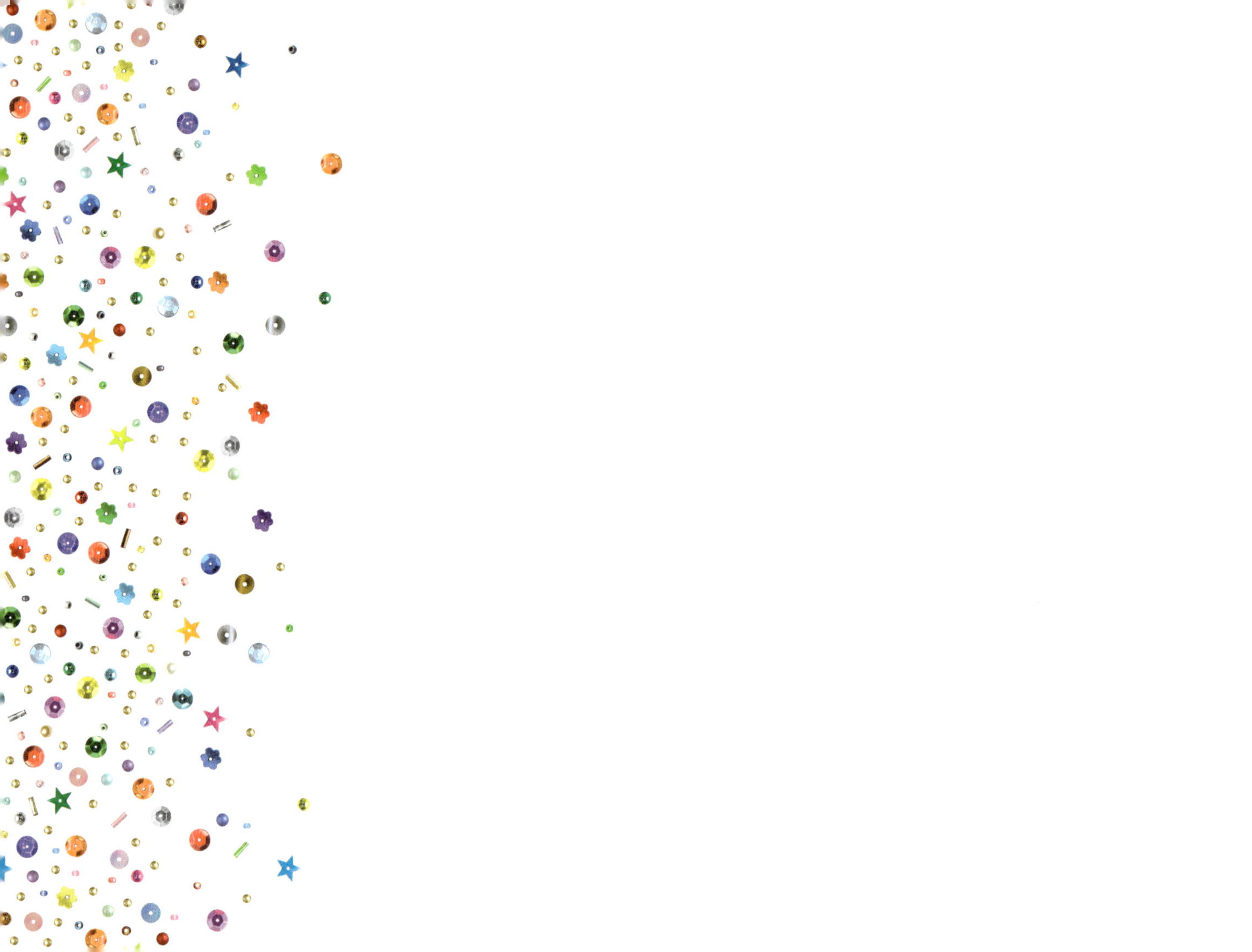

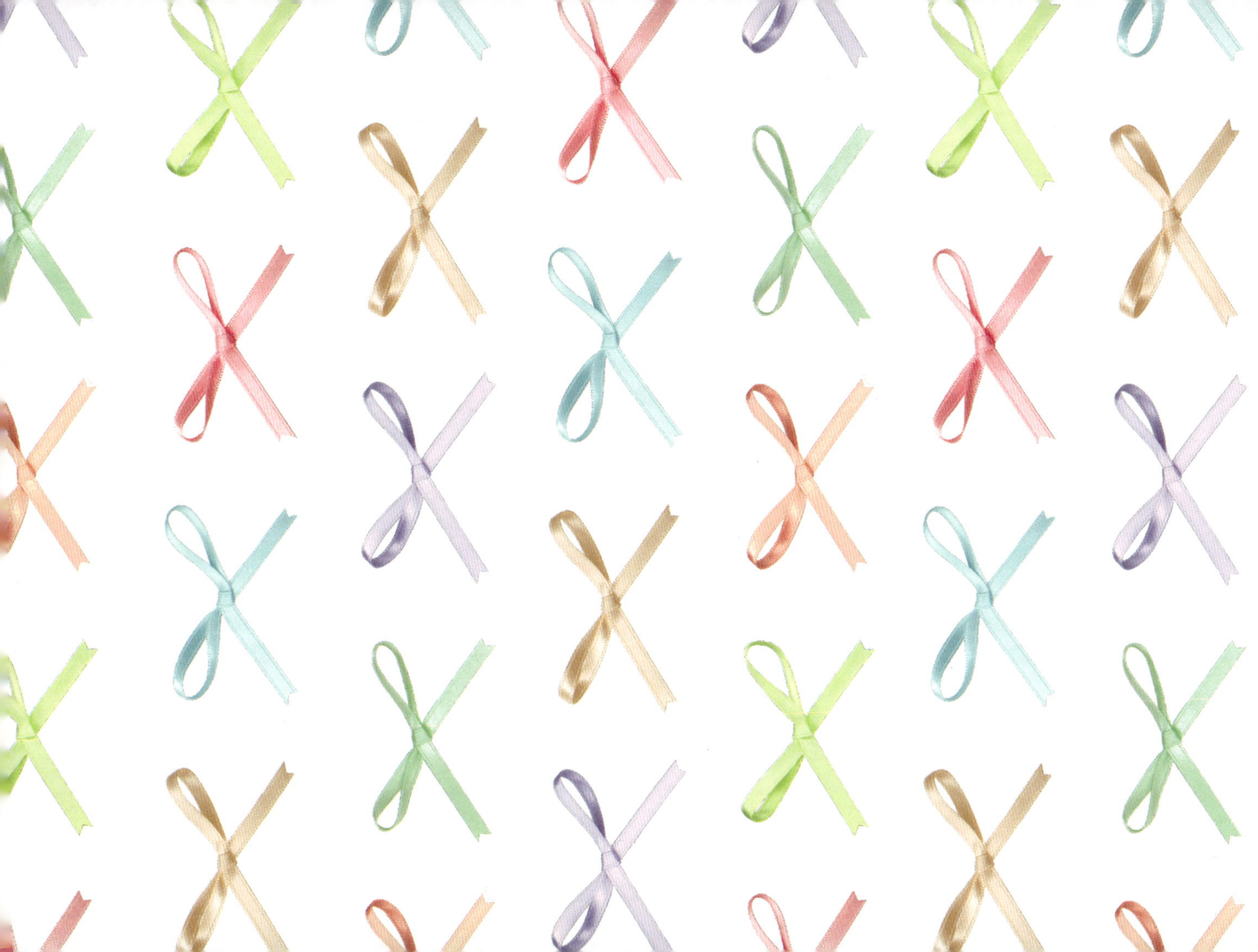

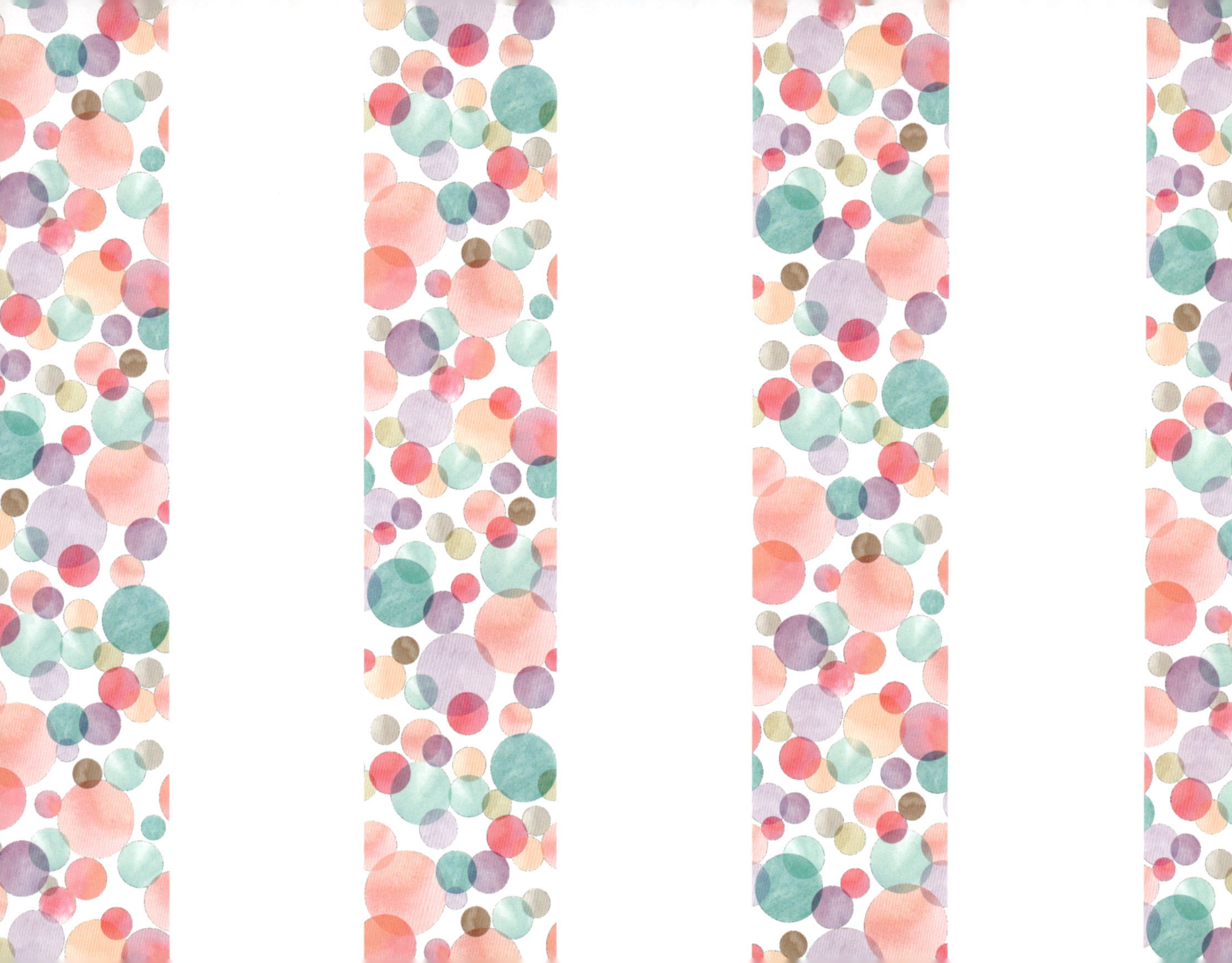

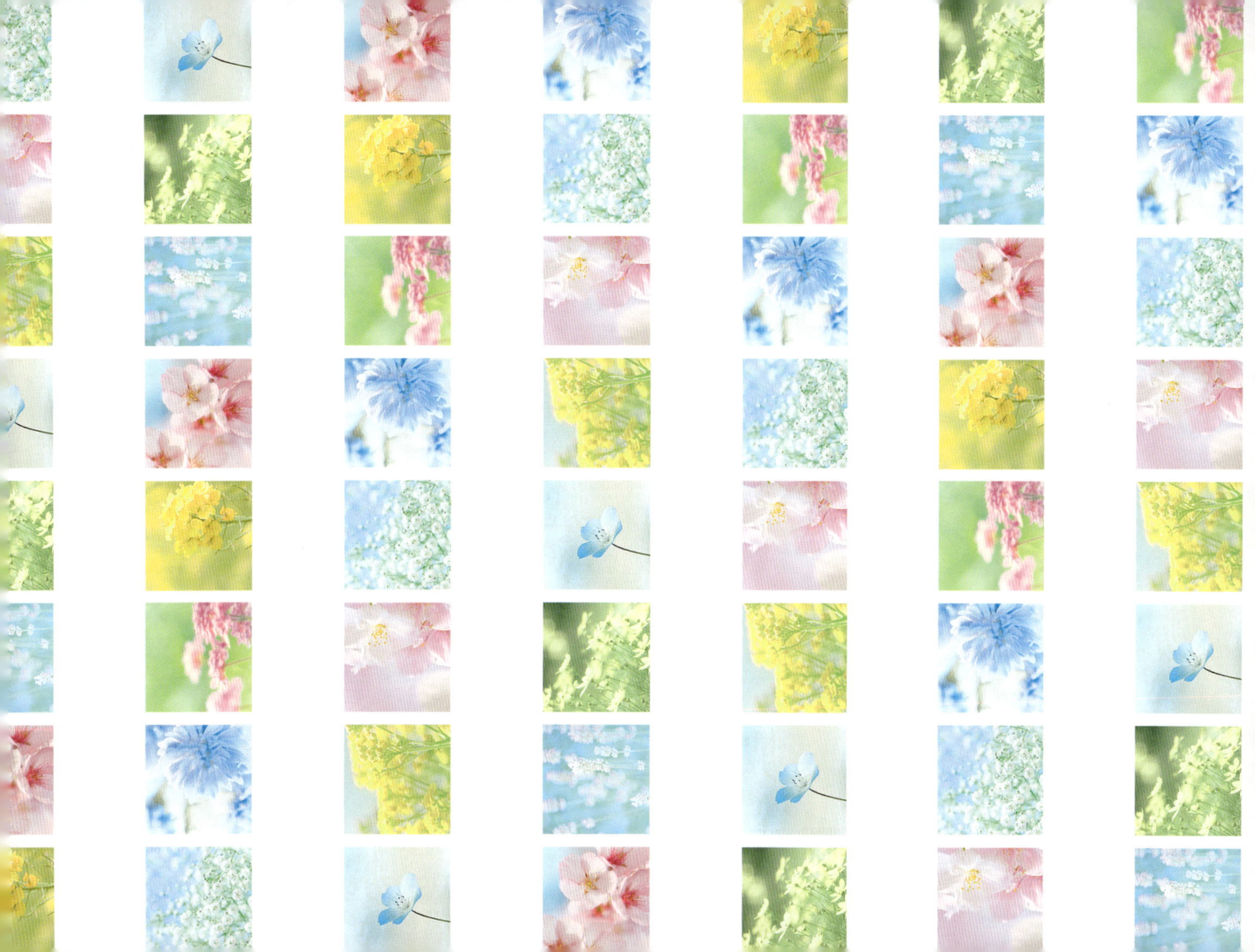

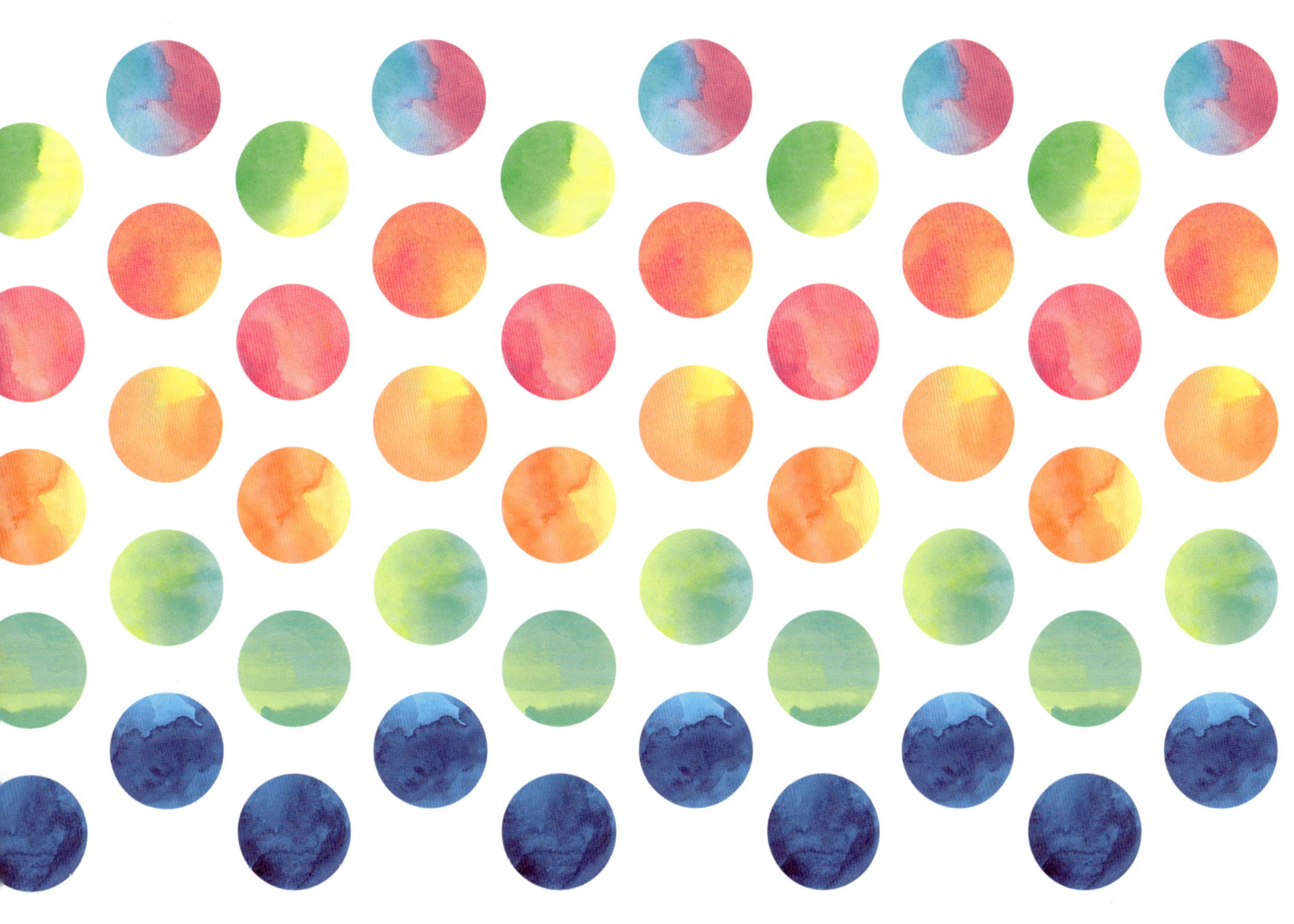

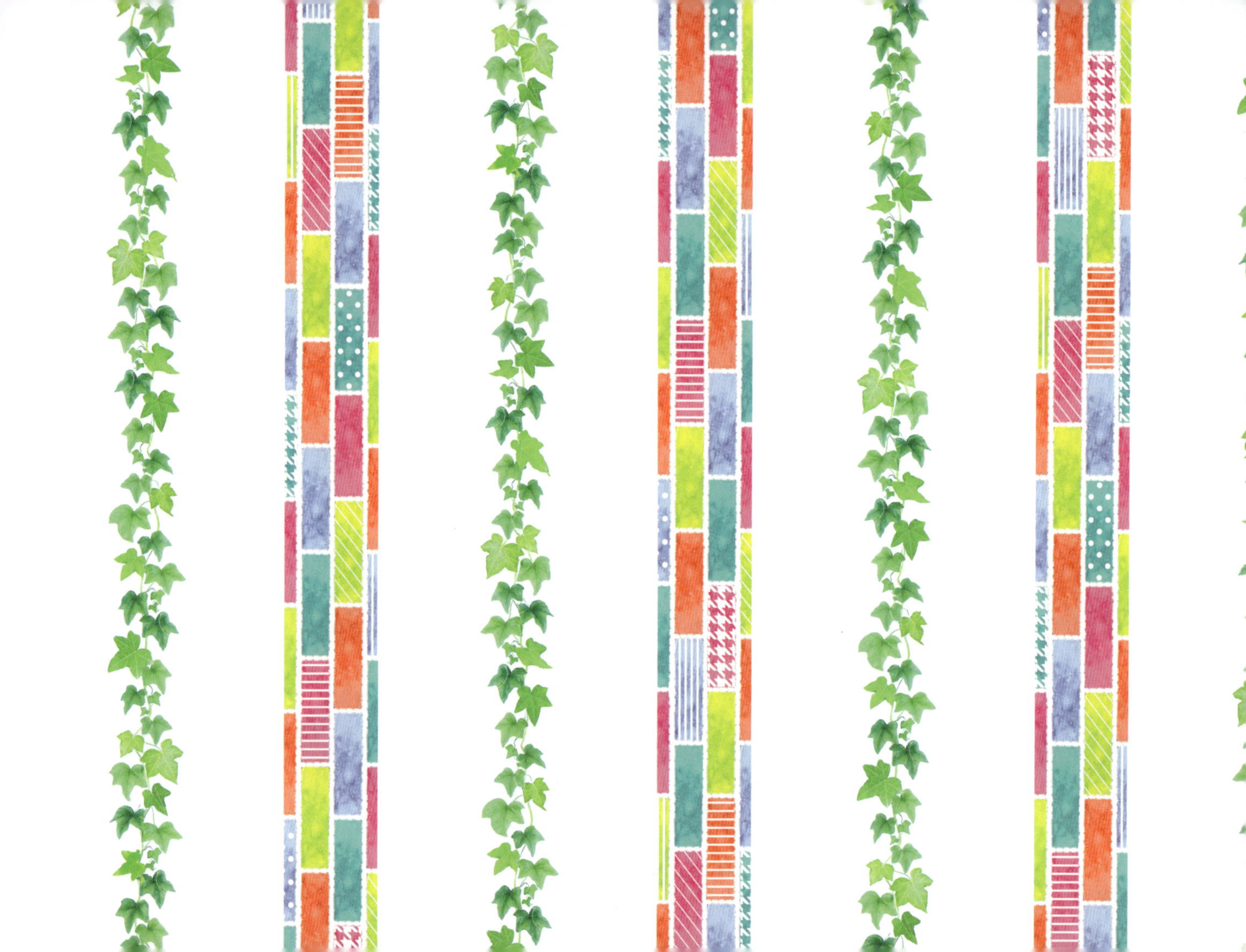

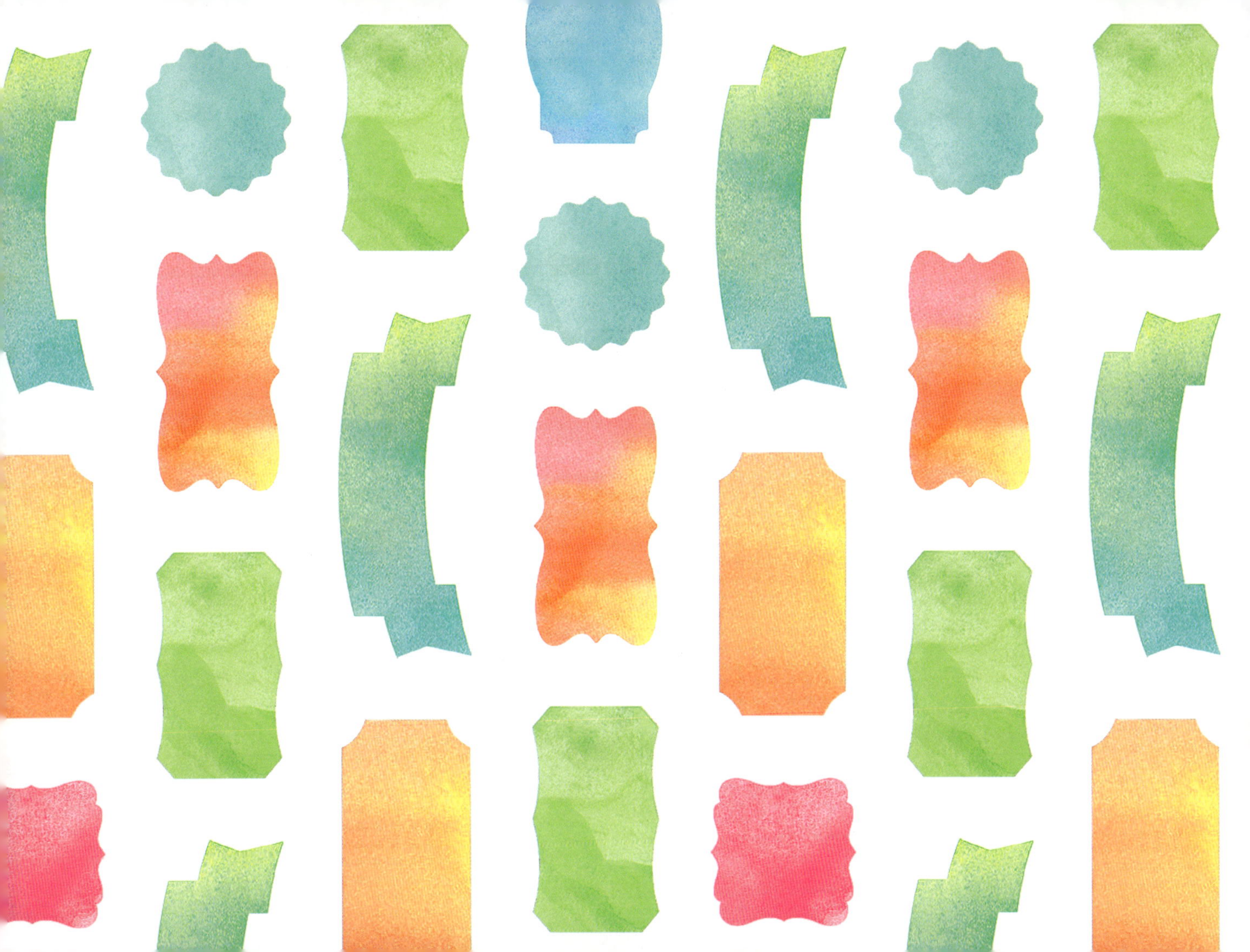

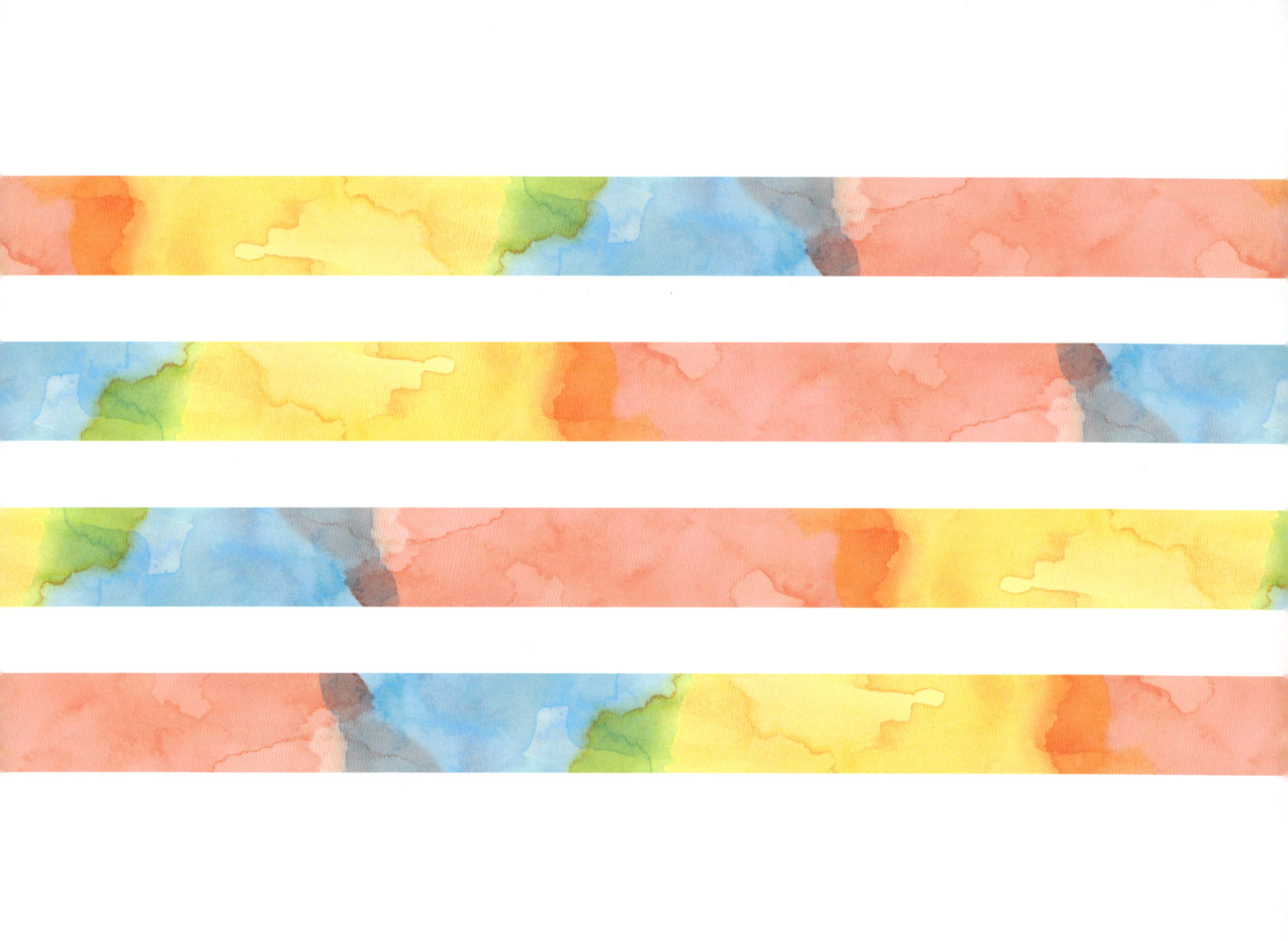

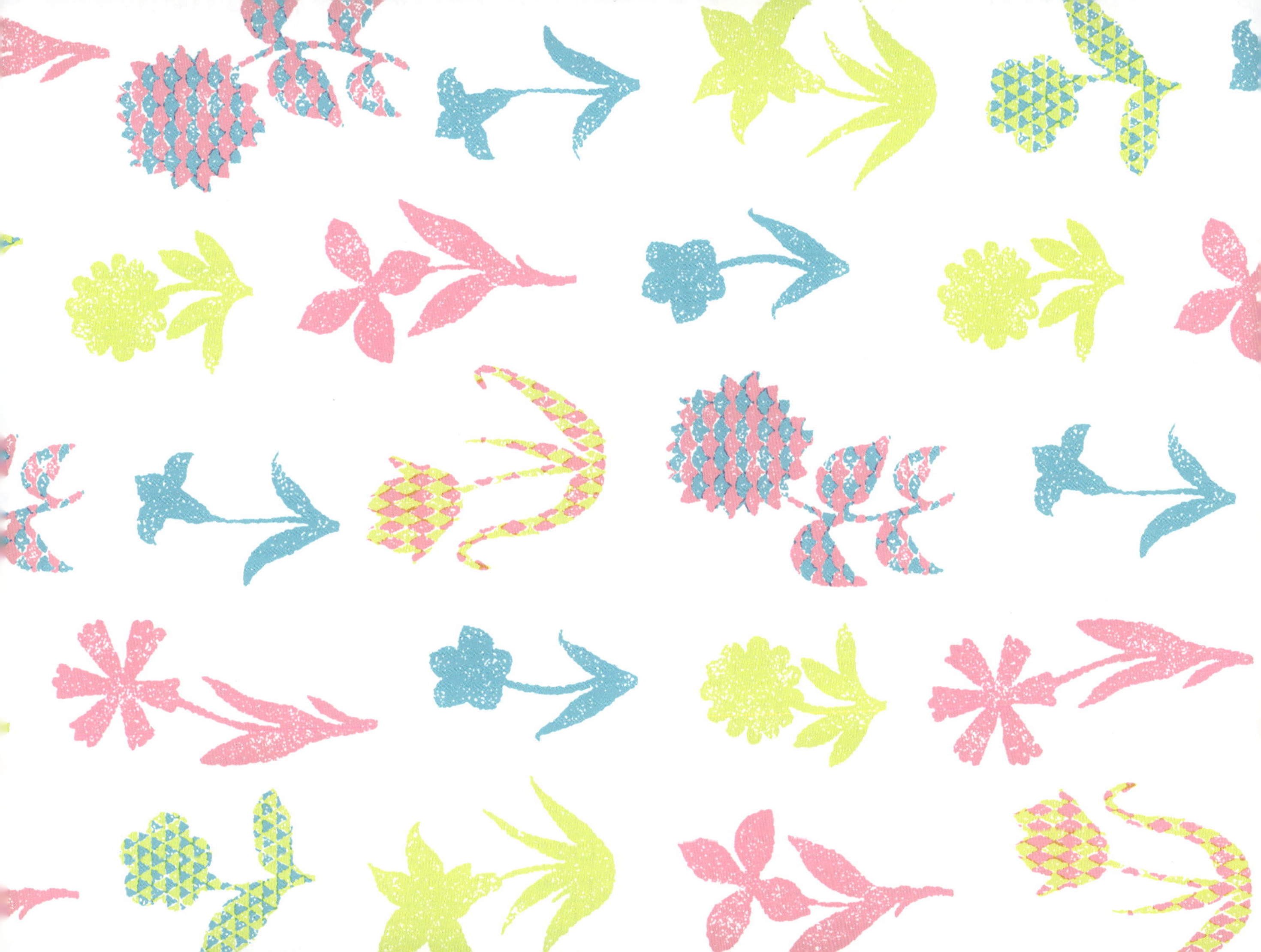

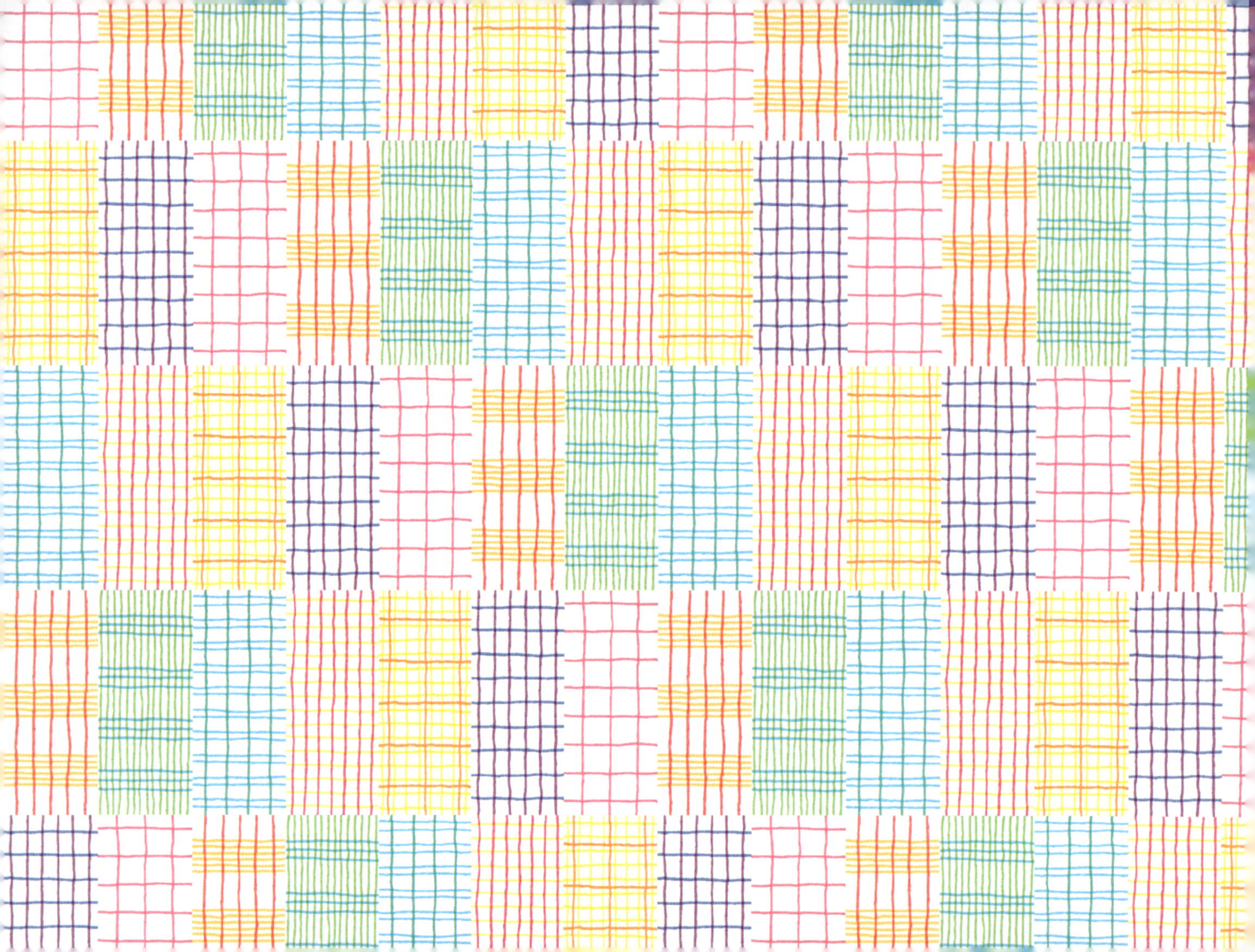

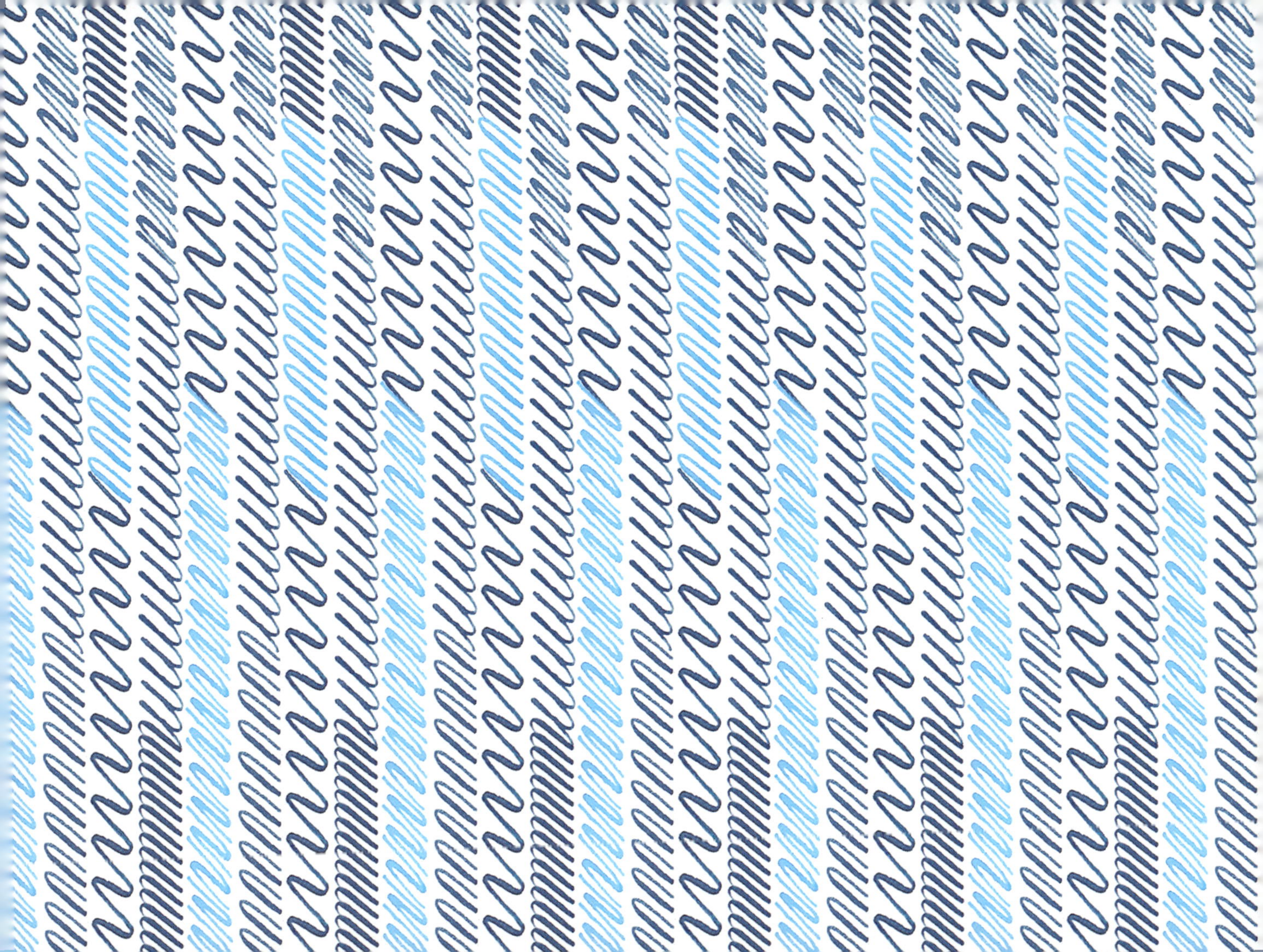

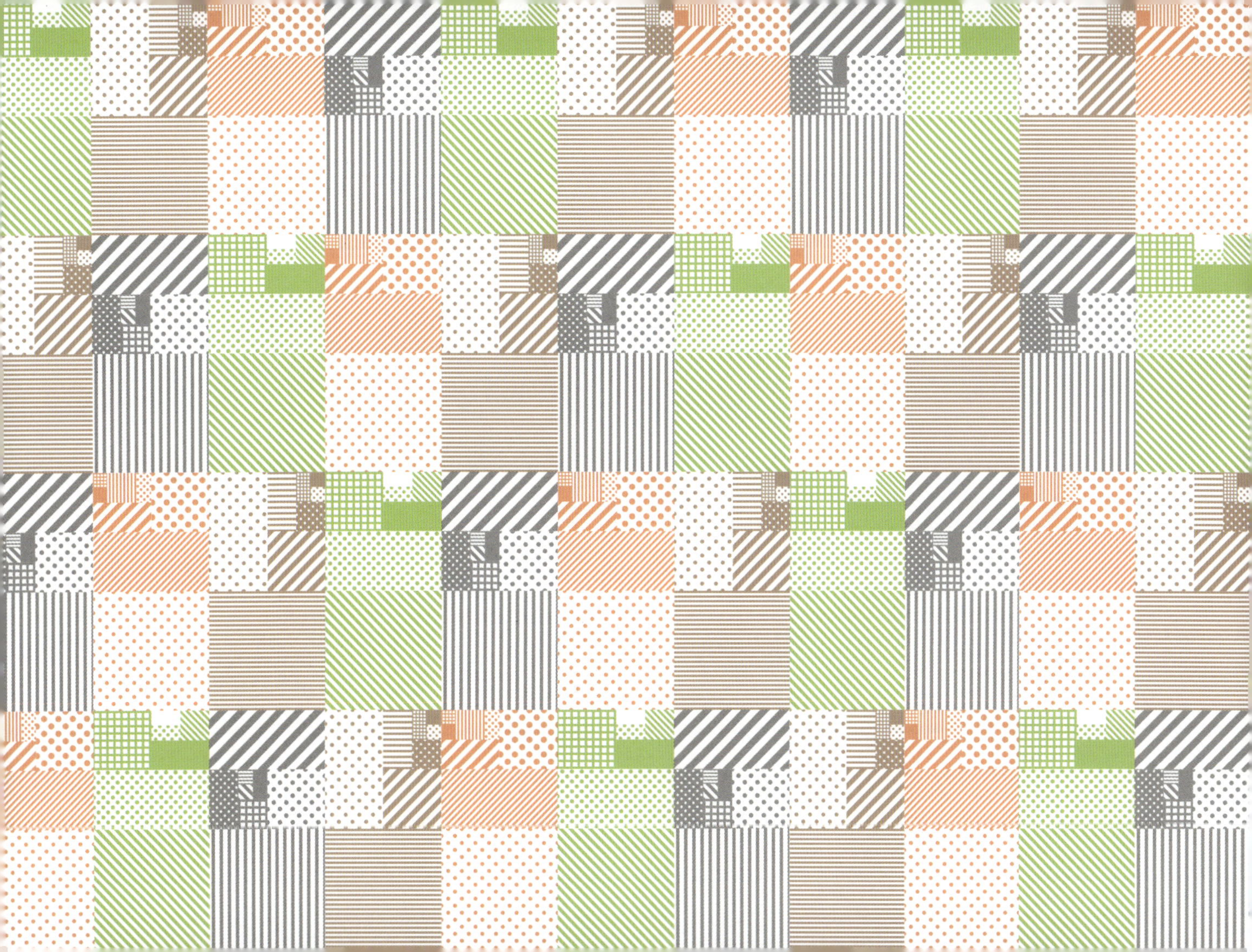

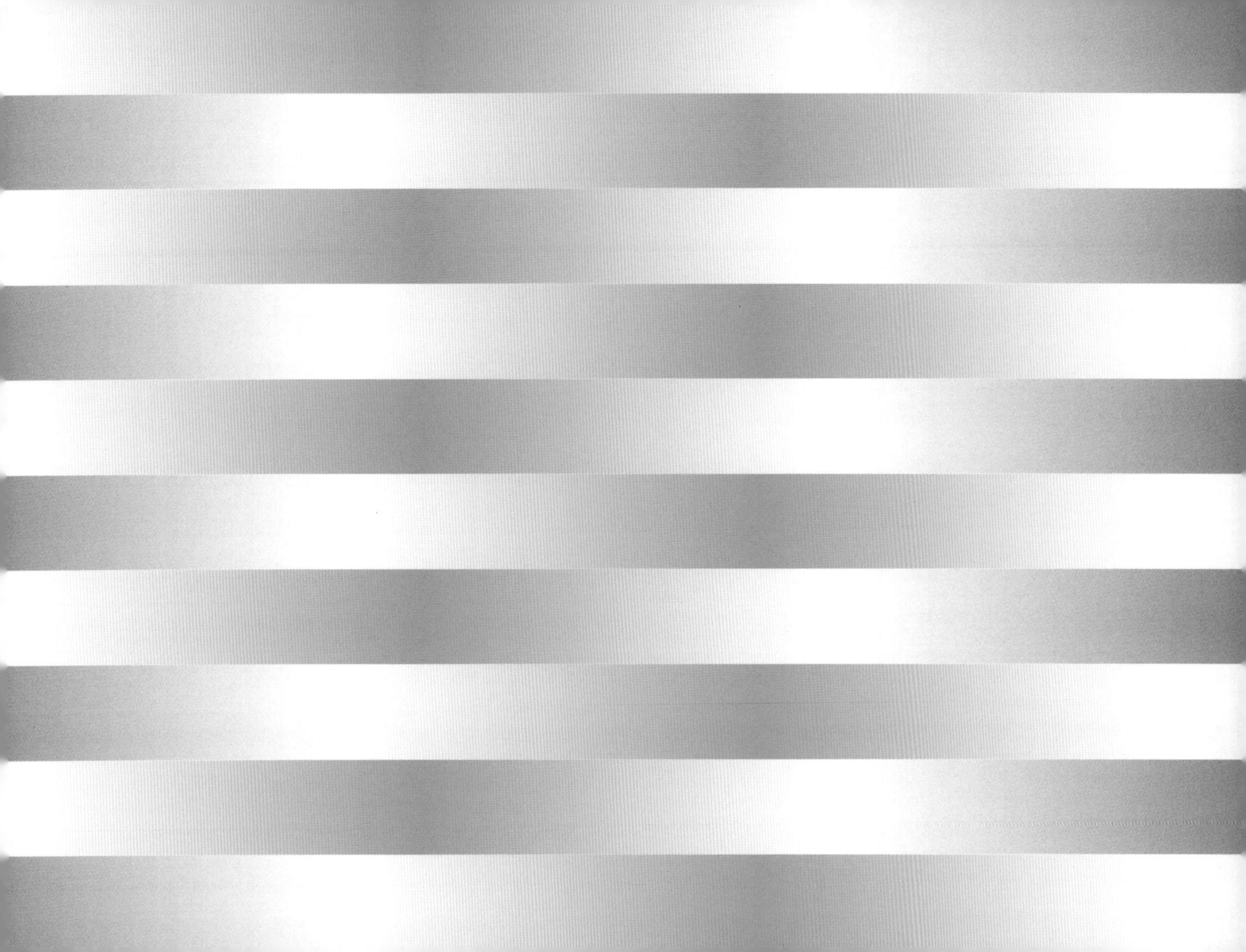

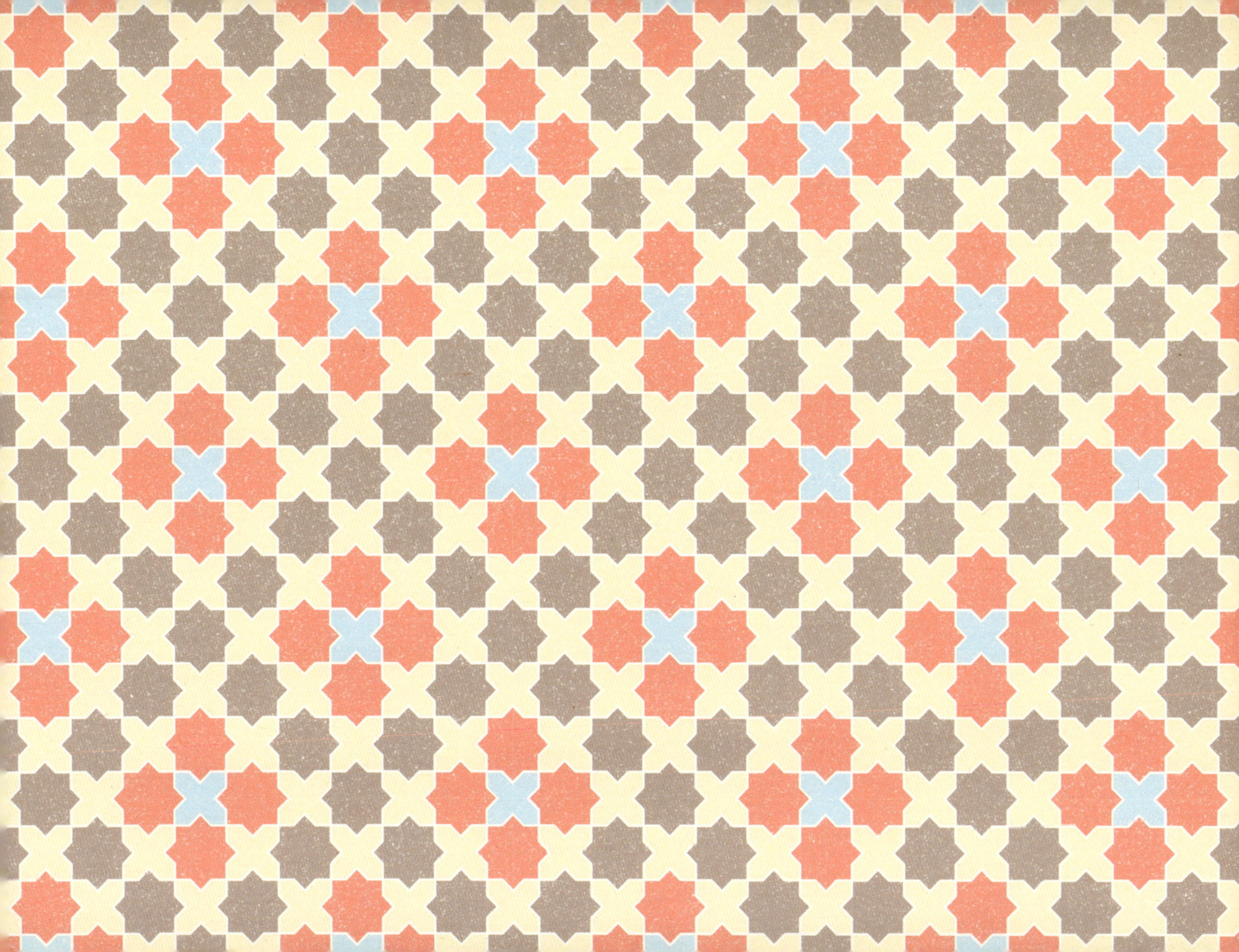

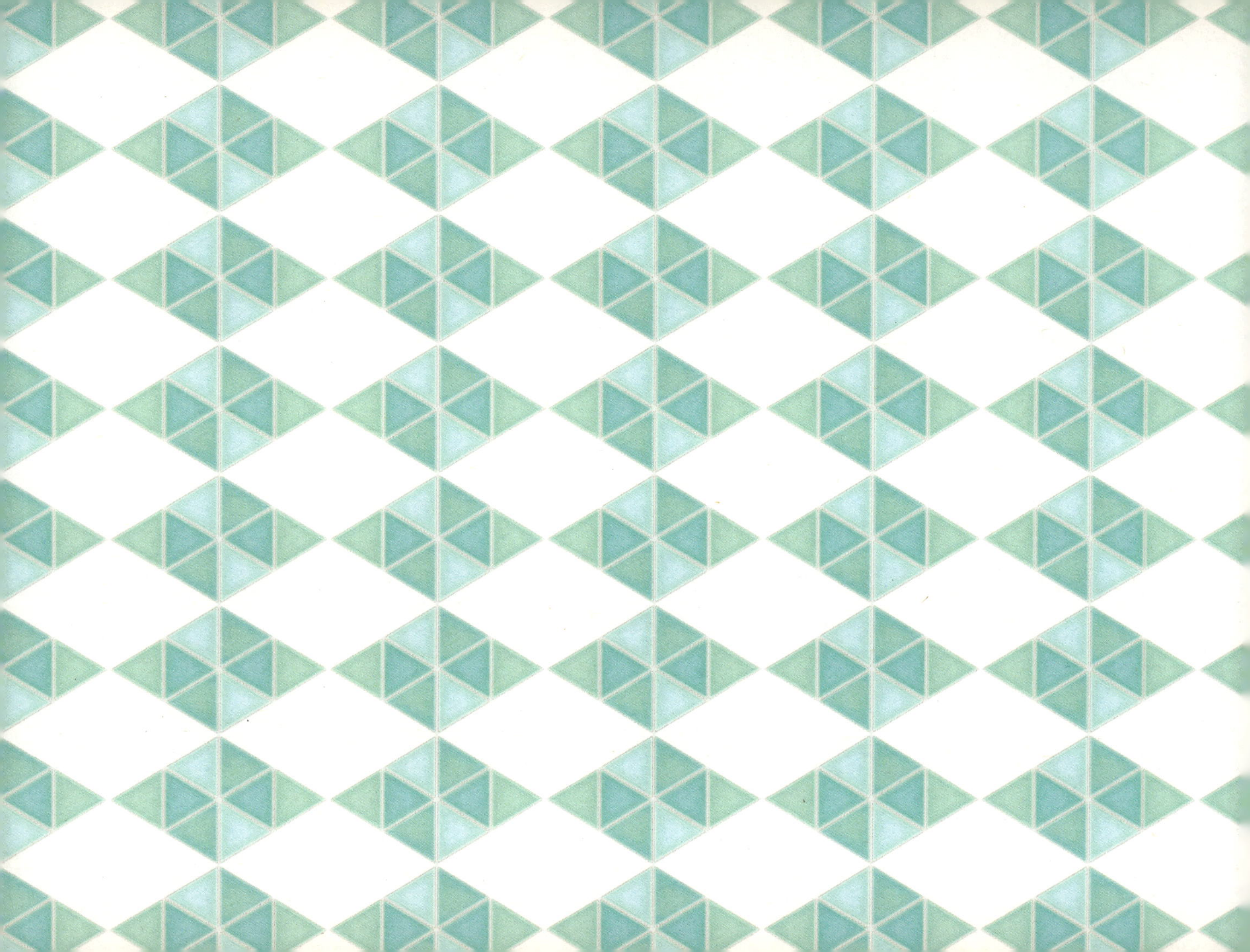

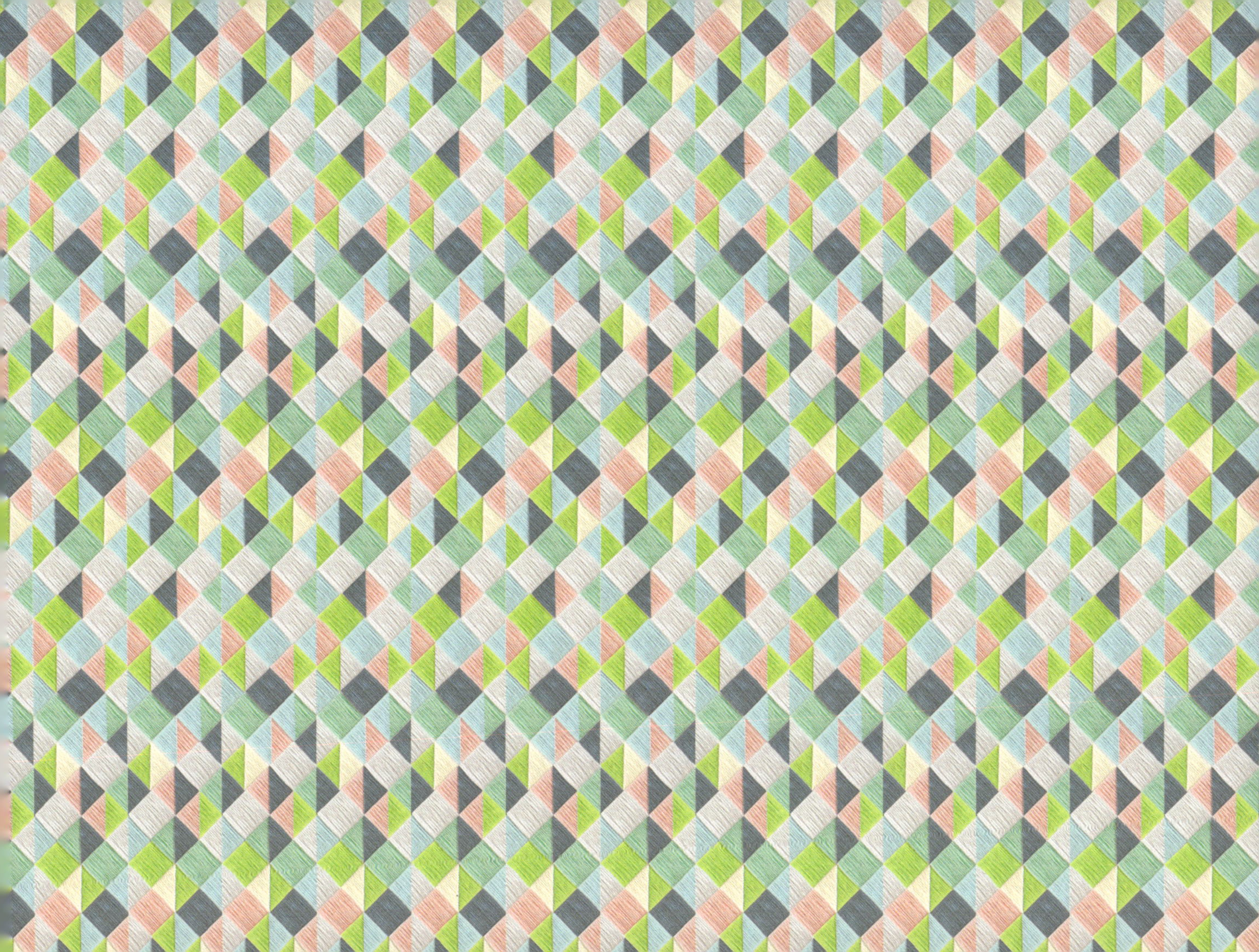

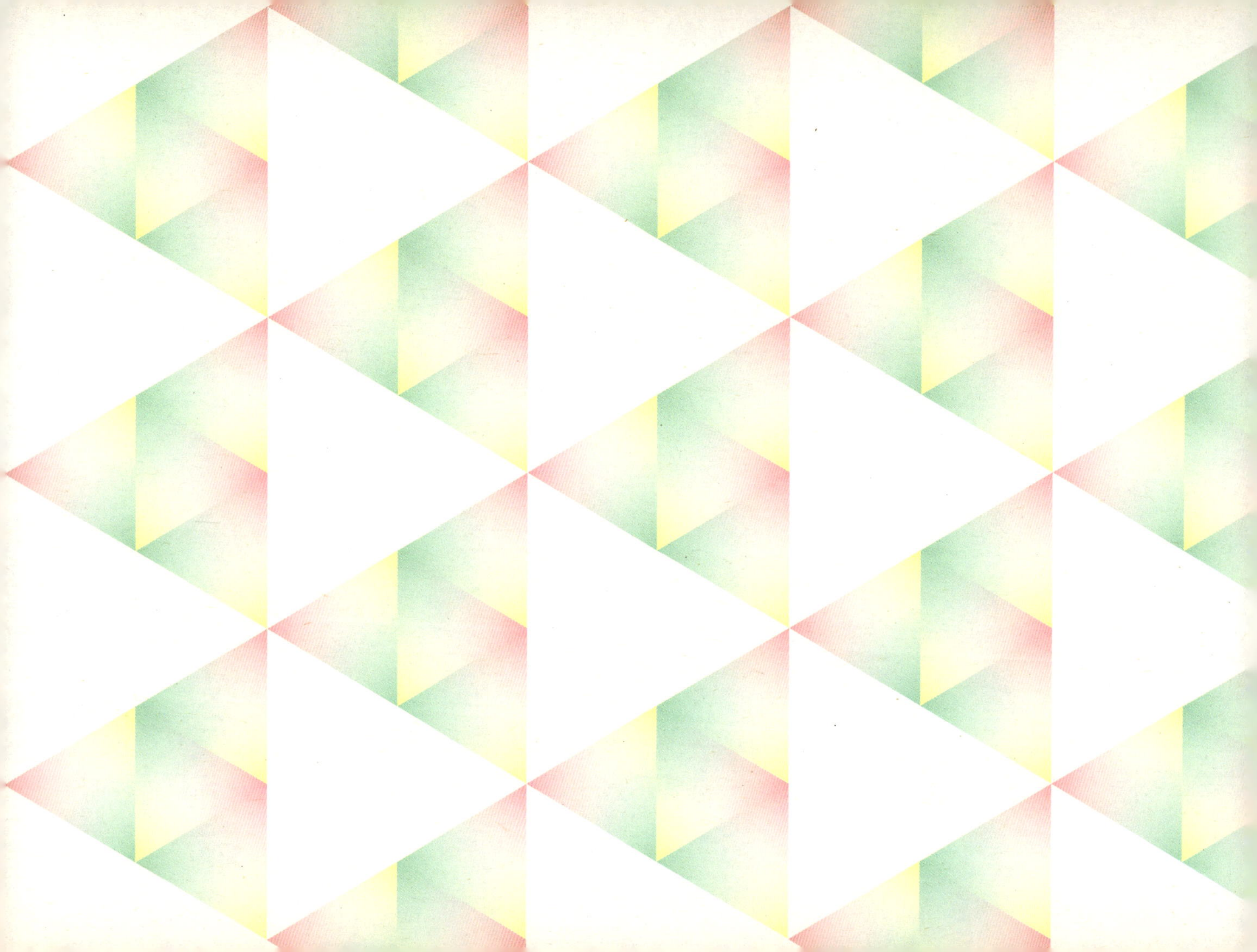

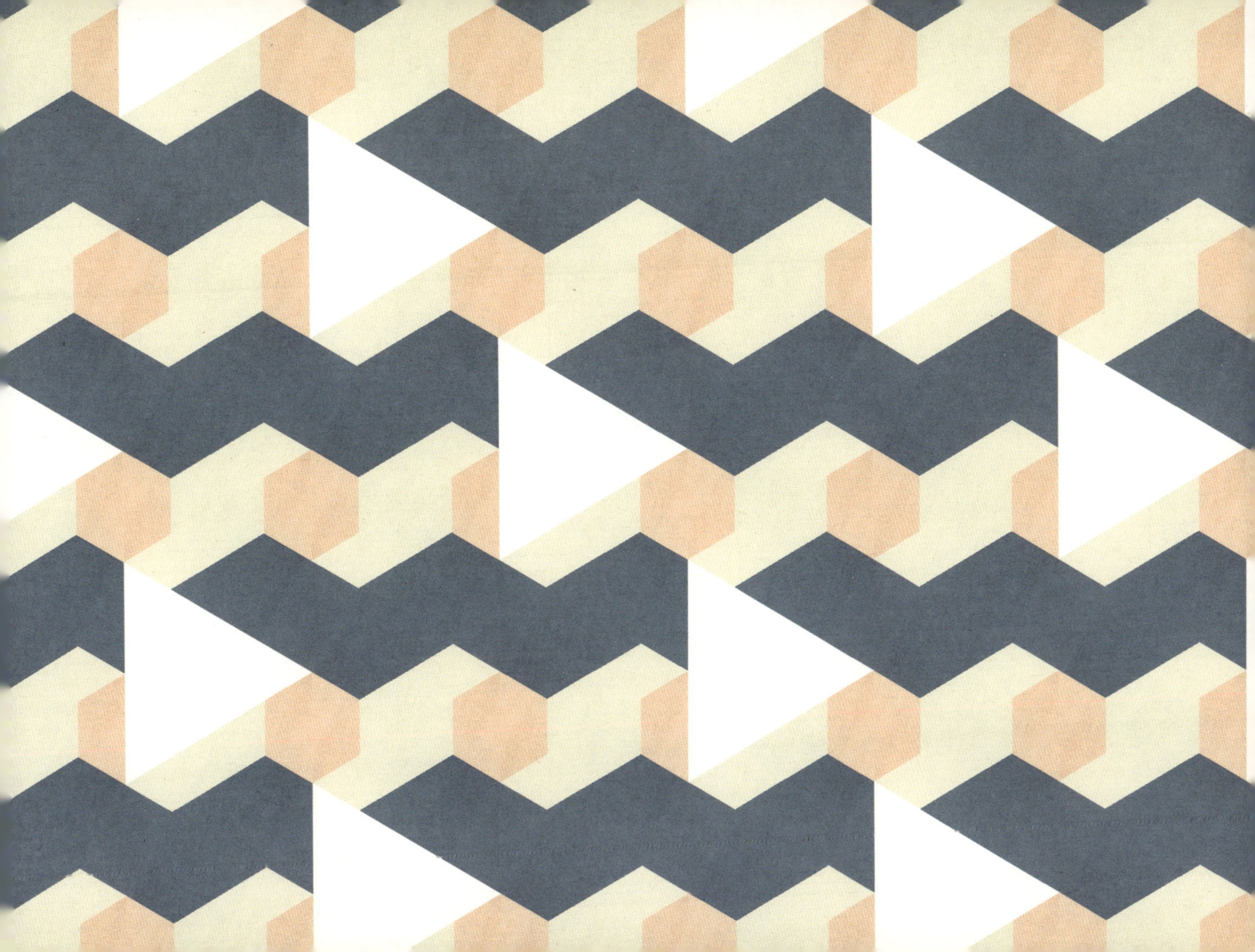

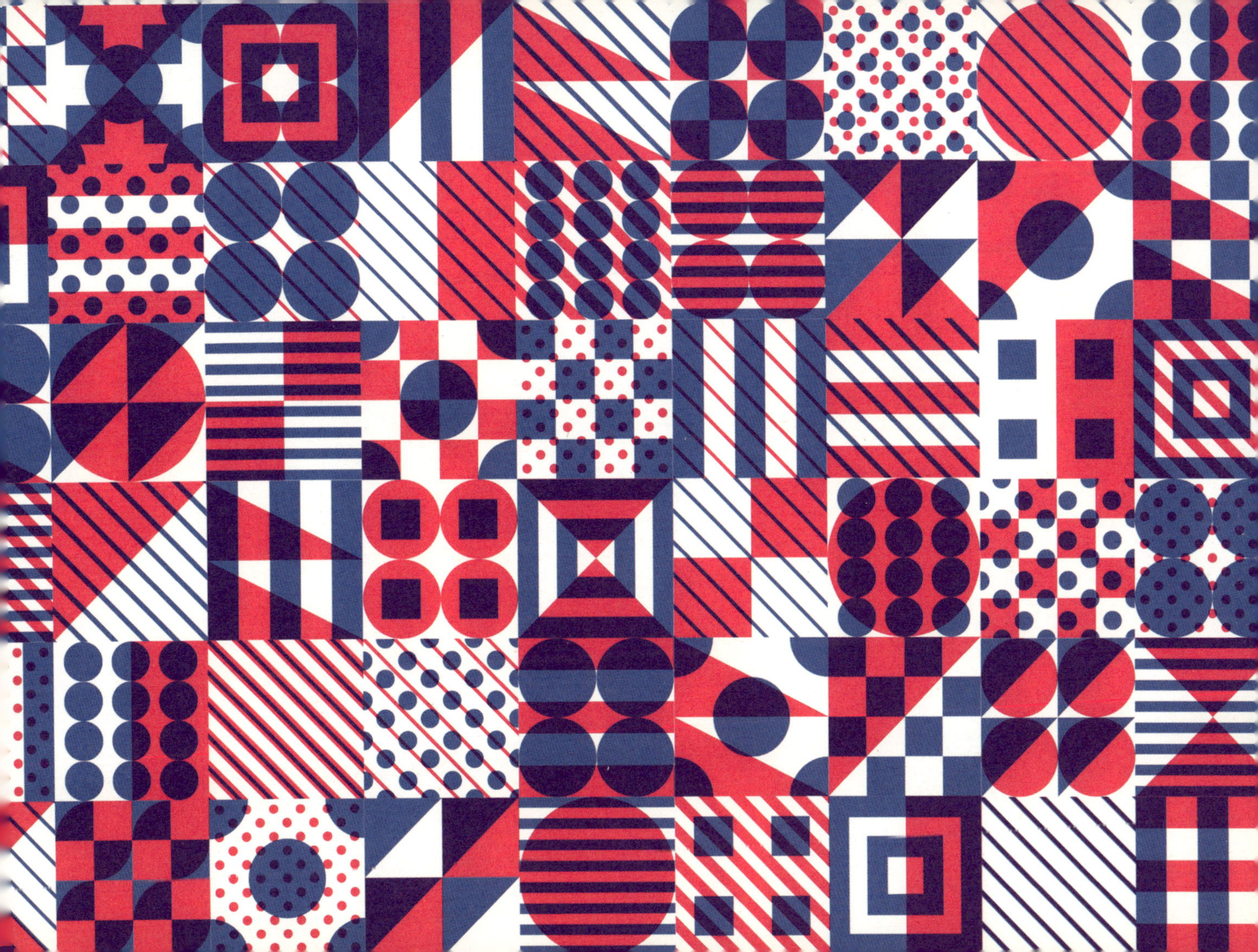

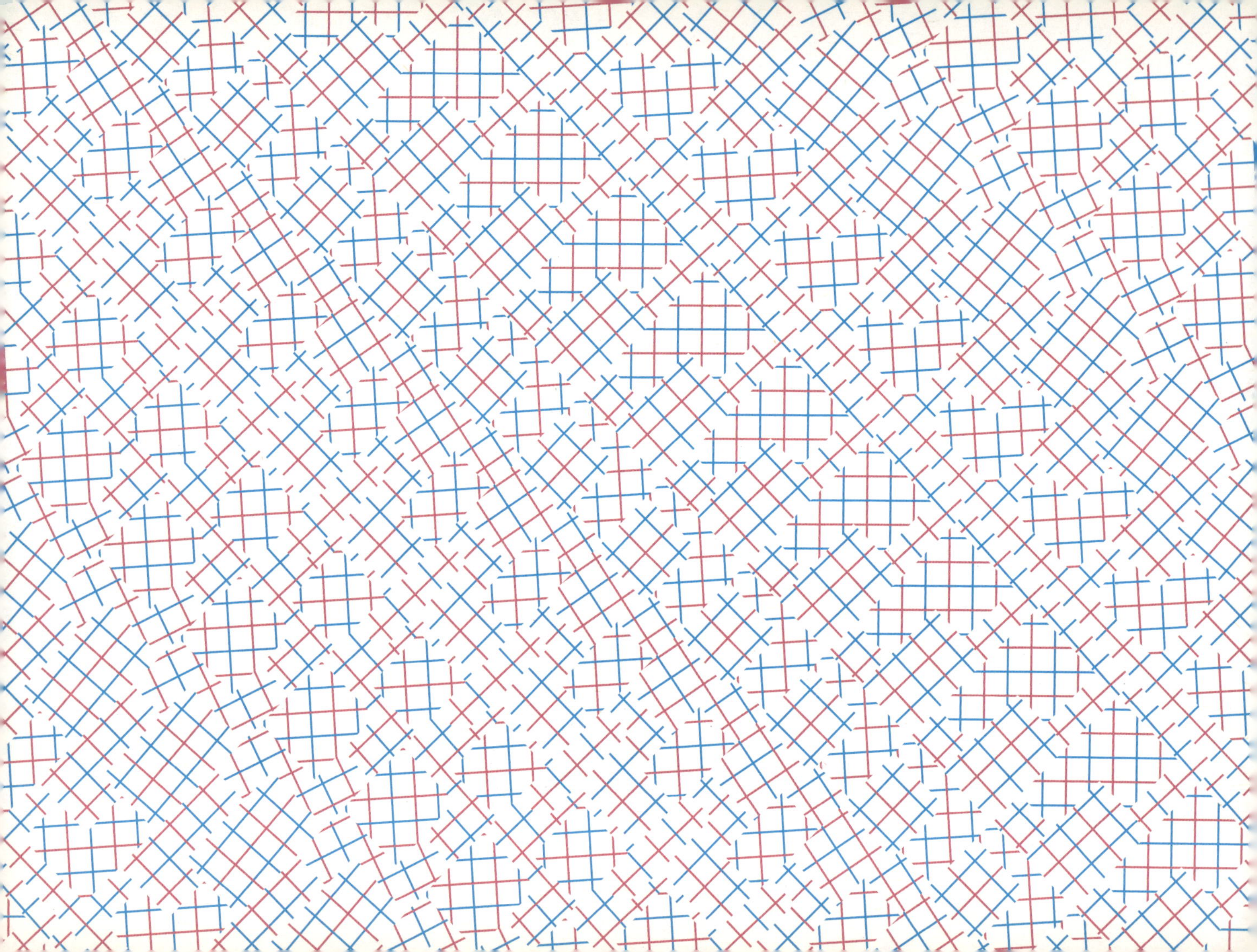

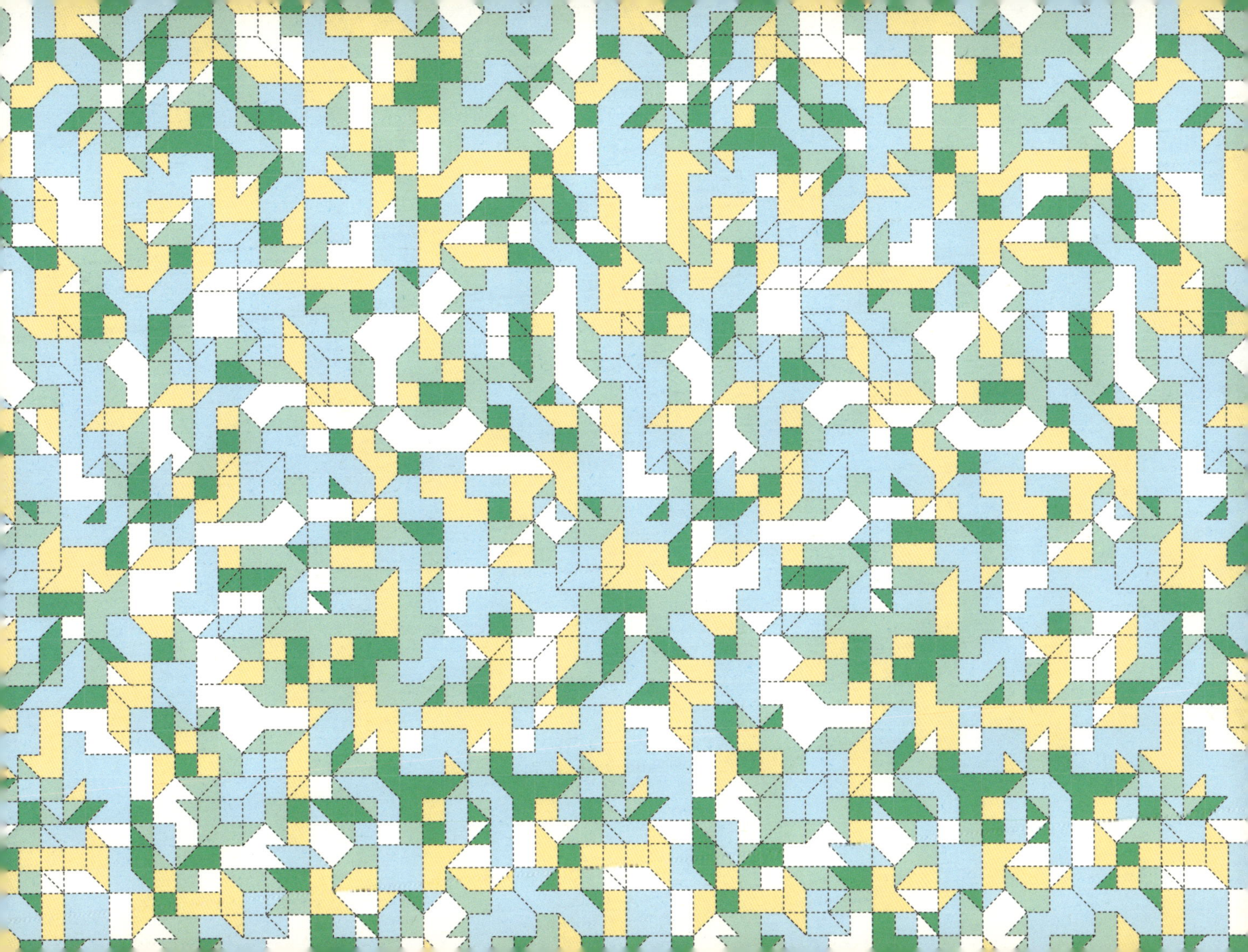

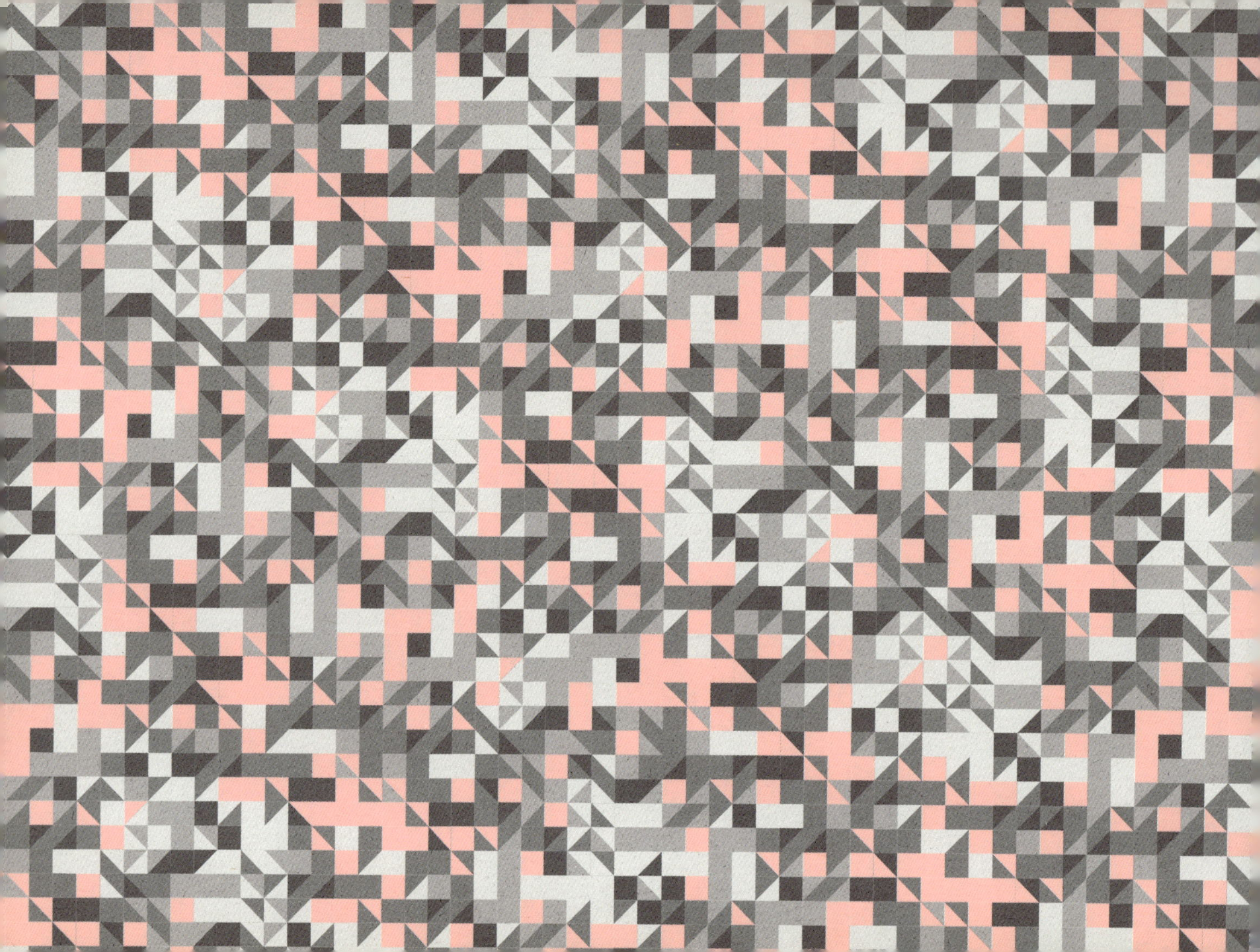

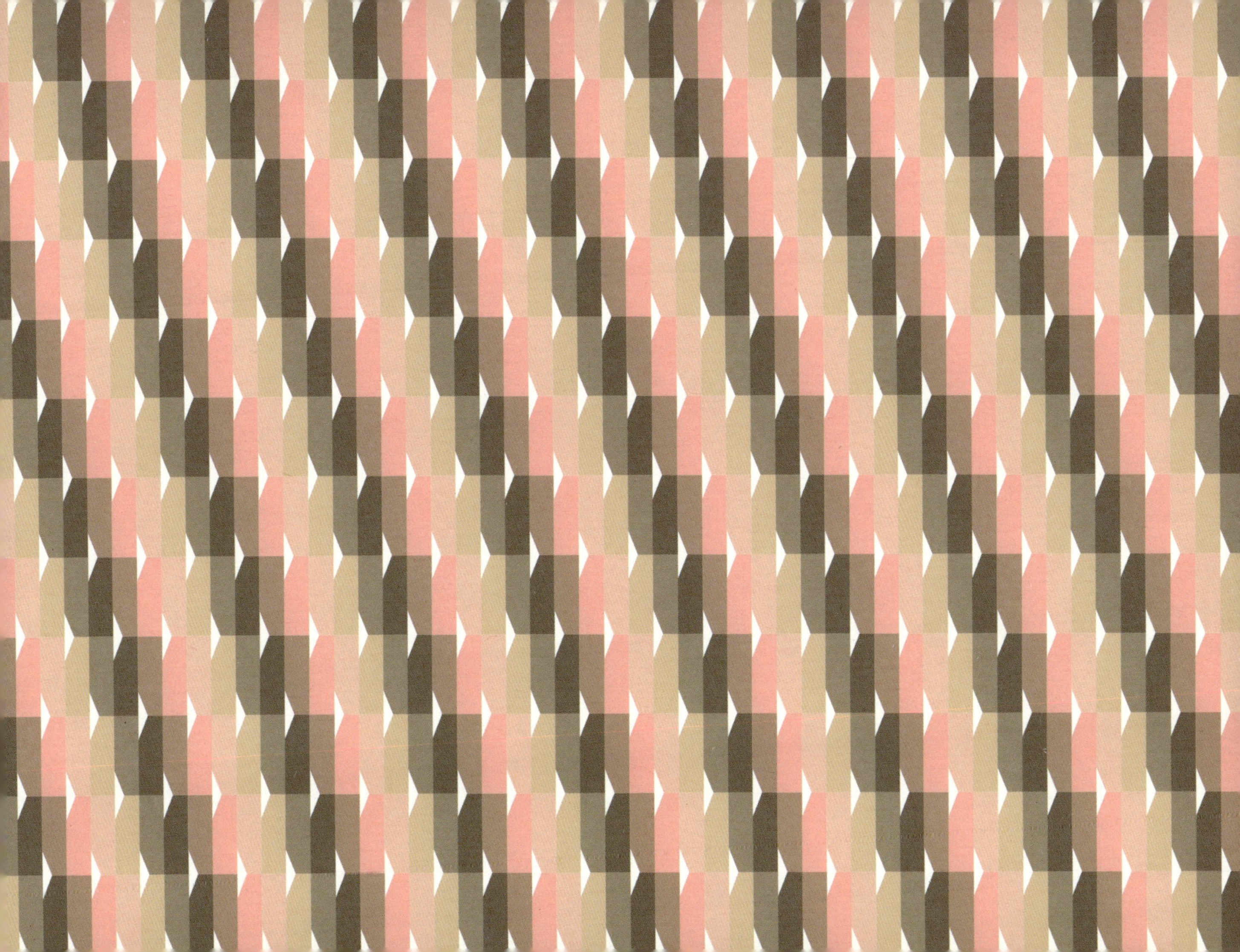

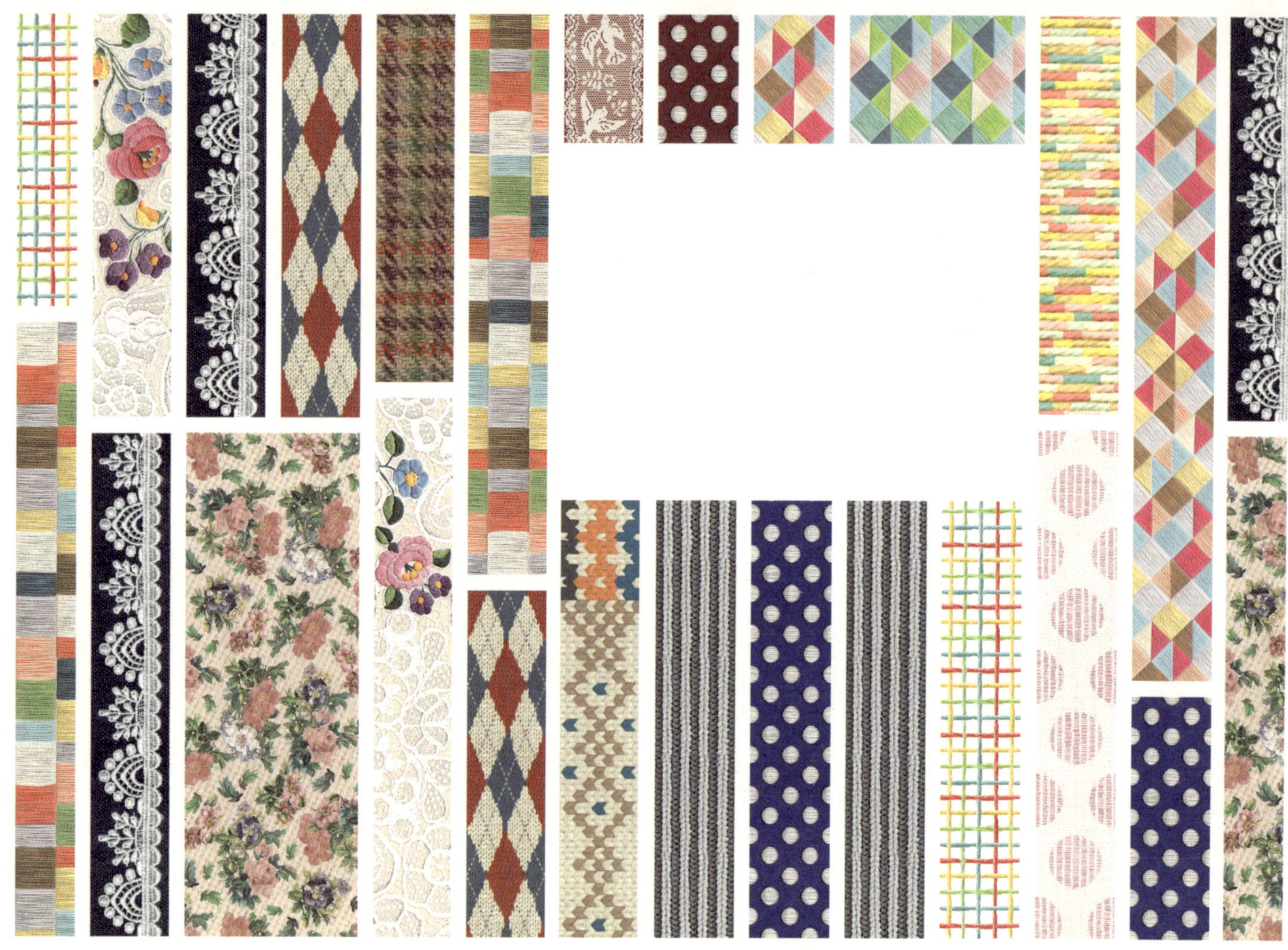

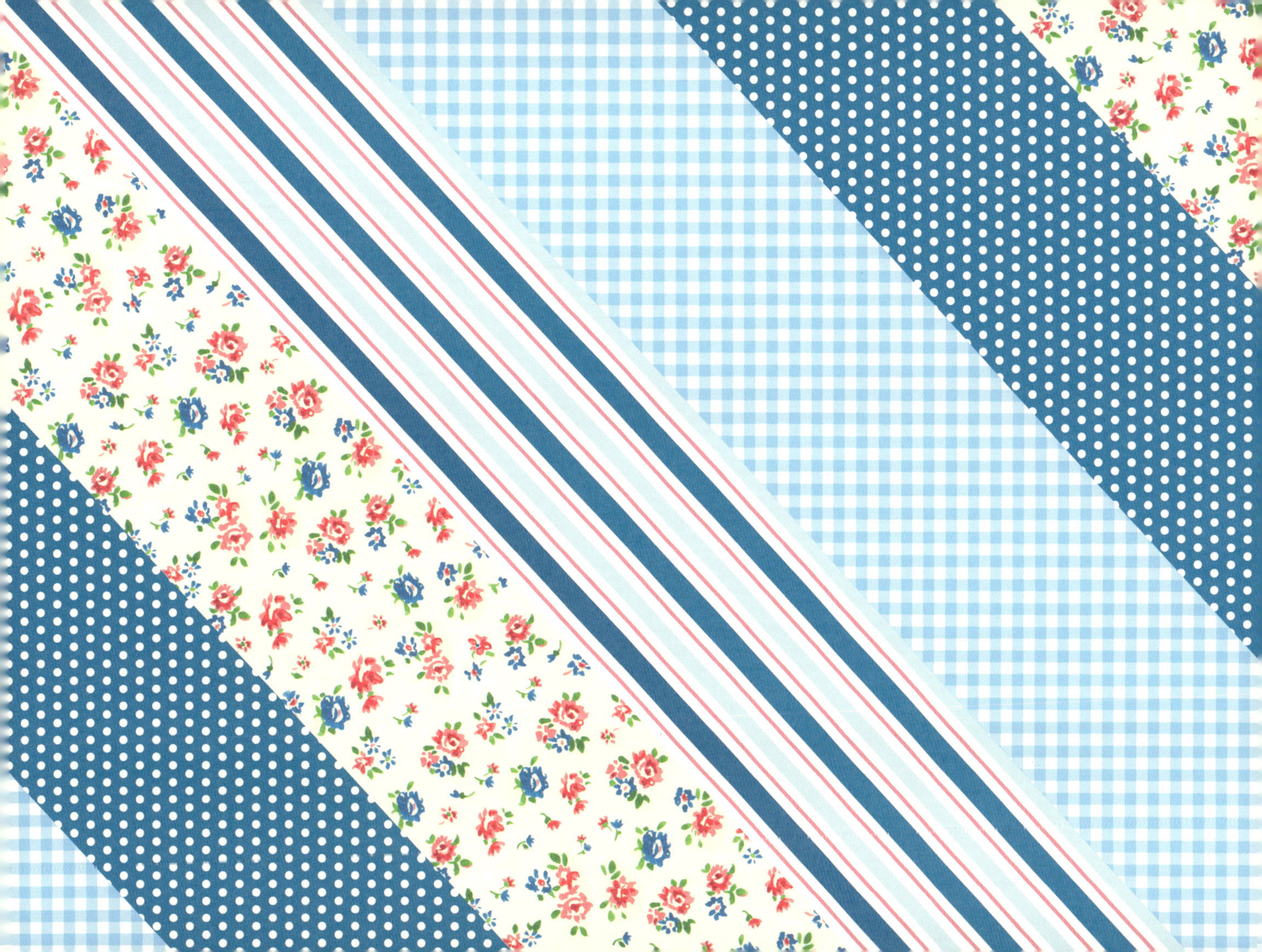

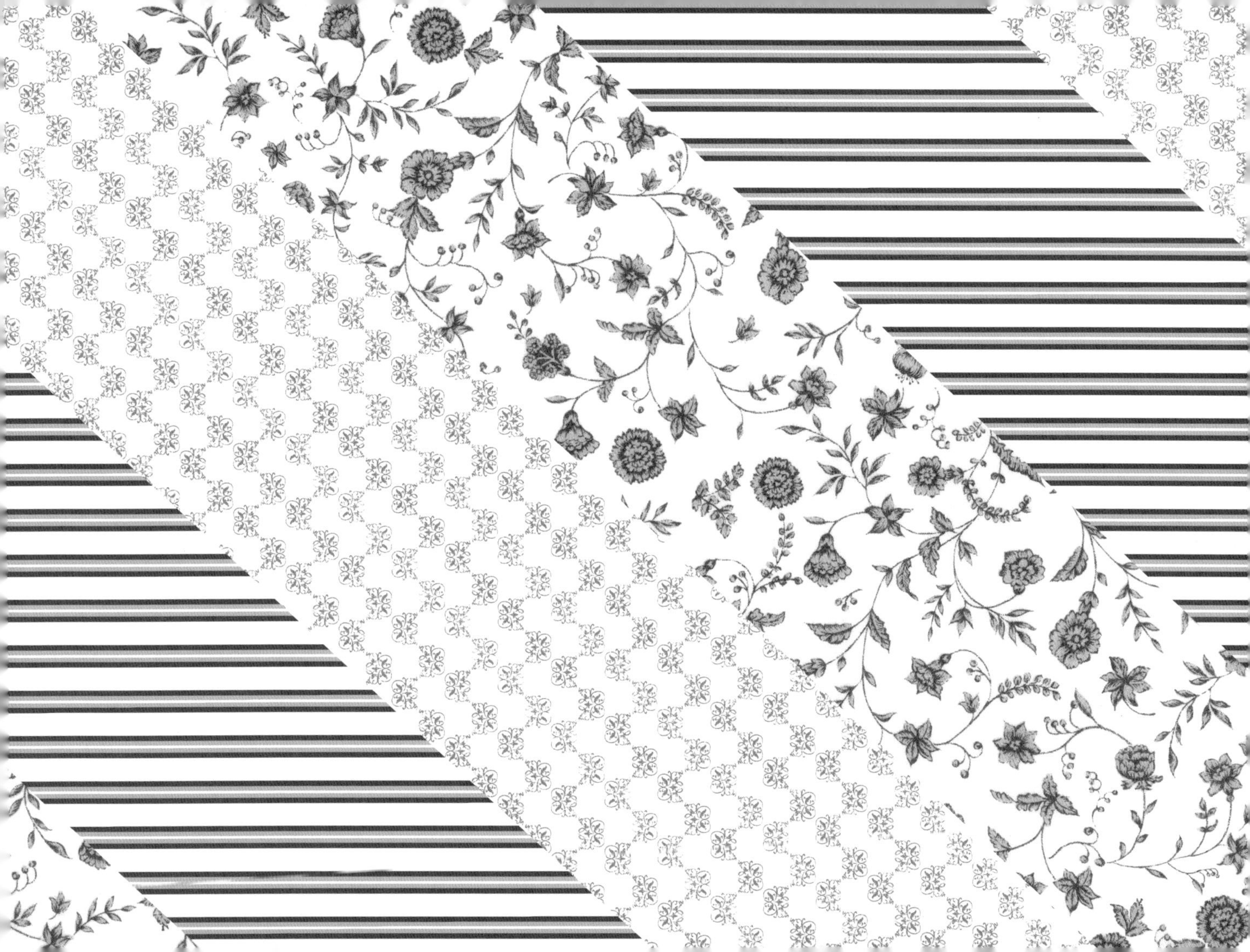

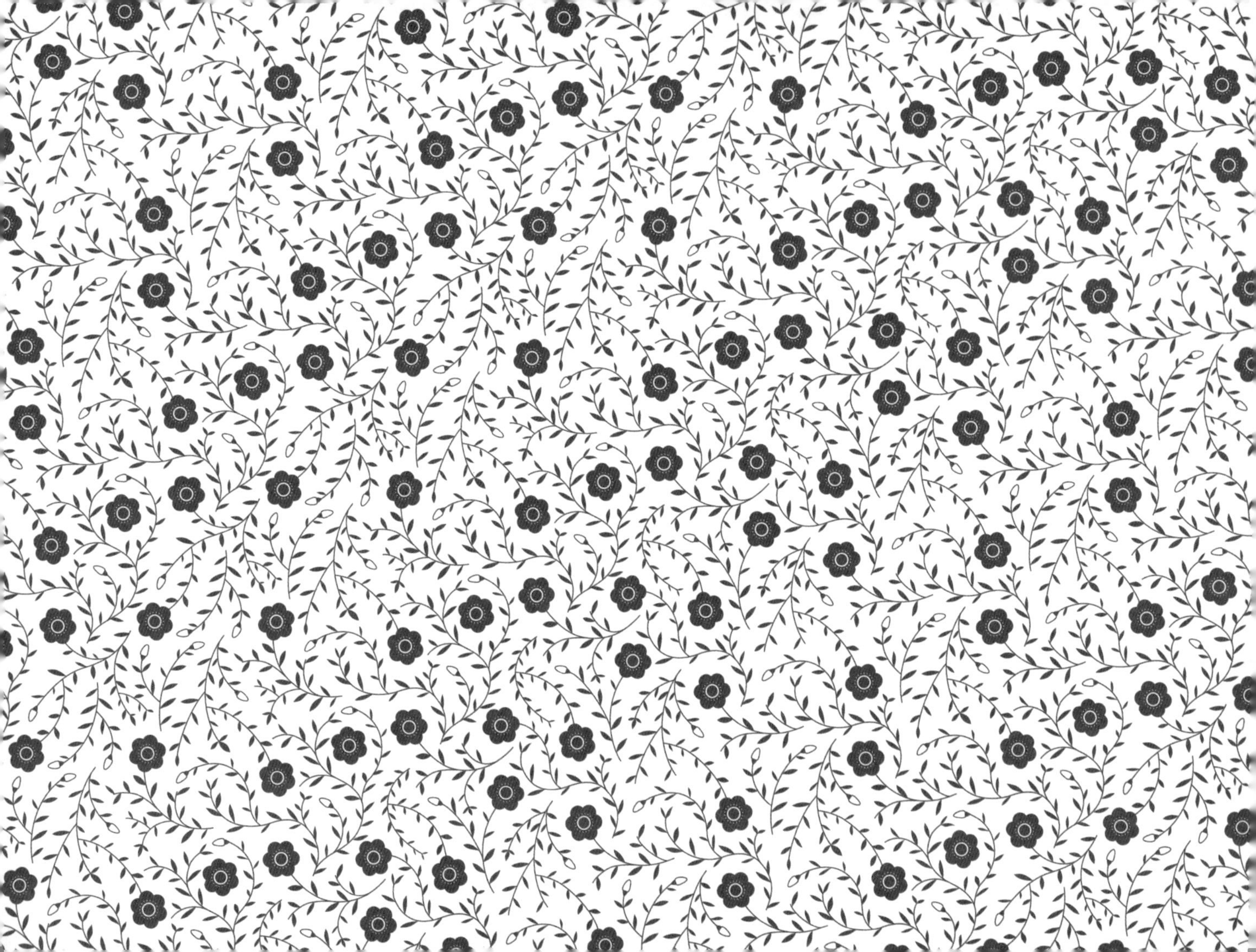

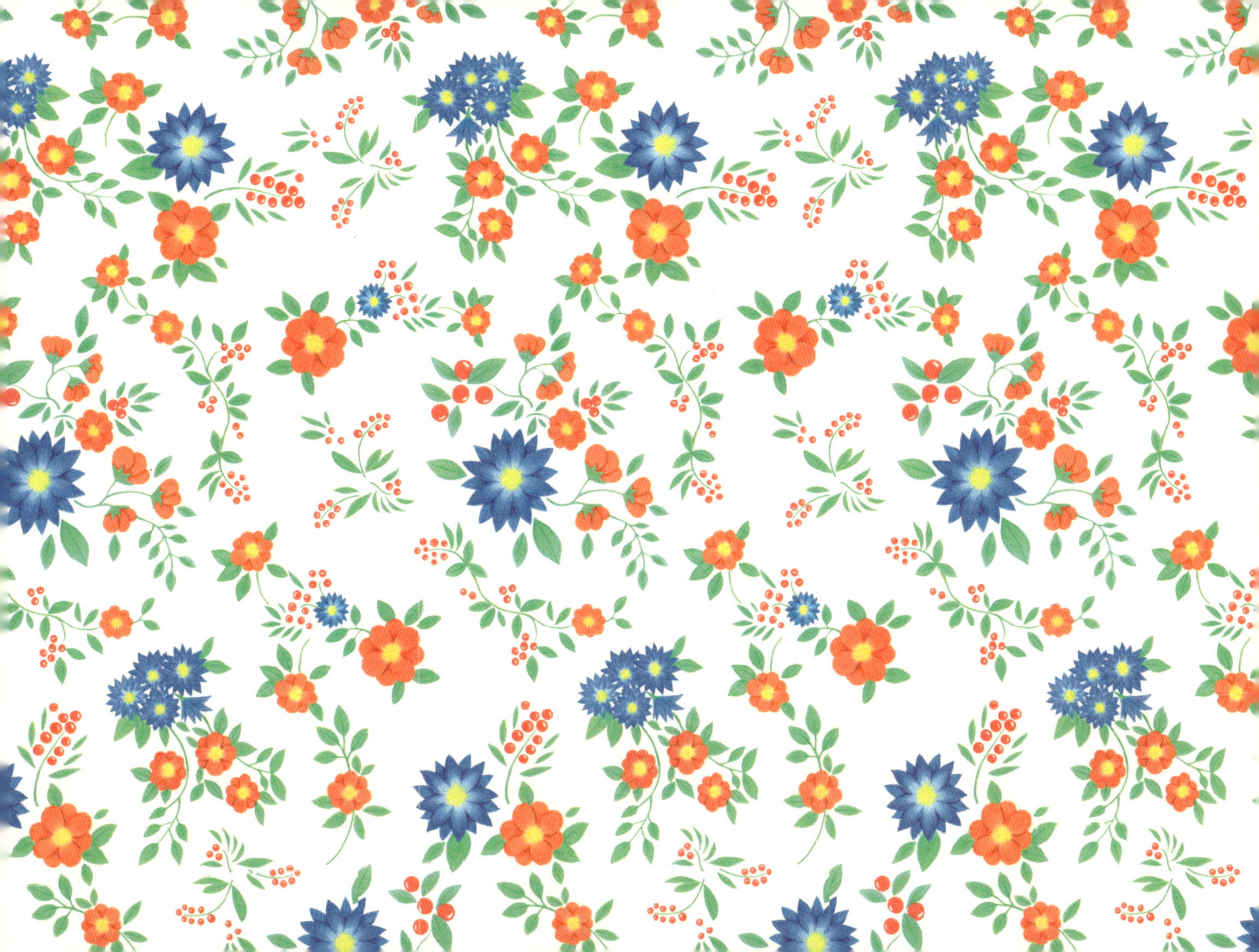

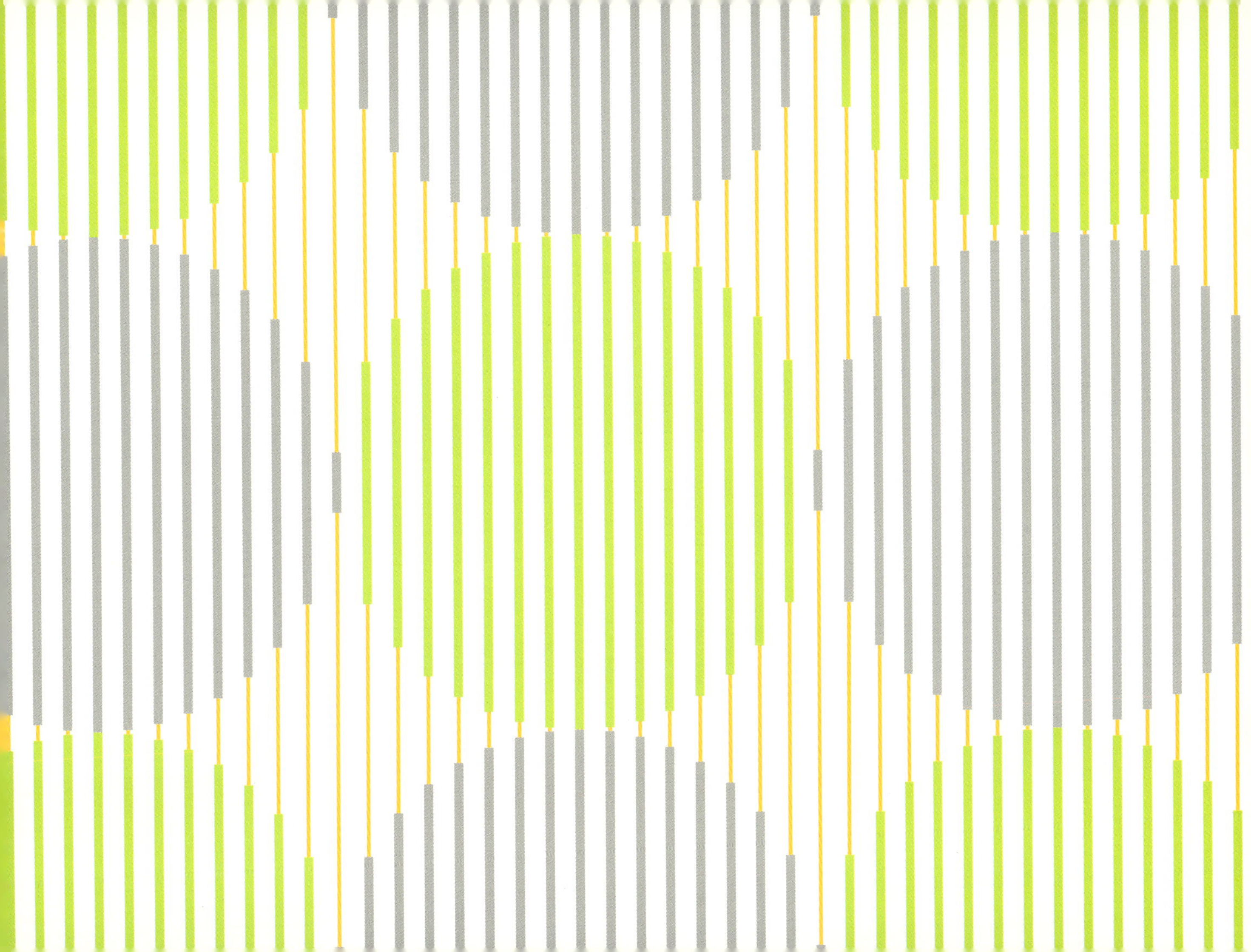

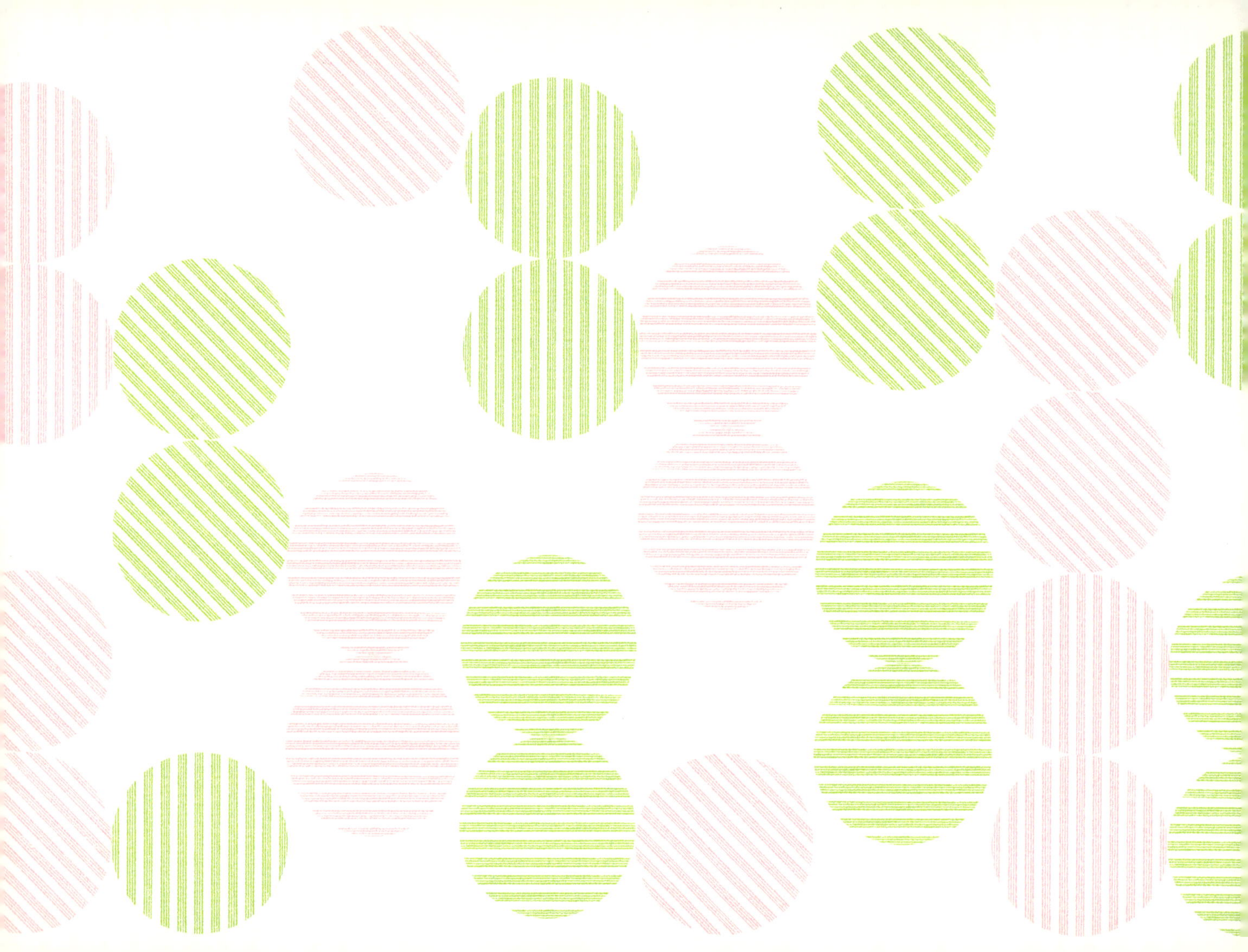

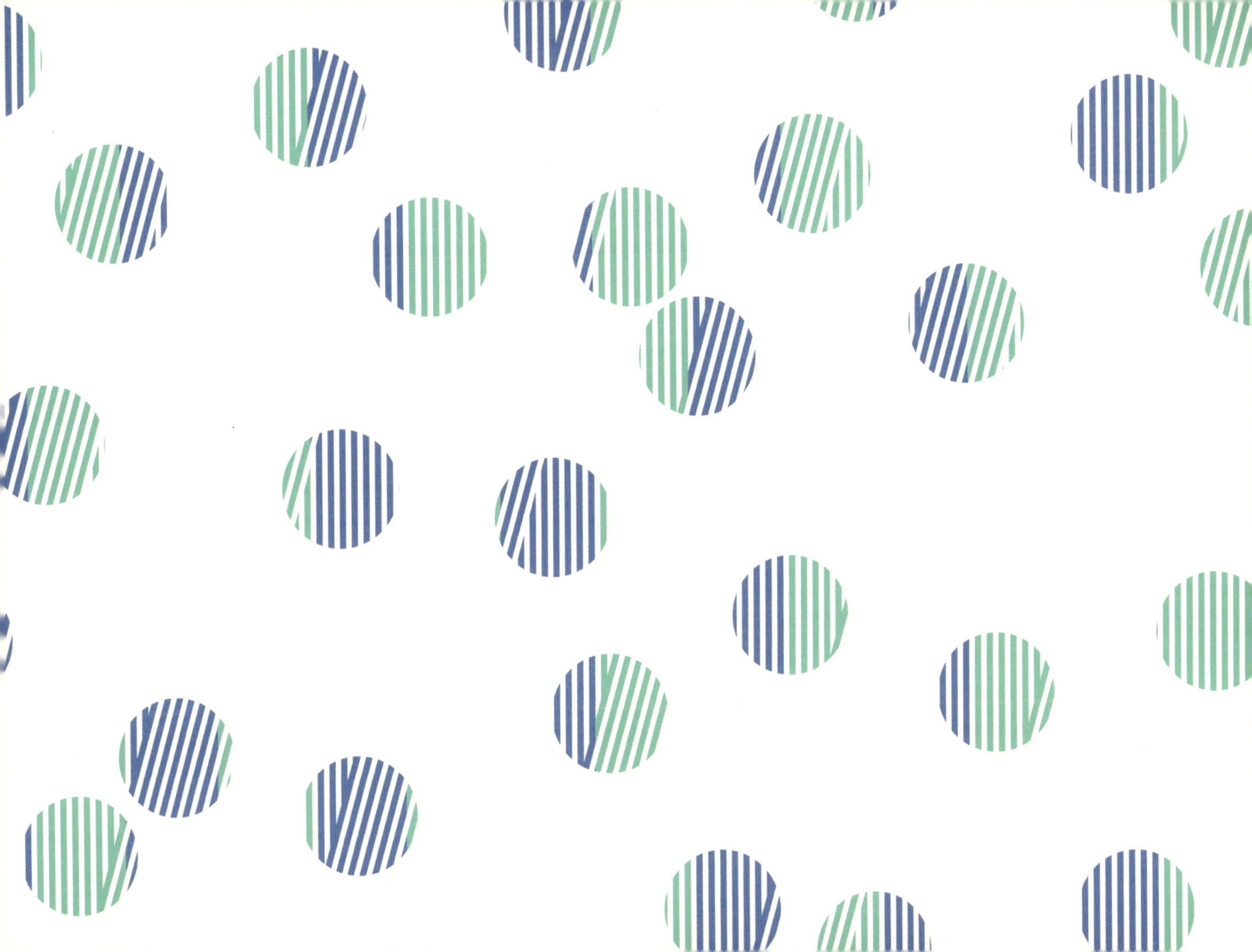

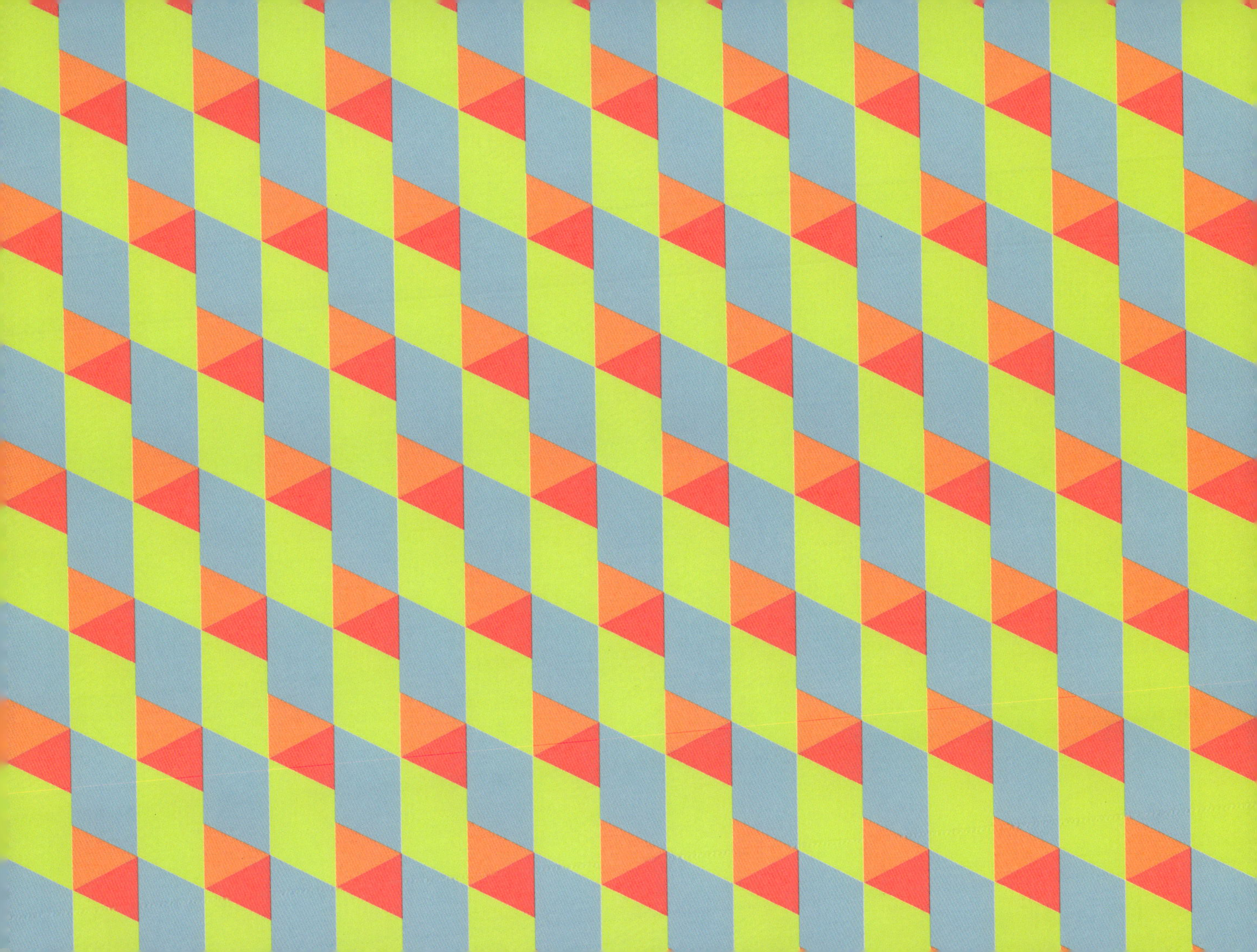

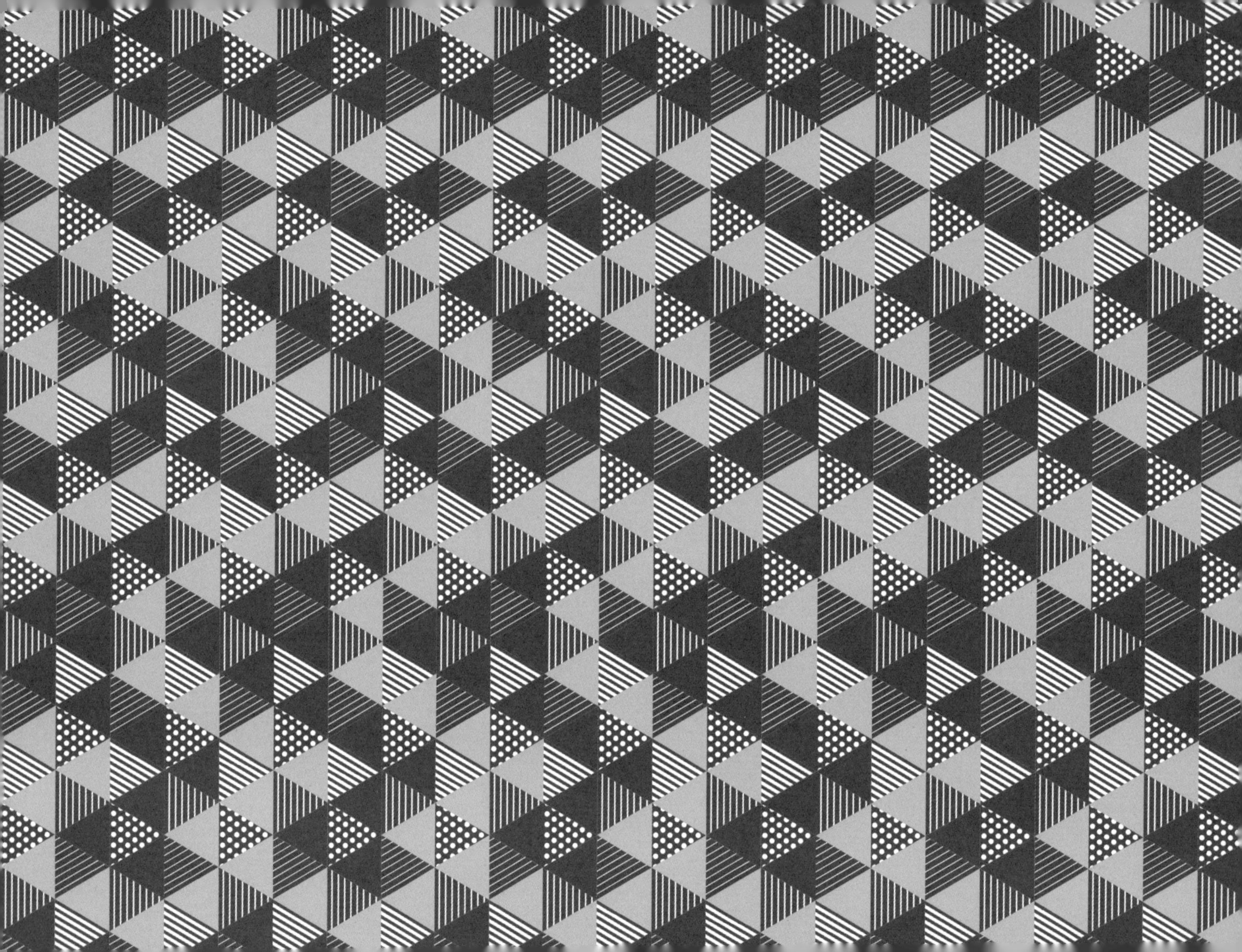

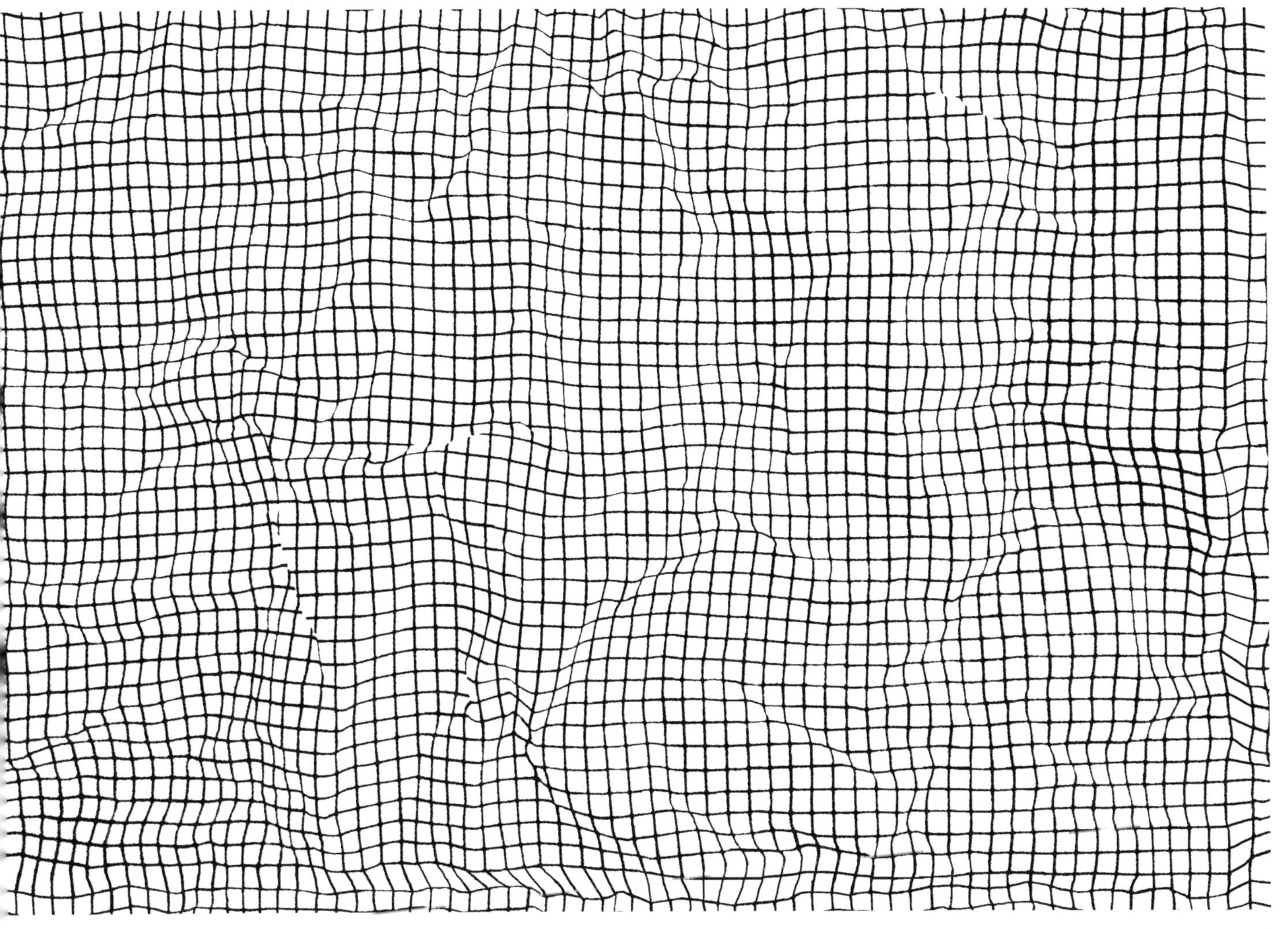

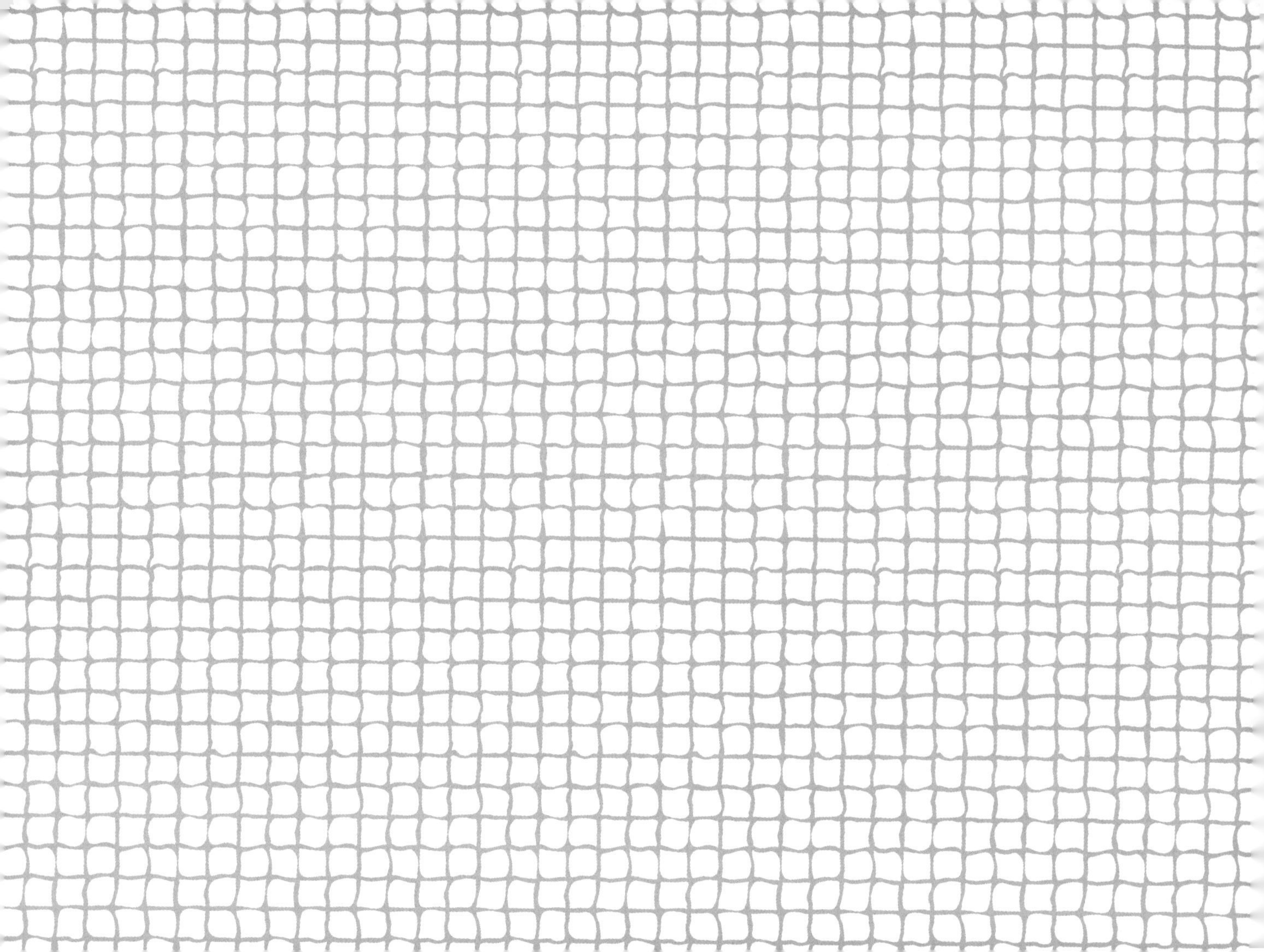

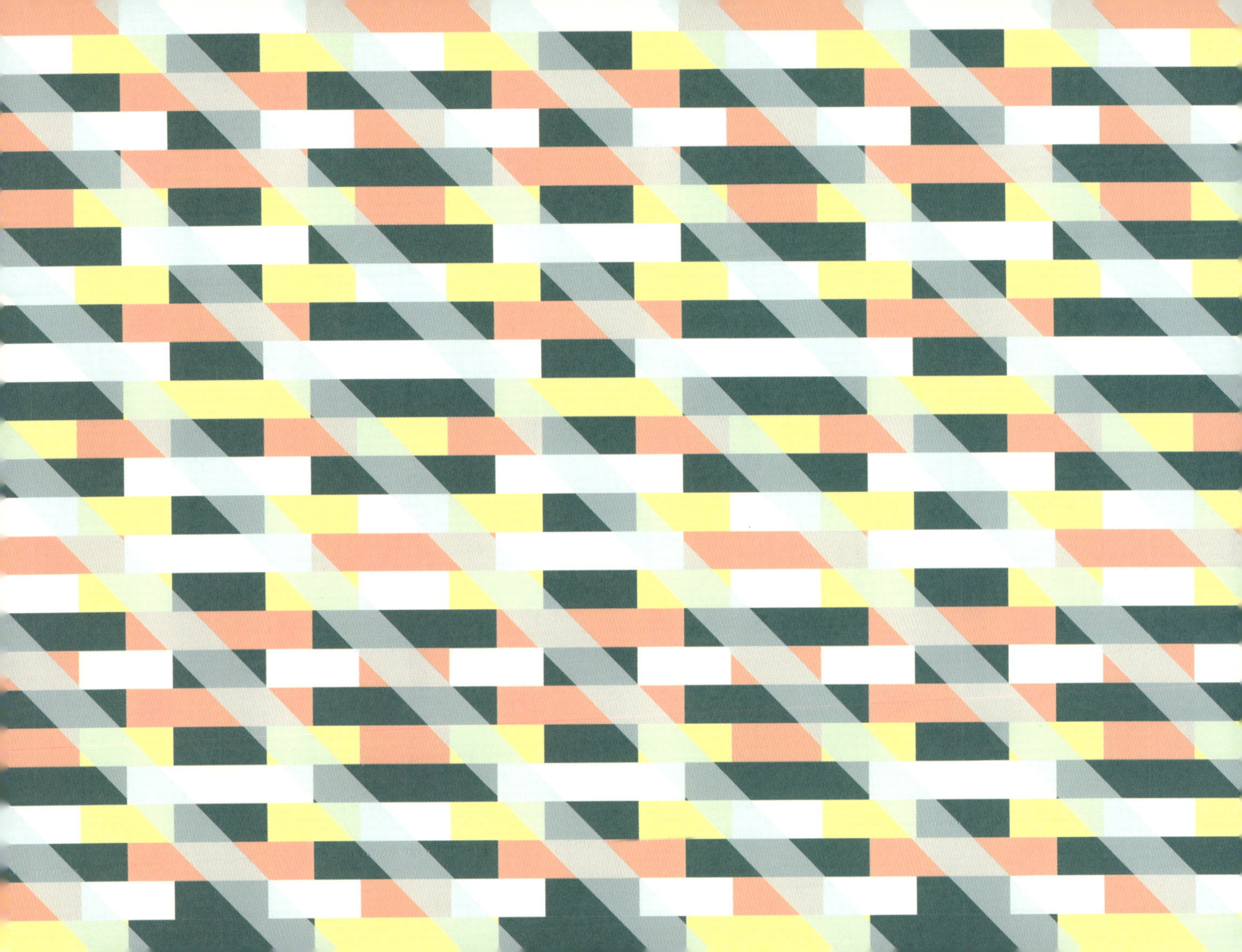

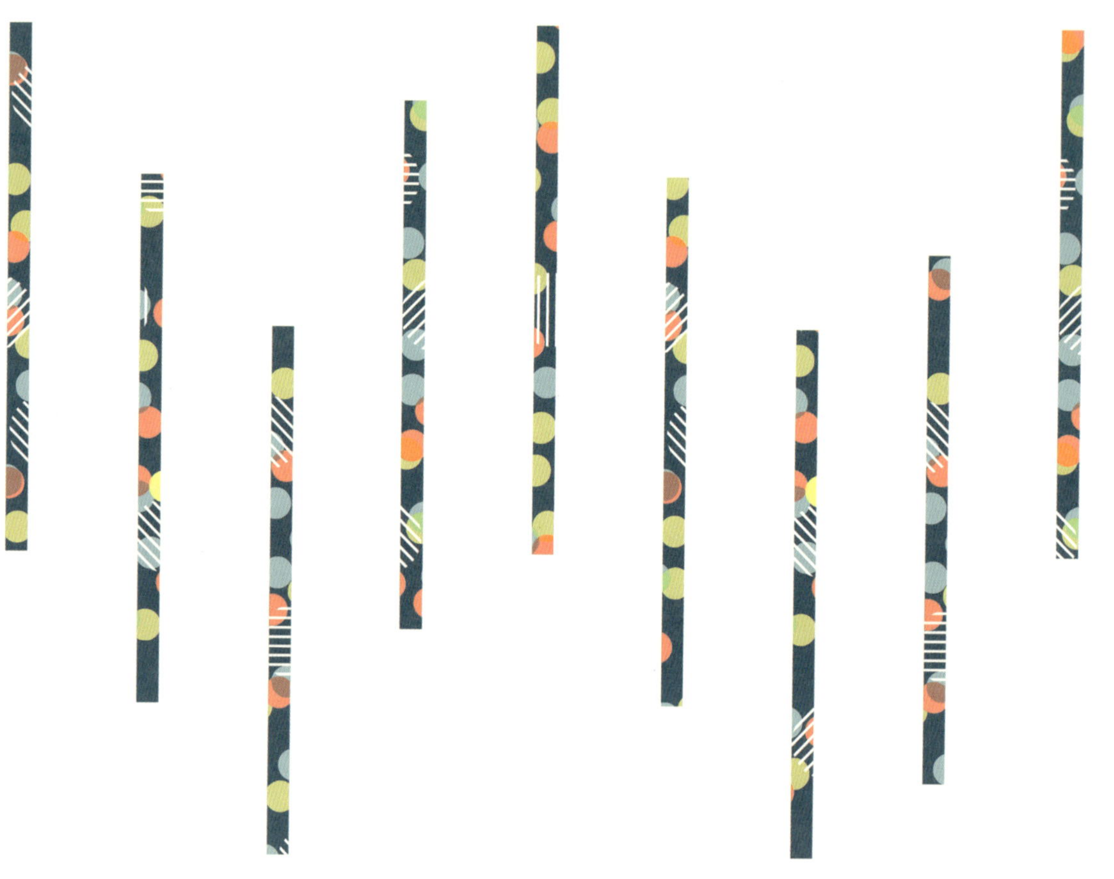

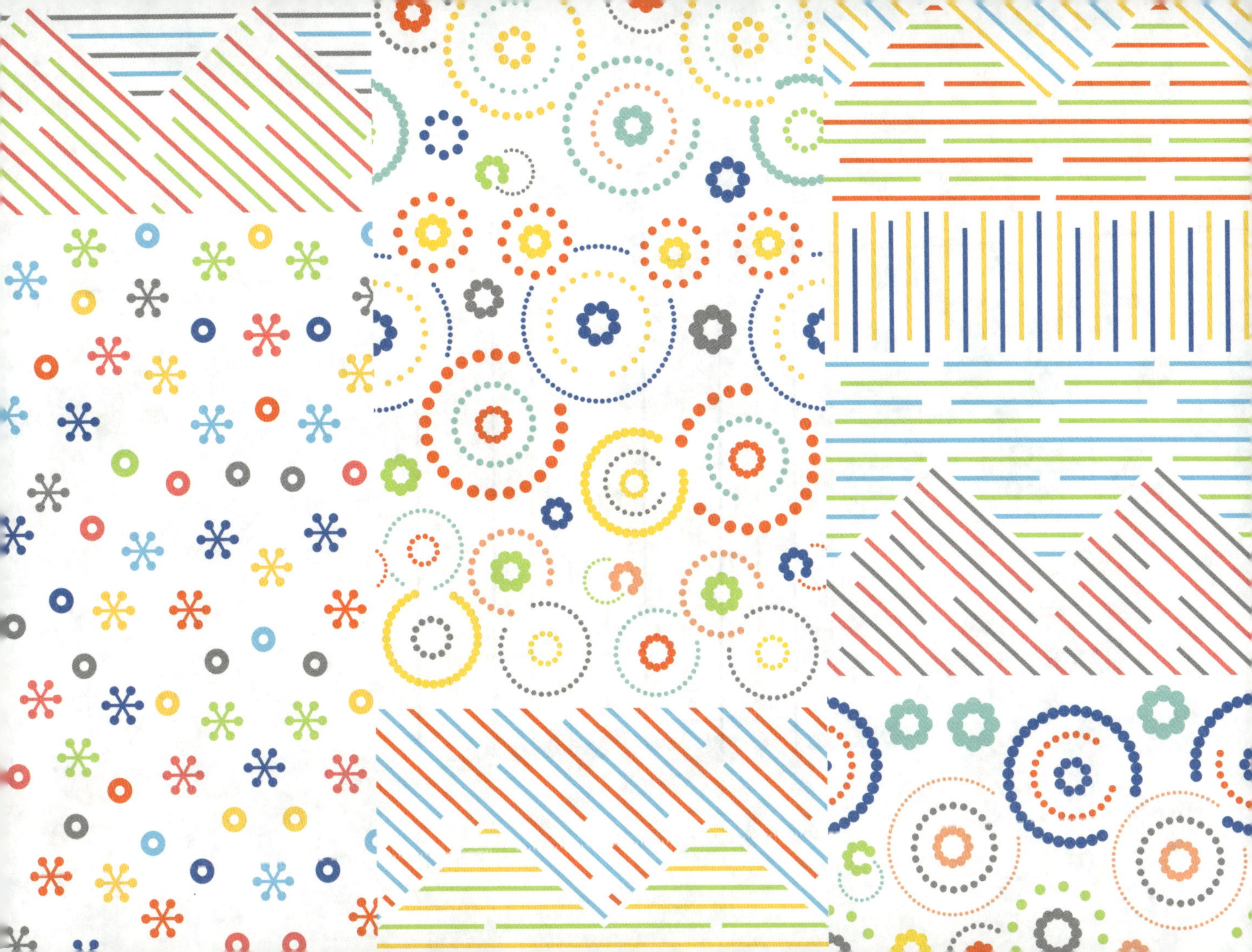

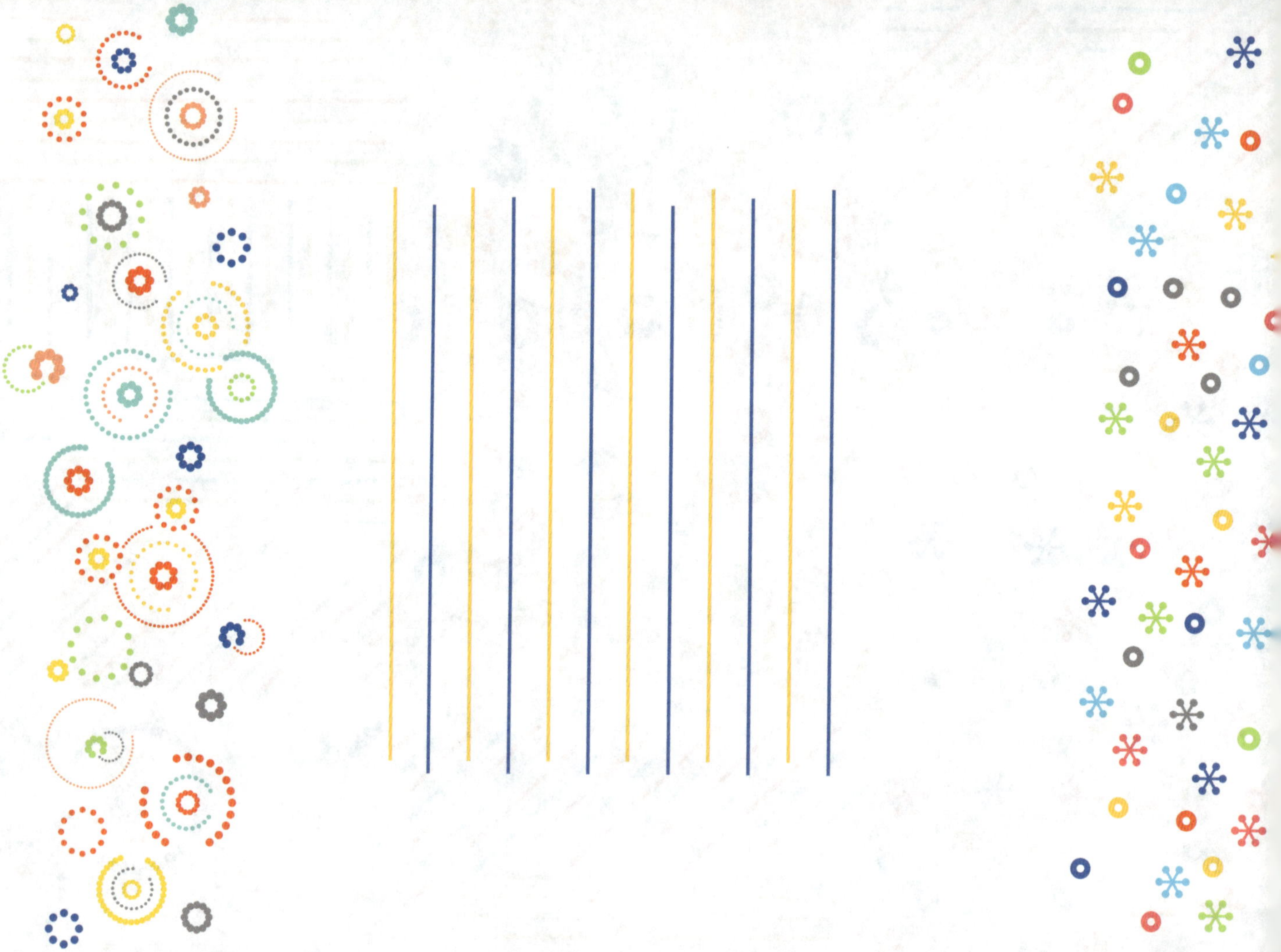

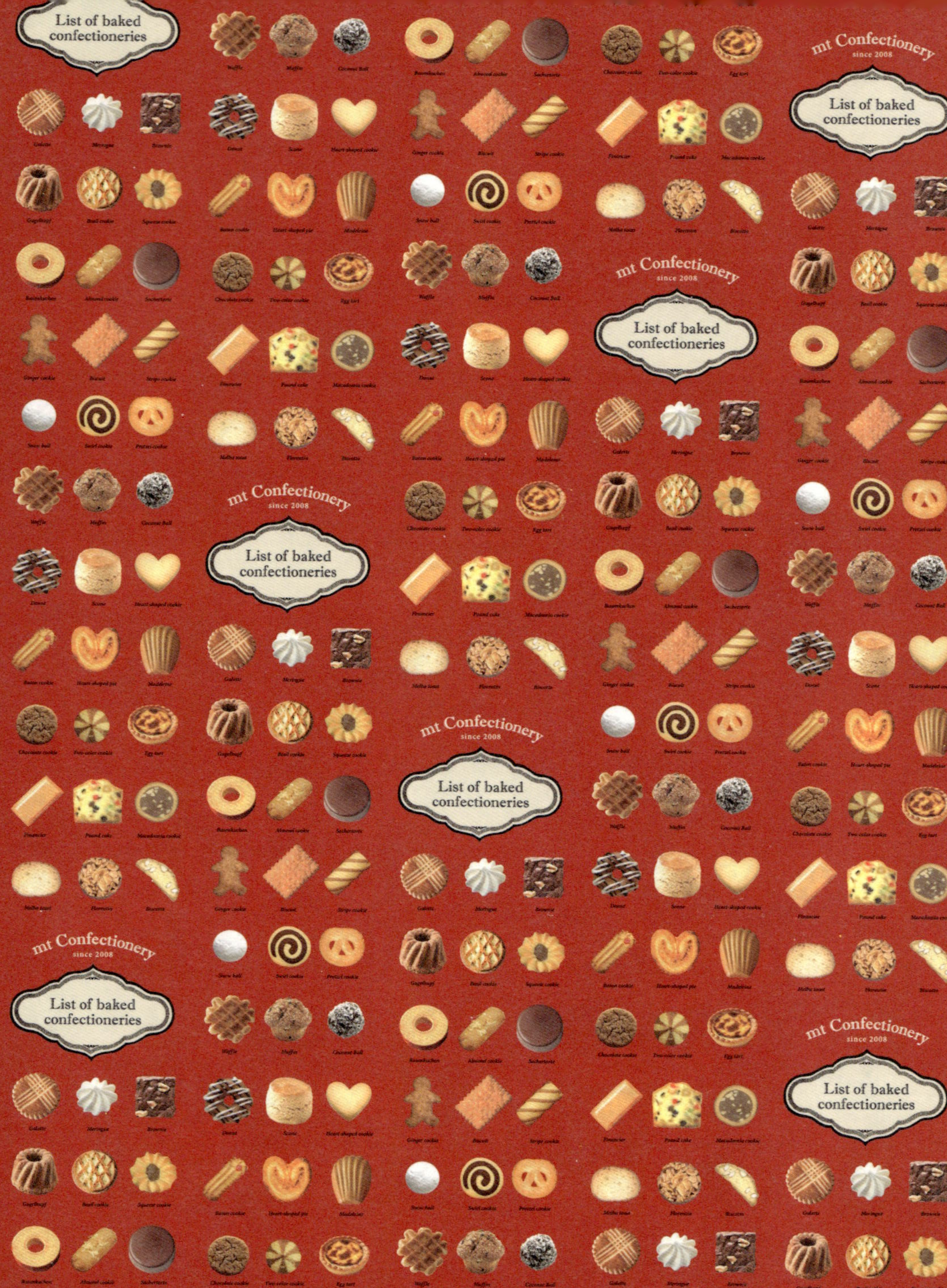

List of baked confectioneries
mt Confectionery
since 2008

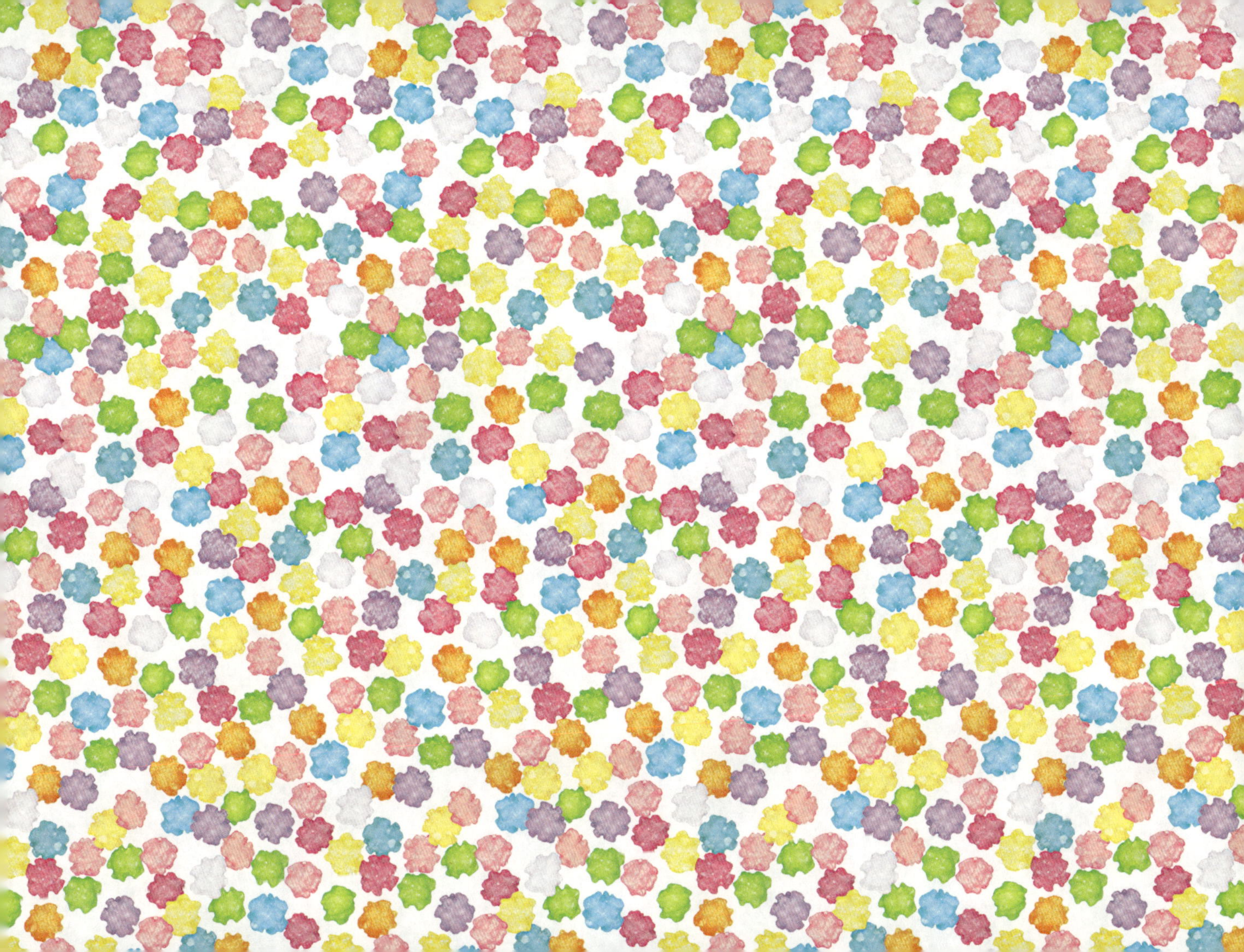

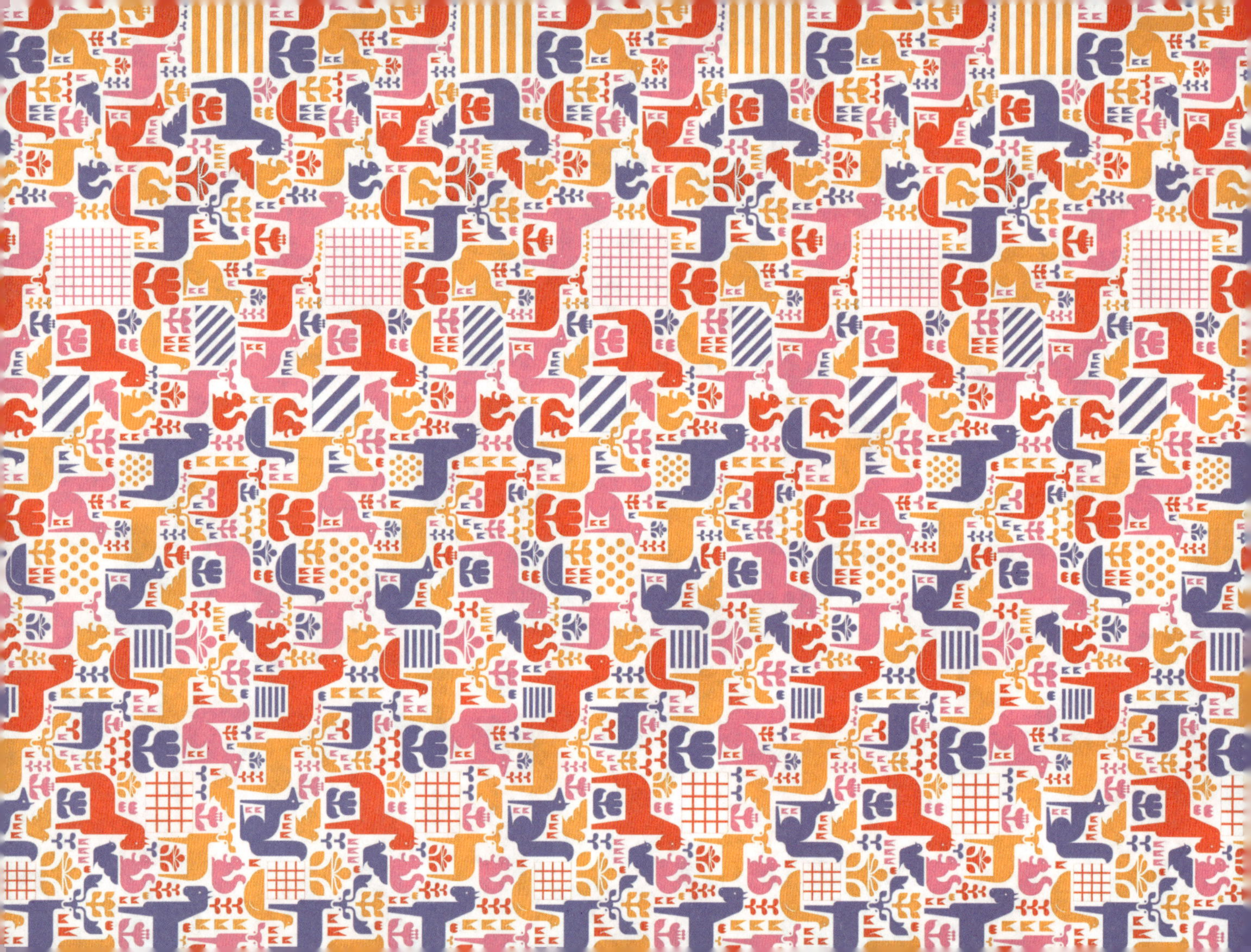

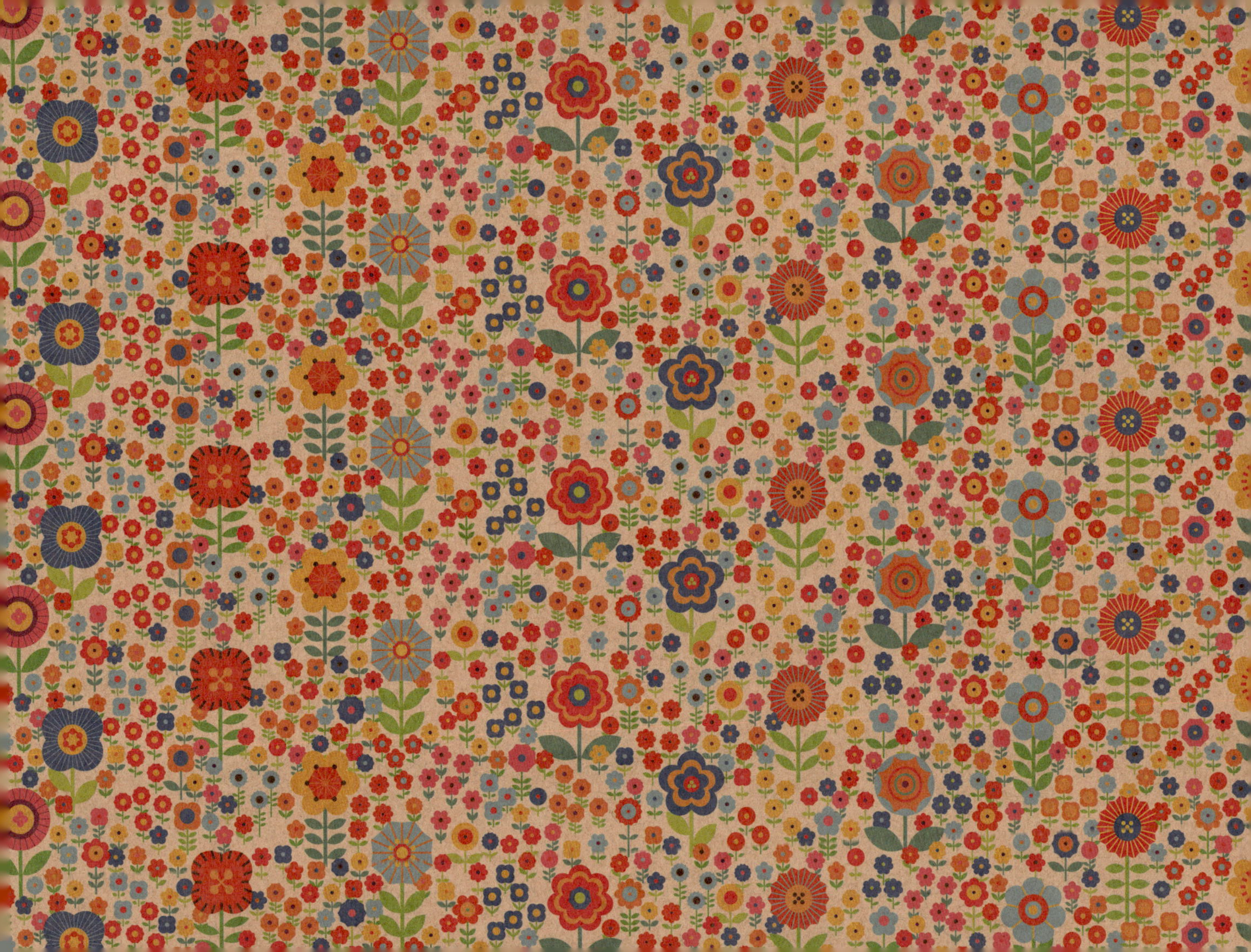

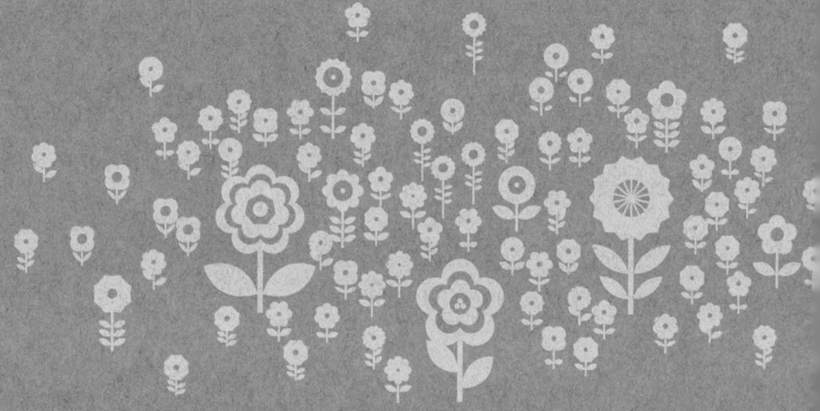

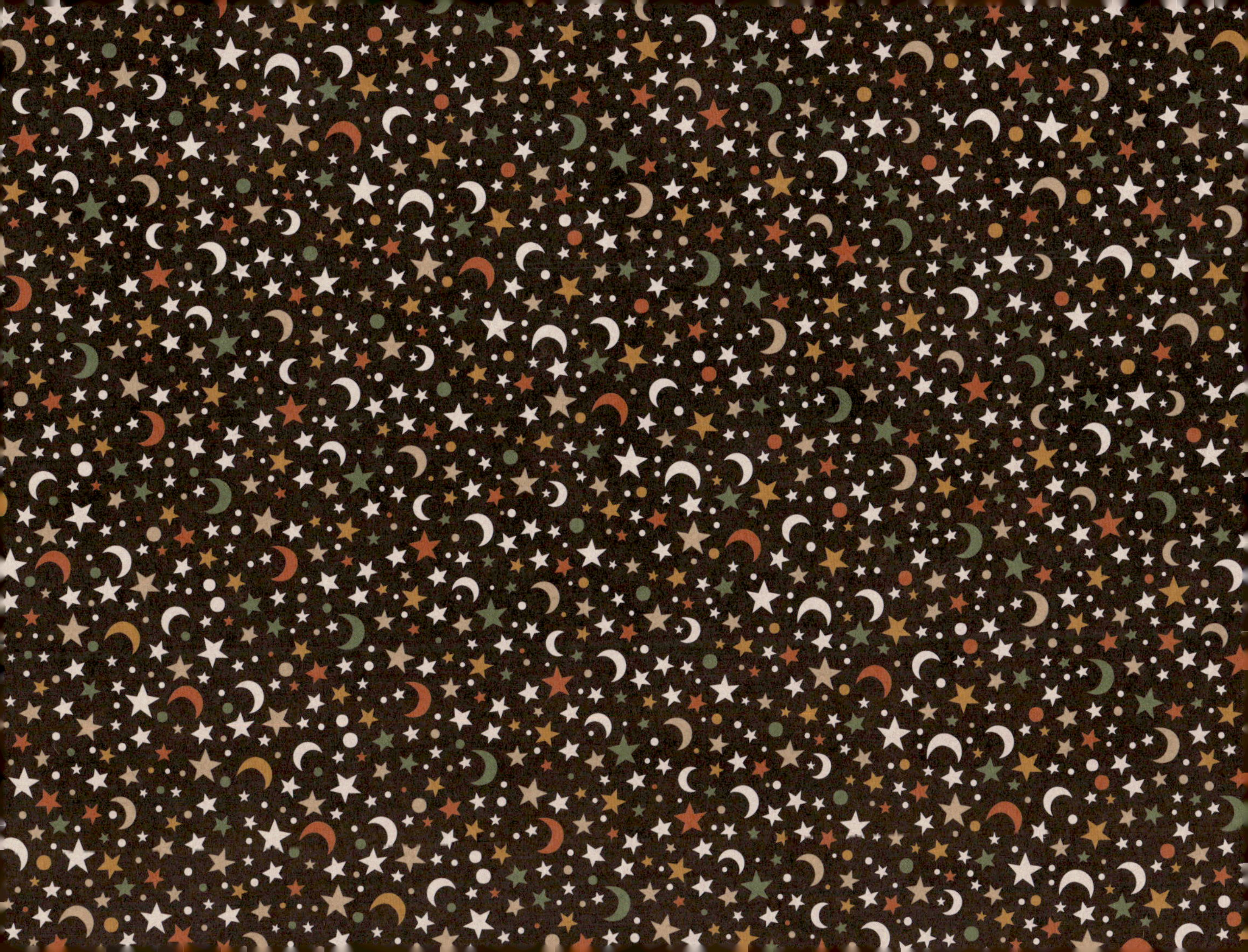

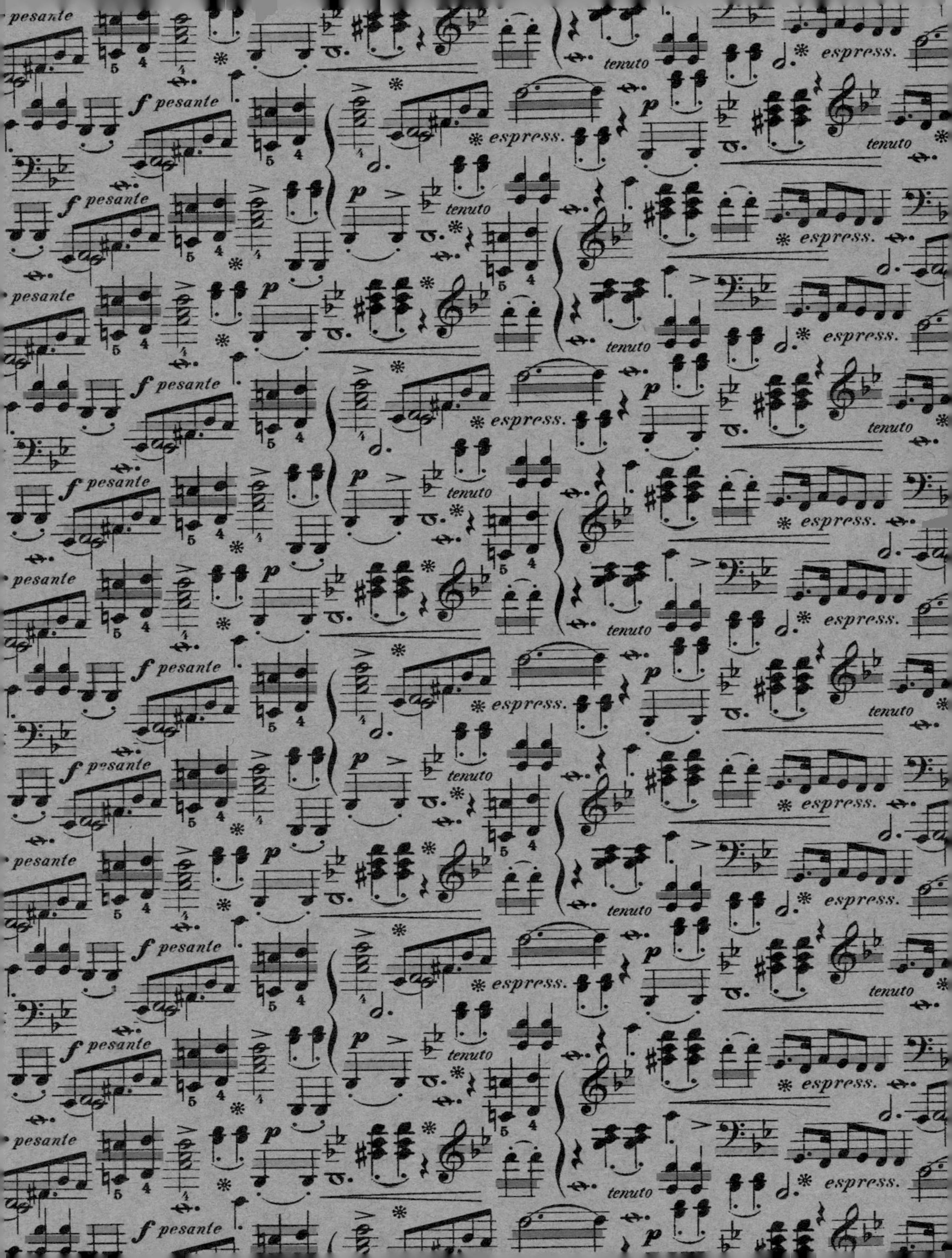
pesante
f pesante
espress.
tenuto

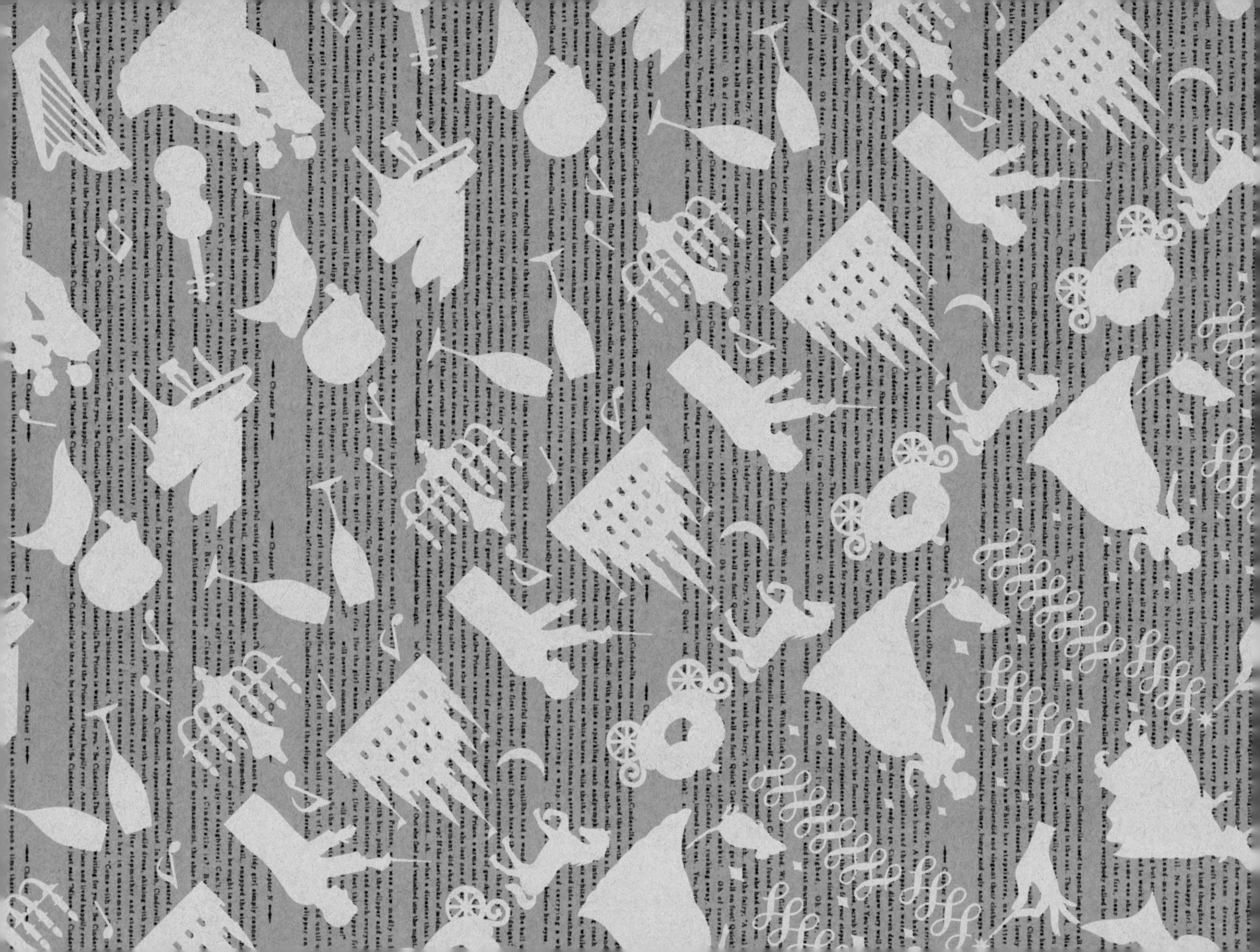

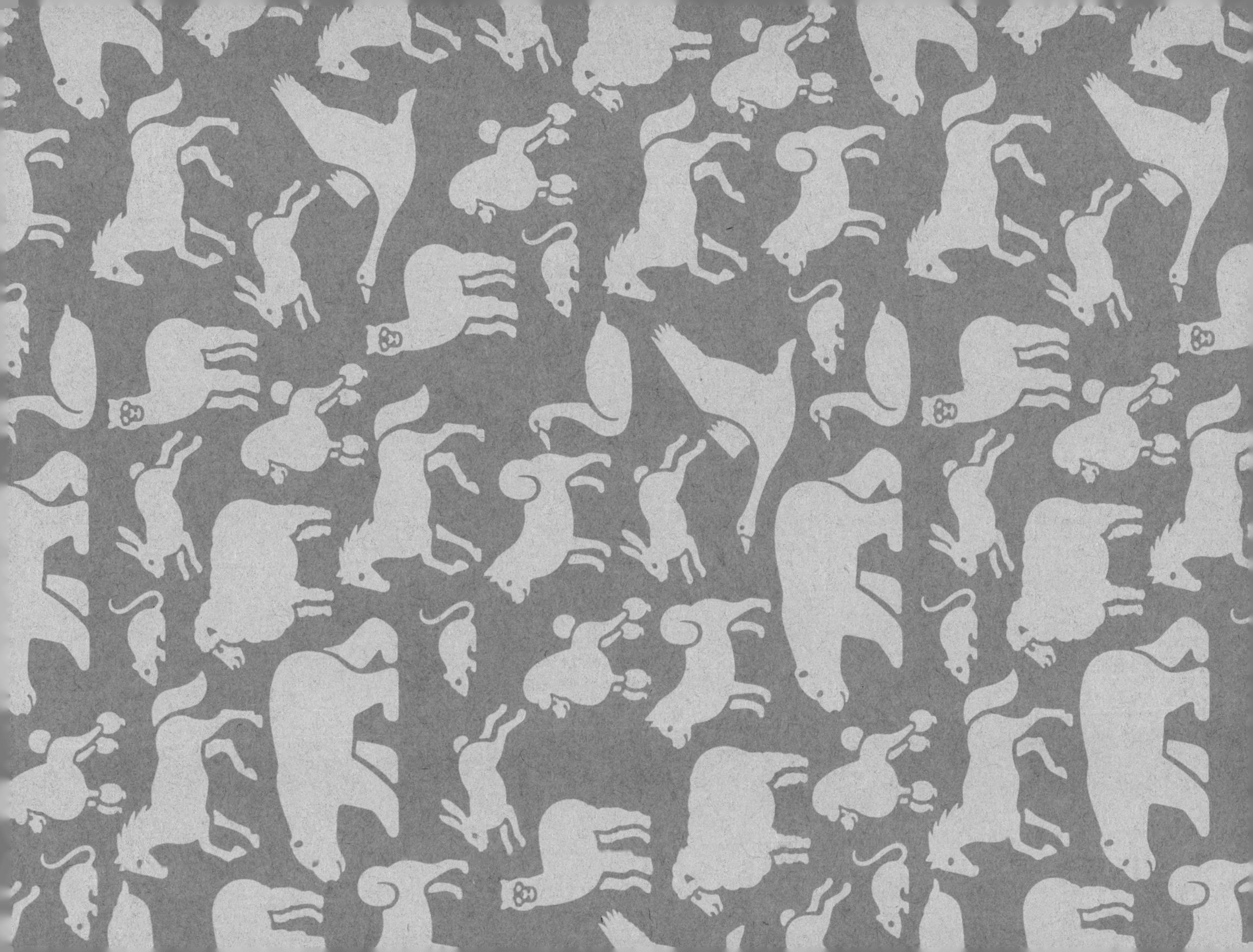